鄧立光博士文化專欄集

聖言 與 人生

鄧立光 著

謝向榮 曾定金 編

本書承蒙馮燊均國學基金會資助出版，謹此致謝。

謹以此書敬獻予恩師　鄧立光博士

鄧立光博士與恩師牟宗三先生合照
（1988 年 11 月 19 日攝於新亞研究所）

鄧立光博士與弟子謝向榮博士合照
（2016 年 2 月 25 日攝於香港中文大學國學中心）

鄧立光博士與香港中文大學沈祖堯校長等於 2015 年 3 月 3 日香港中文大學國學中心成立典禮合影留念

鄧立光博士與兄長鄧國光教授於 2016 年 4 月 23 日香港中文大學國學中心舉辦之「兩岸四地儒學研討會」合影留念

鄧立光博士與馮燊均先生於 2018 年 6 月 6 日人民大會堂舉行之「大成國學基金」捐贈簽約儀式合影留念

鄧立光博士與彭林教授及馮燊均伉儷於 2018 年 9 月 19 日舉行之清華大學經學研究院揭牌儀式合影留念

六十四卦卦名次序歌

乾坤屯蒙需訟師，比小畜兮履泰否；

同人大有謙豫隨，蠱臨觀兮噬嗑賁；

剝復无妄大畜頤，大過坎離三十備。

咸恆遯兮及大壯，晉與明夷家人睽；

蹇解損益夬姤萃，升困井革鼎震繼；

艮漸歸妹豐旅巽，兌渙節兮中孚至；

小過既濟兼未濟，是為下經三十四。

六十四卦卦象口訣

(01) ䷀ 乾為天　(02) ䷁ 坤為地　(03) ䷂ 水雷屯　(04) ䷃ 山水蒙

(05) ䷄ 水天需　(06) ䷅ 天水訟　(07) ䷆ 地水師　(08) ䷇ 水地比

(09) ䷈ 風天小畜　(10) ䷉ 天澤履　(11) ䷊ 地天泰　(12) ䷋ 天地否

(13) ䷌ 天火同人　(14) ䷍ 火天大有　(15) ䷎ 地山謙　(16) ䷏ 雷地豫

(17) ䷐ 澤雷隨　(18) ䷑ 山風蠱　(19) ䷒ 地澤臨　(20) ䷓ 風地觀

(21) ䷔ 火雷噬嗑　(22) ䷕ 山火賁　(23) ䷖ 山地剝　(24) ䷗ 地雷復

(25) ䷘ 天雷无妄　(26) ䷙ 山天大畜　(27) ䷚ 山雷頤　(28) ䷛ 澤風大過

(29) ䷜ 坎為水　(30) ䷝ 離為火　(31) ䷞ 澤山咸　(32) ䷟ 雷風恆

(33) ䷠ 天山遯　(34) ䷡ 雷天大壯　(35) ䷢ 火地晉　(36) ䷣ 地火明夷

(37) ䷤ 風火家人　(38) ䷥ 火澤睽　(39) ䷦ 水山蹇　(40) ䷧ 雷水解

(41) ䷨ 山澤損　(42) ䷩ 風雷益　(43) ䷪ 澤天夬　(44) ䷫ 天風姤

(45) ䷬ 澤地萃　(46) ䷭ 地風升　(47) ䷮ 澤水困　(48) ䷯ 水風井

(49) ䷰ 澤火革　(50) ䷱ 火風鼎　(51) ䷲ 震為雷　(52) ䷳ 艮為山

(53) ䷴ 風山漸　(54) ䷵ 雷澤歸妹　(55) ䷶ 雷火豐　(56) ䷷ 火山旅

(57) ䷸ 巽為風　(58) ䷹ 兌為澤　(59) ䷺ 風水渙　(60) ䷻ 水澤節

(61) ䷼ 風澤中孚　(62) ䷽ 雷山小過　(63) ䷾ 水火既濟　(64) ䷿ 火水未濟

六十四卦構形表

下卦＼上卦	乾 [天]	兌 [澤]	離 [火]	震 [雷]	巽 [風]	坎 [水]	艮 [山]	坤 [地]
乾 [天]	01 乾	43 夬	14 大有	34 大壯	09 小畜	05 需	26 大畜	11 泰
兌 [澤]	10 履	58 兌	38 睽	54 歸妹	61 中孚	60 節	41 損	19 臨
離 [火]	13 同人	49 革	30 離	55 豐	37 家人	63 既濟	22 賁	36 明夷
震 [雷]	25 无妄	17 隨	21 噬嗑	51 震	42 益	03 屯	27 頤	24 復
巽 [風]	44 姤	28 大過	50 鼎	32 恒	57 巽	48 井	18 蠱	46 升
坎 [水]	06 訟	47 困	64 未濟	40 解	59 渙	29 坎	04 蒙	07 師
艮 [山]	33 遯	31 咸	56 旅	62 小過	53 漸	39 蹇	52 艮	15 謙
坤 [地]	12 否	45 萃	35 晉	16 豫	20 觀	08 比	23 剝	02 坤

目錄

第二章　《論語》與人生

第三章　文化與人生

彭林序

今年 7 月，是鄧立光先生逝世周年。作為對一位學者的紀念，最好的方式，莫過於整理、學習與弘揚他的學術、事業與理想。本書作為立光先生遺作的第一部，正是對社會各界熱切企盼的回應。

立光先生畢業於香港大學，獲哲學博士學位，曾師從牟宗三等名師。學成之後，矢志獻身於中華傳統學術文化。上世紀九十年代末，我在清華大學的一次學術會議上初識立光先生，而知其學以《易》之象數思想為綱，旁及先秦諸子、宋明理學、現代新儒學、佛道之學等，著述頗豐。此後在兩岸四地舉辦的以經學、儒學為主題的研討會上，屢屢聽到他的高論，深受教益。約略稍後，我結識澳門大學的國學名家鄧國光教授，因同為經學研究者，日漸熟悉。數年之後，我在香港參會，同時得遇二位，方知國光、立光是同胞兄弟，乃歎為香港學壇的雙子星。

2018 年，立光受聘於馮燊均國學基金會，先後擔任香港中文大學國學中心主任、香港教育大學國學中心主任、馮燊均國學基金會秘書長等職，故頻頻前往內地與教育部教材中心，以及北京大學、清華大學、北京師範大學、湖南大學等校合作，探討國

學的發展與推廣，故而我們見面深談的機會日益增多，彼此的了解也日益加深，成為無所不談的至交。

立光先生以中國傳統文化作為人生信仰與生命價值之所在，體之於心，行之於身，自強不息，終日乾乾。但凡與立光先生有過交往的人，都有同樣的印象：不苟言笑，持身謹嚴，無論何時都是衣衫整肅。而更令人印象深刻的是，他始終保持思想上的潔癖，不容他人詆毀、污蔑中國文化，對社會上的文化動向極為關注，記得有一次在香港開會，他拿了一張報紙，上面有內地某學者的文章，主張從教材中刪除表彰岳飛的內容，認為表彰岳飛有礙今日的民族團結。他指着這篇文章，慷慨激昂地加以痛斥。

人生不滿百，常懷千歲憂。立光先生對中國本位文化時下的頹勢，極之憂心。不止一次，我們談及傳統文化的隱憂與危機，立光先生淚流滿面，乃有真性情之人。為此，立光先生奔走呼號，鞠躬盡瘁，入職馮燊均基金會後，立光先生將每項工作都看作是報效國學的機會。幾年前，基金會決定在大灣區發起禮儀教育，立光先生主動請纓，成為實際的組織者與推動者。儘管受疫情影響，立光先生依然親勞胼胝，頻繁組織線上的教學活動。我們最後一次通話，我明顯聽出他說話氣息微弱，當時只以為乃是勞累所致，因為他平素習練氣功，身體素質極好，誰曾料想，居然由此永訣！我曾抱憾立光先生臨走時未留下遺言，但想

到陽明先生臨終之前曰：「我心光明，亦復何言？」便亦釋然。

立光先生立志弘道，生前著述甚勤，同時關注大眾文化素養的提升，曾在《香港商報》、《文匯報》、《大公報》等發表專欄文章近三百篇，介紹《易經》及《論語》，以及縱論傳統文化的文章數十篇，未及結集出版。所幸者，有立光先生的弟子謝向榮教授在。謝向榮教授，少時即從鄧立光博士修習《周易》、《論語》、《老子》等學，先生卒後，不忍其學散佚，乃以數月之力，將所有專欄文稿搜集齊全，並在學妹曾定金女士協助下，完成全稿之整理及編排工作，馮燊均國學基金會撥款資助，而由香港三聯書店出版。在此人心不古，物慾橫流的年代，得此古道熱腸之學生，立光先生九泉有知，亦當含笑。此亦學林美談之一，值得推介與彰顯之。

立光先生文集付梓在即，承鄧國光教授與謝向榮教授雅意，囑我為序，因略述如上，以為對立光先生的追思，與對本書出版的祝賀。

彭　林

癸卯孟夏小滿後二日

鄧國光序

　　《禮記·儒行篇》說：「儒有席上之珍以待聘，夙夜強學以待問，懷忠信以待舉，力行以待取，其自立有如此者。」這本專題文化論集，是立光近十年的作品。這批作品，雖然是應邀而作，但都是長年治經論學累積的心得，面對時代問題，自覺承擔起淑世的責任，「身可危而志不可奪」，是良知的靈光，大雅的聲音，篇篇都是時代心靈的珍寶，「今世行之，後世以為楷」，自存永恒的意義。立光向來正道直行，平生憂時憂世，所有文字，志存經緯，「猶將不忘百姓之病，其憂思有如此者」，一息尚存，此志不懈，可謂克完厥志！豈在取媚一時而娛樂大眾，更並非消閒或應酬！不朽的人生，表現在這正面的精神，久而愈新，進於悠遠，這正是《中庸》所表出的「至誠無息」的大義。至誠的心靈，體現在代代不絕的道義感應、承傳與光大。於是立光門人　謝向榮教授及　曾定金小姐兩位學者，不惜耗費大量寶貴精神與時間，編集立光近十年來在香港報刊刊出的特約專欄文章。值得表彰的是：書中作品，定金十年來所收集，一直完整保存；去年底，處傷痛之際，輸入校對，摯誠衷出。而向榮高義厚道，奮厲不息，校對整理，辛勤不已，同時與出版社聯繫，

並處理報章版權問題，又擬定編訂書名，意義深遠而非常貼切書中體現的心事。香港三聯書店高義，接納出版計劃，獲得出版機會。香港馮燊均國學基金會厚道，無條件支持出版。而一代禮學大師北京清華大學彭林教授厚道深誼，處理極為艱巨復禮工程之際，不顧辛勞，惠賜大序，道心神理，通感無隔，世界大同，原非夢囈；萬物一體，華夏大智；薪火相傳，於今可見。向榮、定金、出版社及諸君子的付出與努力，與立光的淑世精神，不期而會於今日，充分體現當下文化界「善與人同」的古道熱腸。這份超越利害的善意，正賴後人貞而固之，「今世行之，後世以為楷」，更擴而充之，永永弗替。序志不忘，「無息」大義有在，以存學術淑世精神的德性。

鄧國光敬序

癸卯年芒種之時

謝向榮序

人生路上，我很幸運地遇到了許多身教言教的人師，啟發良多。而在眾多恩師中，鄧立光夫子無疑是對我影響最大的一位啟蒙者，永遠獨一無二。

中學時期，自己無心向學，成績平平，升讀大學無望，僥倖入讀副學士課程，竟有緣在「中國哲學」課遇上夫子，成為人生轉捩點。在學當年，有幸跟從夫子學習《周易》，從此不能自拔，明白到「易為君子謀，不為小人謀」之道理。畢業後，每學期仍回舊部旁聽夫子講道，先後聽講《論語》、《老子》、佛學、宋明理學等課。其中，夫子強調三教合流的「執中貫一」思想，深深地影響着我，時刻提醒我要以厚德兼載萬物，同時自強不息。不論是在學術專業，還是道德修養上，夫子皆為我確立具體的人生方向，其教誨與恩德，沒齒難忘。

2015 年，香港中文大學在馮燊均國學基金會的慷慨支持下成立國學中心，並禮聘鄧師擔任中心主任，協助推動國學發展及弘揚傳統文化。翌年，夫子在馮先生邀請下加入馮燊均國學基金會之董事會。從此，夫子隨馮氏伉儷獻身國學，將心力全落於弘揚中華傳統文化，忠誠為國家、為社會貢獻己力，為實現民族復

興、重振文化自信之偉大事業，不辭勞苦，鞠躬盡瘁。詎料，當一切工作漸見成果之時，惡疾竟來相侵，夫子帶着無限遺憾和期許，不幸於 2022 年 7 月 8 日辭世。

夫子既逝，承馮燊均國學基金會准許，晚輩得以為編校夫子紀念集及籌備追思會事宜獻力，報答師恩。在編校《立身行道 謙尊而光：鄧立光博士紀念集》的過程中，我嘗勉力為恩師編訂〈生平傳略〉及〈論著目錄〉（後發表於《新亞論叢》第 23 期），因而整理了大量有關恩師的資料，將家中珍藏多年的夫子講義、論文及剪報等全翻一遍。令人唏噓的是，這其實並不是我第一次為恩師編訂論著目錄，在學期間，出於對夫子的傾慕，我曾自發搜集其論著拜讀，漸累積匯編成一份簡目。夫子見狀，直接將其著作目錄示下，並笑稱自己只關注著述能否為讀者帶來啟發，對記錄個人履歷並不上心，估計應有不少資料漏記，囑我代為補訂。沒想到，多年過後，自己竟因編輯紀念集而再一次為老師編訂目錄，不勝感慨。後來，在老師助理的協助下，終順利取得其近年論著目錄，但經過比照，發現內容仍頗有遺漏。多年以來，老師始終沒變，一直只顧弘揚文化，不問個人回報，為道忘身，令人動容。

恩師之學術專業為中國哲學與傳統文化思想，以《周易》之象數思想為綱，兼及先秦諸子、宋明理學、道學、佛學、現代

新儒學等，於文化、教育、政治事務亦深有體會，一生筆耕不斷，撰有《陳乾初研究》、《象數易鏡原》、《老子新詮》、《周易象數義理發微（附《五行探原》）》、《中國哲學與文化復興詮論》等專著，以及散篇論文數十篇、專欄文章約三百篇。今夫子遽然離逝，我等一眾弟子不忍其學失傳，深盼有機會將其論著一一付梓，造福學林。

其中，夫子 2010 至 2014 年間曾於《香港商報》發表《易經》及《論語》專欄文章，2020 至 2022 年間復於《文匯報》、《大公報》、《光明日報》、《人民政協報》等發表多篇論及中華文化的文章，其內容鑒古通今，深入淺出，於普及國學文化言，亟宜優先出版。因此，我在追思會後向恩師家屬表達出版文集的意願，獲得師母同意，由晚輩擔任統籌，並在曾定金學妹協助下，初步完成全稿之整理及編排工作，至深篆感。

在籌備過程中，幸得凌友詩博士、葉德平博士引薦，以及諸位報刊編輯友善相助，終獲《香港商報》允許授權轉載其專欄文章共二百篇，《文匯報》授權收錄文章三十二篇，《大公報》四篇，以及《光明日報》、《人民政協報》各一篇，恩師其人其學其志，俾能更廣泛流傳。

又是書之出版，承蒙三聯書店總經理葉佩珠女士、編輯梁偉基先生、責任編輯張軒誦先生等支持及費心，馮燊均國學基金

會慷慨贊助經費，彭林教授、鄧國光教授百忙中賜序推薦，晚輩感激不盡，謹此一併敬致謝忱。

　　全賴諸位同道無私相助，是書方可順利結集，夫子之精神，得以薪火傳承。恩師的身教言教，其對弘揚中華傳統文化的堅定信念，用生命教會我們、感動我們的道理，弟子永未敢忘，定當努力傳承，不負諄諄教誨，活出無愧人生，敬告恩師在天之靈。

弟子　謝向榮

癸卯仲夏敬誌於正心齋

從易經到易學

　　《易》是人類其中一項了不起的文化創造。《易》從產生之日起，即註定了與「神秘」結下不了緣。伏犧氏畫八卦（八經卦）是最古老的傳說，伏犧氏當為上古時代之氏族而非某一位古人。八卦由三爻組成，八卦重疊而成六十四卦（別卦）。卦以爻為基礎，兩短畫為陰爻，一長畫為陽爻，陰陽爻的運用反映了中國古哲對天道變化深邃的哲學洞察力。卦爻是《易》最重要的部分，卦辭（繇辭）與爻辭分別繫於卦下與爻下，原本是占筮紀錄，後來經史官潤飾增刪而成，《易》之有爻辭由《周易》才開始。我們經常會互用的幾個「易學」方面的名詞，其意義是有區別的。

　　《易經》專指六十四卦和卦爻辭，不涉其他；與孔子密切相

關的「十翼」（《彖》上下、《象》上下、《文言》、《繫辭》上下、《說卦》、《序卦》、《雜卦》），是解構《易經》的鑰匙，統稱為《易傳》。《易經》和《易傳》合稱為《周易》，因此《周易》研究的基本範疇便是《經》和《傳》；至於研究成果不論是註釋方面的還是應用方面的，統稱為「易學」。我們這個專欄探討《周易》的意義及其應用，自然屬於「易學」的範圍。《周易》的研究大致分兩個方向，即象數易和義理易。義理易從《周易》卦爻辭出發尋找做人處事的理則，由孔子開出，屬儒家系統。象數易的內容稍多，如占筮斷疑即是，這是《易》的基本功能，也是用《易》的老傳統；興起於宋代的圖書之學，以河圖洛書和先後天八卦等為中心，是象數易的重要內容，此與道教有密切關係，也是堪輿學的重要學理依據；至於《周易》與學科或專業掛鈎，如與中醫結合的醫易，與數理化結合的科學易，與天文學結合的天文易等，都屬象數易的範疇。今天，出土簡帛與傳世文獻的對比研究，已成易學研究新領域。研究《周易》的人大致可歸入學術界或術數界，前者主於研究而學理深邃，後者主於應用而神機妙算。由於在媒體上闡釋《周易》的人多為術者，因而市民對《易經》的認識大多限於占卦預測，而未曉《周易》於行事理則與道德原則之大用。

《周易》的卦象

　　卦爻是《易經》的根本，夏商周三代的《易》，名號各異（夏朝稱「連山」，商朝稱「歸藏」，周朝稱「周易」），但都有六十四卦，雖然各卦的名稱和卦的排列有所不同。《易經》的原始功能是占筮，但如只有卦爻而沒有卦象是難以斷疑的。卦象所指是繫於八經卦的事象，其中有所謂八卦大象，是八種代表八經卦的自然現象（即乾為天，坤為地，坎為水，離為火，震為雷，巽為風，艮為山，兌為澤）。除了大象，八經卦還有很多象，最早見於《易傳》中的《說卦傳》，如繫於乾卦的圜、君、父、玉、金等等，繫於坤卦的母、布、釜等等，這些都屬引申象。然不論是大象還是引申象，都有某些特徵符合八經卦的特質，否則不能成為某卦的象，如乾卦由三陽爻組成，至剛至強，故所繫之象便有這種屬性。今天文明大進，科技日新，新事物皆可應用這原則而繫卦，如電冰箱，外有硬殼而中空，此合於離卦（☲）中虛之特徵而為離卦之象。一別卦由兩個經卦重疊而成，卦名的意義很多時候由卦中上下大象的關係來決定。如謙卦（䷎），由上坤與下艮組成，卦象地在上而山在下，謙卦的謙虛之義就是由高高的山隱藏在大地之下這一意象而獲得的。《易傳》中的《象

傳》，專以一卦的上下卦象來推衍德性的稱《大象傳》，對爻辭有選擇性說明的稱《小象傳》。如乾卦《大象傳》云：「天行健，君子以自強不息。」此因乾卦（☰）的上下卦皆為經卦之乾，故顯示天道運行不已，由之而勉君子（當時的意義指官員）努力不懈以提升自己的德性。卦象可作為記憶六十四卦卦體（即六爻之卦）的捷徑，朱熹的《周易本義》卷前便有〈分宮卦象次序歌〉，把六十四卦分隸八宮，如乾宮的八個卦，歌訣是「乾為天，天風姤，天山遯，天地否，風地觀，山地剝，火地晉，火天大有。」由上下卦象連繫卦名，只要背熟了便能正確寫出某卦，一爻不差。至於〈上下經卦名次序歌〉則是六十四卦卦名順序歌訣，如「乾坤屯蒙需訟師，比小畜今履泰否」等，這也是要背誦的，這些都是讀《易》的入門基本功。

《周易》的「數」

　　《周易》的「數」（簡稱易數）用以表達元氣變化的條理。易數是以自然數一至十為基礎，但不作計算之用，而在追摹元氣的聚散。易數的「一」並不比「十」少，譬如一個蛋糕稱為一，把蛋糕切成十份稱為十，一與十在這裏是相等的，但「一」表示元氣凝聚不分的情狀，「十」則表示元氣變動發散的狀態。在日常談話中我們有時會聽到「此人氣數已盡」等語，所謂「氣數」，便關涉易數的作用，所指為一個人的氣運條理。氣運本身不可感知，用易數追摹氣運便可測知情況。《繫辭傳》所云「天地之數」，由一至十所組成，其中一、三、五、七、九為奇數代表陽，二、四、六、八、十為偶數代表陰。這十個代表元氣陰陽變化的數字加起來是五十五，由此而言「天地之數」，天地即陰陽的另一表述方式，故陰陽變化如以數來表達，只有五十五，但宇宙變化，天覆地施，萬物生生不窮都不離這五十五的範圍。當然，如果「天地之數」只是一堆數字，則《繫辭》所謂「成變化而行鬼神」（意為使「變化」得以發生和使陰陽得以相互消長）便成為虛說。因此，易數要起作用，便須賦予空間與五行屬性。河圖洛書在宋代興起，但其數字方位已見載於先秦至秦漢時

期的古籍。河圖洛式是易數、方位、五行三結合的圖式：

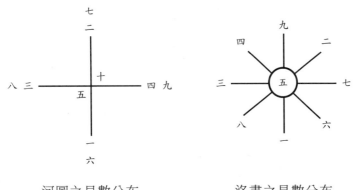

河圖之易數分布　　　　　洛書之易數分布

　　這裏的方位依「天南地北，左東右西」的傳統坐標，所以河圖的三與八處東方主木，四與九處西方主金，二與七在南方主火，一與六在北方主水，五與十居中為土而主四方。洛書數分布八方，對角數字相加均為十，十代表整體，猶如河圖中央的十，因此兩圖式分別表示了河圖為體，洛書為用的關係。就入用而言，一般用洛書圖式，例如風水的九曲飛星，其格局就是洛書數。

易數與占筮

　　易數除了與方位五行結合而產生玄學的作用以外，還與占筮的原理有關，這在《繫辭》稱之為「大衍之數」，是記述用五十根蓍草占筮的具體過程，故又稱為「周易成卦法」。

　　一般人習慣稱「占卜」或「卜筮」，其實占筮與占卜是兩個不同的內容；「占」是預測之意，「卜」指用龜腹甲或牛肩骨鑽孔並灼燒，以所產生的裂紋作預測之用，「筮」是以五十根蓍草，通過「四營十八變」（四營指四個程序，三變成一爻，十八變成一卦）的過程而獲得一卦，復用這一卦預測吉凶。卜法在漢代以後便失傳了，筮法除了用蓍草以外，還可用擲銅錢的簡捷方法（火珠林法）。如用傳統銅錢，則有字一面為陽，另一面為陰，清代銅錢則有滿文者為陽，有漢文者為陰；占法是同時擲三銅錢，一擲得一爻，六擲得一卦。代表陽的數是三，代表陰的數是二，因此每擲的四種陰陽組合亦對應為四個筮數：陰陰陽（七）、陰陽陽（八）、陽陽陽（九）、陰陰陰（六）。就得出筮數而言，演蓍和擲錢是一致的。在《周易》筮法中，起卦由初爻開始，依次到最上一爻。陽爻稱九，陰爻稱六，第一爻依陰陽性質而稱初六或初九，第二爻稱六二或九二，如此類推，至上爻

則稱上六或上九。七與九為奇數而成陽爻，六與八為偶數而成陰爻。《周易》的精神在於變化，故筮數遇六（所謂老陰）則變七（所謂少陽）、遇九（所謂老陽）則變八（所謂少陰）。例如起卦得筮數：六七七八八八，轉換成陰陽爻畫而得升卦（䷭），此為本卦，而筮數六要變少陽七，如此便得：七七七八八八為泰卦（䷊），此為變卦。預測事情，本卦為占事的當下情況，變卦為占事的結果，如上例泰卦初爻為變爻，是占事的關鍵所在。如所得之卦沒有變爻則以本卦為斷，多於一變爻則以最高位置的變爻為斷。占筮的預測功能如何？長沙馬王堆出土的帛書《易傳》記載孔子說：「吾百占而七十當」，這一方面表明占中的次數遠多於不中的，另一方面反映了孔子也有占筮之事。傳統在占筮之前占者須齋戒沐浴，潔淨身心，以表至誠之心，所謂心誠則靈是也。

讀《易》與斷卦的門徑：爻例

　　每一卦六爻皆有爻辭，爻辭的形成，歷史上有謂周公作爻辭，但就《易經》每一卦的爻辭作一分析研究，便發現有原始的占筮紀錄，有經過潤飾的，也有近乎創作的，但都有一個宗旨，就是服膺於該卦的精神，而一卦的精神又往往由卦名表現出來，一卦的精神又稱之為卦時。至於斷卦，一般人會在起卦之後，對應卦爻辭然後用聯想類比的方式推斷吉凶情狀，這種方法的占中率不高，原因是爻辭乃二千多年前的占驗紀錄，以今天的事情求斷於古代筮驗之辭，其間所占事情本質並不一致，故未能恰切於所問，但作為參考之用則可。古人占斷吉凶多用卦象及爻例，如《左傳・昭公元年》載云：「在《周易》，女惑男，風落山，謂之《蠱》。」蠱卦（☲）上艮下巽，於卦象而言，艮為山為少男，巽為風為長女，而爻自下而上，故先下卦然後上卦，所以說女惑男，風落山。這樣用卦象爻例為占，是《易經》占斷的正格。

　　一卦有六爻，爻分陰陽，原則上初、三、五爻為陽爻所居，而二、四、上爻為陰爻所處，就像排了六張椅子，奇數為陽，故男生坐一、三、五位，偶數為陰，故女生坐二、四、六

位。既濟卦（䷾）的卦爻排列剛好與此相應，稱之為「既濟定位」，因此可用作解說之用。就爻例而言，「據」指陽爻在陰爻之上，「承」指陰爻在陽爻之下，「乘」指陰爻在陽爻之上，圖示如下：

據：陽爻在陰爻之上 ——— ── 乘：陰爻在陽爻之上
—— 承：陰爻在陽爻之下

此外，相鄰之兩爻構成「比」的關係。「比」之中以六四與九五之比最為重要，因為九五是君位，而六四陰爻在九五陽爻之下，所謂「得位承陽」，自然是好事。

初爻與四爻（四爻乃上卦之初爻）；二爻與五爻（五爻乃上卦之二爻）；三爻與上爻（上爻乃上卦之三爻）俱構成「應」的關係。其中的二、

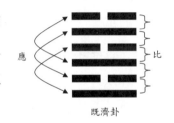

既濟卦

五爻分別為內外卦的中爻，如二爻為陰，五爻為陽，則稱為「中正有應」，即「居中得正而有應」的意思，是易卦中最好的一對陰陽爻關係，因此明朝大臣張居正以及蔣中正之名，其意義都是從「居中得正」而來。至於失位而應的偏應，譬如第二陽爻應第五陰爻，當然比不上「正應」。此外，如果相應的兩爻同為陽爻或陰爻，則構成「敵應」，敵應則相互排斥矣。

讀《易》與斷卦的門徑：卦例

讀懂《易經》，須明白卦例。別卦由上下兩經卦組成，而爻畫從下生，故下卦稱內卦，而上卦稱外卦。卦體有陰陽之分，就經卦而言，《繫辭下》云：「陽卦多陰，陰卦多陽」，又云：「陽卦奇，陰卦耦」，這是說一陽二陰的坎（☵）、震（☳）、艮（☶）為陽卦，共畫五筆，五為奇數屬陽；一陰二陽的巽（☴）、離（☲）、兌（☱）為陰卦，共畫四筆，四為耦數屬陰。別卦六爻的情狀也表現了異性相吸和物以罕為貴的道理，如一卦五陽一陰，則此卦就以陰爻為主，反之亦然，如復卦（☷☳）和姤卦（☰☴）。一別卦可析出四經卦，上下卦以外，還有介乎上下卦之間的兩經卦稱為互卦。以謙卦為例，上卦為坤（四五上爻）、下卦為艮（初二三爻）、上互卦為震（三四五爻）、下互卦為坎（二三四爻）。

互卦當然不止經卦，還可互出別卦，這是漢代易學的特色，但稍為繁瑣。就解卦及占算而言，一別卦析出四經卦已經足夠應用。卦中六爻之位代

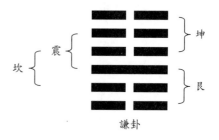

謙卦

表六個階段，各具特色，初爻是一卦之始，代表事情的開端，後來如何發展仍難確定，而上爻是事情的結果，到了這一步就容易了解；二爻與四爻都屬陰爻之位，但二爻居下卦之中而多令譽，四爻遠離中位，並承受五爻之君位，故多戒懼；三爻與五爻都屬陽爻之位，三爻處下卦之終，是求變之位，陽爻主動，居此位還能與爻位特徵相應，陰爻主靜便不相應了，故多凶險；五爻是上卦之中爻，是君位，故貴而多功。通行本《易經》六十四卦基本採用以相鄰兩卦為一組的方式排列，除了乾（☰）坤（☷），頤（☲）大過（☲），坎（☵）離（☲），中孚（☲）小過（☳）八個卦組是「旁通卦」（又稱錯卦，兩卦之陰陽爻相反）以外，其餘五十六卦配成二十八對「反覆卦」（又稱綜卦，是卦體類顛倒的兩卦），如臨（☲）反覆成觀（☲）。「旁通」與「反覆」都顯示卦組中的兩卦意義相反或相對。

六十四卦的排列次序，《序卦》作者按卦名賦予由天地萬物至種種人事的一種邏輯安排，但馬王堆帛書《易經》的卦序卻大異於通行本，代表了另一種宇宙論思想。

剛健的乾卦

　　《易經》原本是筮書，指點人事以趨吉避凶，故卦爻辭原為占驗之辭。第一卦是乾卦（☰），六爻皆陽，卦辭云：「元亨利貞」，是為乾卦四德。從原始占筮意義言之，元為大，亨為通，意即非常順利；利為宜，貞為占，意即宜於占問之事；就是說占得乾卦則所問之事吉祥。如就事理言之，元為始，亨為通，利為宜，貞為正；所指為事情之始順利開展，得其所宜而有良好結果。

　　通行本《周易》在卦辭之下配入《彖（音團之去聲）傳》和《象傳》（稱《大象傳》）以解釋一卦之義。《彖傳》就卦辭自身作解說，乾卦《彖傳》云：「大哉乾元，萬物資始，乃統天。」極讚乾元為宇宙生成之大根大本，萬物統貫於天，而以天為一切的開始。而《大象傳》乃就上下卦象推出為官德性，具有強烈的憂患意識，反映出西周開國以來王室「疾敬德」的精神。乾卦《大象傳》云：「天行健，君子以自強不息。」天道健動，人法天，故君子當努力向上，不因遇到困難挫折而灰心。「君子」原指官員，今天可以修德者視之。

　　《周易》占變，因此卦中六爻的情況更須注意：

初九：「潛龍勿用。」意為時機未至，仍須守靜。此際藏器於身，待時而發可矣。

九二：「見（音現）龍在田，利見（音現）大人。」意為有表現機會，有德有位者宜有所表現。此下卦之中爻，屬有德者所居之位。

九三：「君子終日乾乾，夕惕若，厲，無咎。」這階段努力進取，不畏困難，雖然會遇到挫折，但最終化險為夷。此爻在下卦之終，將有所改變之時。

九四：「或躍在淵，無咎。」意為主於靜但時動則動，努力不懈。本爻在上卦之初，要有所作為，已異於初爻守靜之「時」。

九五：「飛龍在天，利見（音現）大人。」意為志向得達，如龍之騰飛，有德有位者宜有所表現。本爻是上卦的中爻，屬一卦最佳之位，也是君位，故有「九五之尊」的稱謂。

上九：「亢（音抗）龍有悔。」龍飛過高，意為處事過度，最終導致反彈而生悔疚。

用九：「見（音現）群龍无首，吉。」用九不是爻，指筮數遇九則變之意；群龍無首，退讓不居，示陽爻退而為陰爻。

柔順安靜而厚德載物的坤卦

　　坤卦（☷☷）六爻皆陰，卦辭云：「元，亨，利牝（音噴之上聲，雌類）馬之貞。君子有攸（音由，所也）往，先迷後得主；利西南得朋，東北喪朋。安貞吉。」以占筮言之，意為非常順利，宜於騎着雌馬的人占卦。為官者遠行有所往，先是找不到投宿之主人，後來才找到；宜往西南方走，可獲得錢財（朋為貝之量詞，錢幣的代稱），往東北方走便損失錢財了。占者守靜安居則吉祥。由此凸顯坤卦之精神在守靜。

　　《彖傳》云：「至哉坤元，萬物資生，乃順承天。」這與《乾彖》的義理相對，萬物因坤元而得以實然化生，而坤元則順承乾元才起作用。因此易學有「乾坤並建」的哲學框架。從易卦言之，乾坤乃其餘六十二卦之根本，反映易道（即天道）生生，乾坤實居宇宙生成總根源的位置，故《序卦》云：「有天地（指乾坤）然後有萬物。」可見坤卦與乾卦同樣重要。殷《易》名為「坤乾」，即以坤卦居首而乾卦居後。

　　《大象傳》云：「地勢坤，君子以厚德載物。」坤卦表現了地道柔順承載的德性，君子當效法地道，以寬厚博愛待人，容人所不能容。坤卦六爻體現了守靜柔順的德性。

初六：「履霜，堅冰至。」處初爻之位，一切尚微不足道，如繼此以往，則小過積而為大惡，小善積而為大德，這些都在不知不覺（靜）中養成。

六二：「直，方，大，不習无不利。」處下卦中爻，居中得正，故表現出正直、端莊、寬大的德性，守靜不外顯（不習），然誠於中而形於外，自能感格人心，天助人助。

六三：「含章可貞。或從王事，无成有終。」方正自持，美質不露，以助王者，然功成不居，自是守柔處順的氣質表現。

六四：「括囊，无咎无譽。」處上卦初爻，靜而不躁，不張己善，不揚人惡，自然善惡不加身。

六五：「黃裳，元吉。」處上卦中爻之君位，但言黃袍之下衣（裳），示位尊而行謙，實大吉之象。

上六：「龍戰于野，其血玄黃。」群龍相接於郊野，天（陽）色玄而地（陰）色黃，陰陽易轉之時將至。

用六：「利永貞。」用六指筮數皆遇六，由坤卦變入乾卦之意，宜於有恒心的人占得此卦。

屯卦之「時」：萬事開首難

　　自乾坤二卦作為天地之始，第三卦以後便落在萬物化生的層次了。屯卦的「屯」（音津）是草木初生之義，因初生脆弱，易受摧折，引申為萬事開首難。從卦象而言，屯卦的上卦為坎（☵），下卦為震（☳）。坎卦在上多非好事；坎卦大象為水，古人以水為險，渡河之時一旦出現不測風雲，則船隻頓入險境；坎卦也有坑、穴等意思，表示障礙。震卦大象為雷，春雷驚蟄，萬物萌動，生機蓬勃。

　　屯卦上坎下震，於人事表示事業草創階段多有障礙，這是屯卦的「時」義，這時候有理想的人不會退縮，並且努力克服困難。《周易》除了示人趨吉避凶之外，還有指點德性的作用，所以是一本言德之書，因此屯卦《大象傳》推演出「君子以經綸」的修德表現，即言創業之時，要如治絲一樣，把事情導入系統與條理之中，不使事情散亂失序。

　　由於屯卦有上卦坎生發影響，故此卦時雖生機蓬勃，但亦處於艱辛狀態，而六爻情狀亦受此卦時的重大影響。

　　初九與六四正應，初爻為震卦之主，向外發展，所應之四爻，處於上互艮（☶）卦之中爻（艮為止），同時也是上卦坎

之初爻（坎為險），止於險境，自然無法順利發展，故爻辭云「磐桓」，即徘徊不進之意。

六二與九五居中得正而有應，但情況與初爻差不多，動而入於險，故出現「屯（生長艱難）如，邅（難行不進）如」的情況，但中爻是有德者所居之位，故最終得償所願，如女子之最終可以出嫁。

六三與上六敵應，遭受排斥，而三爻處於下卦震動與上互卦艮止之間，猶疑不定，進退失據，故有「君子舍之，往吝（音論，遺憾也），窮也」之歎！

六四與初六有應，四爻在上互艮止之中，與下卦震相連而出險，故云「往吉，無不利。」

九五與六二應，出險，但以陽來應陰，終為有憾（《周易》具崇陽抑陰之精神），故只利於小事而大事則未可為，因而說「小貞吉，大貞凶。」

上六與六三敵應，仍居原位不動，處坎險而不得脫，以應屯卦時位，故云「乘馬班如，泣血漣如。」雖有大隊人馬前來求婚配，但同性不應，故傷心泣血。此時有德者須堅心忍耐，方成中正之道。

啟導兒童教育的蒙卦

　　蒙卦與屯卦構成一對「覆卦」。「屯」指物初生而遇險阻，「蒙」為草名（即女蘿，附生於松樹上，成絲狀下垂），「蒙」與萌相通，指物之初生，引申為蒙昧無知。人之初生亦然，童稚無知，故須啟蒙，以利成長，蒙卦之時義為童稚之啟蒙教育，其上卦艮（☶）而下卦坎（☵），艮止與坎險意味着兒童的成長道路並不容易。

　　卦辭原指占筮之事，但《周易》成為言德之書後，辭義亦轉成教化之語，如「匪我求童蒙，童蒙求我」指出有來學，無往教的師道尊嚴；「初筮告（音谷），再三瀆，瀆則不告（音谷）」即顯示誠敬專一的態度。《象傳》云：「蒙以養正，聖功也」，揭示了本卦的精神所在，啟蒙重點在於培養端莊正直的心態，以收誠意正心之效，而不在灌輸知識，這是培養修德君子的人格教育。《大象傳》亦云：「山下出泉，蒙；君子以果行育德。」點出人的性情表現，如泉水般從山下流出，順勢而往，東西不辨，善惡不分，隨生理要求而為，故君子須堅決果斷地實踐道德言行以培養德性，點出修德必須勇猛精進，當行則行，不能猶疑，不能退志，不能找藉口。

初六與六四敵應，且在坎卦之初爻，故「往吝」，留在原位，接受管教，不要存逃避之心。

九二與六五偏應，九二為師，六五為童，師之所教，弟子順受，而止於善。

六三與上九偏應，第三爻應陽而陰，應動而靜，第六爻亦然，應陰而陽，應靜而動，故雖應而不正，失卻教養之道，故云：「勿用取（娶）女。」不要迎娶不端不正的女子。

六四與初六敵應，居於原位；第四爻處於上卦艮（止）之初，同時在下互震（動）之上，猶疑不定，進退失據，可善可惡，失卻果行之意，故爻辭云：「困蒙，吝。」

六五與九二偏應，正是卦辭「匪我求童蒙，童蒙求我」之意，六五乃童稚居中以求，不畏障礙，下求九二之嚴師，以端身制行，故爻辭云：「童蒙，吉。」

上九偏應六三，上爻處上卦艮，止惡為義，故其所應之第三爻，使其情得誠即可，猶如禦寇，敵攻我擋，教化亦然，弟子之問，小叩之則小鳴，大叩之則大鳴可矣。

需卦之剛健不犯險及有待而不失禮

　　需卦之義是有所待，並把乾卦自強不息的剛健精神烘托出來。需卦上卦坎（☵）而下卦乾（☰）。坎險在上，則事情多不順利，而卦辭云：「利涉大川」，故精神全在乾卦，因此《象傳》云：「險在前也，剛健而不陷，其義不困窮矣」且「利涉大川，往有功也」，很明顯帶出堅毅不屈，力爭上游的處事態度，以及孔子所云：「君子固窮，小人窮斯濫矣」的精神。

　　面對大是大非的問題，如果有險在前，則當效孔子所云「危邦不入，亂邦不居」，或如坤卦六四爻所云：「括囊，无咎无譽」的表現，但總不應屈節事人。

　　《大象傳》云：「雲上于天，需；君子以飲食宴樂。」誠如春秋時代晉國大夫叔向所云：「宴樂以早，亦非禮也。」這是生活有節，進退有度的反映。六爻之義與《大象傳》之飲食宴樂互相呼應，藉賓主雙方之會面而表現須待之義。有三人長途跋涉往訪友人，主人進備酒宴招待突然造訪之嘉賓。

　　初九與六四正應：就賓客一方言之，初爻在下互兌澤（☱）之下，又遠於坎水，故言「需于郊」。四爻在坎險之初，須用耐性等待。

九二與九五敵應：就賓客而言，二爻留在原位，有德而居中，最終獲得吉祥。二爻在下互兌澤之初，於水稍近，故言「需于沙」。

　　九三與上六正應：以賓客而言，三爻在下互兌澤，在坎水旁，故言「需于泥」。上爻在坎水，三爻在兌澤，有應而舉步維艱，故舉措失當矣，此必招禍患，故云「致寇至」。

　　六四與初九正應：就主人一方言之，上卦坎為水，上互離卦（☲）為火色紅，所以說「需于血」。由上坎之險陷來應初，所以說「出自穴」。

　　九五與九二敵應：就主客雙方言之，居中得正，留在原位而獲吉祥。坎為水，所以說「需于酒食」。

　　上六與九三正應：就主客雙方言之，上爻在一卦之末，處坎故言「入于穴」，下應九三之乾，乾三陽爻而云三人，有應則云不速之客。

　　由需于郊，需于沙，需于泥，需于血，需于酒食，入于穴等順序託出朋友之會面過程，由遠而近，最後相聚宴飲，賓主盡歡，展現了一幅「有朋自遠方來，不亦樂乎」的圖景。

教人消弭爭執的訟卦

　　爭訟是任何人都不想有的，訟卦的精神在不爭和息爭，誠如孔子所云：「聽訟，吾猶人也，必也使無訟乎！」因此卦辭云：「終凶，利見大人，不利涉大川。」《彖傳》即謂「終凶，訟不可成也；利見大人，尚中正也；不利涉大川，入于淵也。」由此可見訟卦的精神在於無訟，以德服人，一旦有訟，雙方都陷入不利境地。

　　《大象傳》云：「天與水違行，訟；君子以作事謀始。」天由東向西旋，水自西向東流，方向相反，故言違行；乾天在上，坎水在下，不相交疊，亦違行之義。爭訟之事，溯其源是在開始之時有不可協調之矛盾，因此君子處事須謹慎於始，特別對於不可調和的矛盾，必須事先有明確的解決方案，才可以避免日後出現爭訟不休的局面。

　　訟卦上乾（☰）、下坎（☵）、上互巽（☴）、下互離（☲）。

　　六爻之義從四卦的關係可知。坎水與離火交疊，水火不相容，紛爭不止，上卦乾剛，絕不退讓，遂起爭訟，故《彖傳》云：「上剛下險，險而健，訟。」

初六偏應九四：初與四爻皆失位，故爭訟理不直氣不壯；由於初爻在坎險之下，故有損傷，但最終脫險入順（上互巽），獲得吉祥。

九二敵應九五：二爻居中以守正，故不興訟，因而免災。

六三偏應上九：三爻失位，在離、坎之中，水火不相容，故有危也；然上應乾剛，此為效命而非爭訟之事，又因有應而終獲吉祥。

九四偏應初六：入險故不能興訟。能不訟則平安吉祥。

九五敵應九二：九五為卦主，居中得正，不訟，故大吉。

上九偏應六三：上爻下應三爻，三爻居下互離，光明之位，故受賜，然三亦居坎，與離交疊，互不相容，故所賜之服被沒收。

爻例以有應為佳，敵應不吉，然本卦六爻之義反其道而行，以敵應為吉，此乃受卦時（訟）的影響，至乎有應者亦以不爭為吉，惟上爻有所爭，就算得勝，亦非好事，故上爻《小象傳》云：「以訟受服，亦不足敬也。」觀此，即知爭訟之事，乃中國傳統文化所厭惡者，故舊社會有生不入官門的價值取向，而訟卦之義足以反映此一中國傳統人文思想。

蓄聚力量以行正道的師卦

師卦是五陰一陽之卦，九二爻是卦主。「師」的意思是兵眾。以卦象言之，這一卦的精神在九二爻，指將帥除了團結兵眾，並能忠心保衛國家，此可謂國之良將，受王者重託，繫天下安危。上六坤德，將臣柔順自守，故得封土以衛國家。綜觀全卦，其意在團結以凝聚力量，以忠貞而獲致成功。

《大象傳》云：「地中有水，師；君子以容民畜眾。」地下之水，歸聚一處，從井水汲之不窮可知；以故君子之治理地方，當以團結百姓為要事。

初六敵應六四：行軍敵應自非好事，軍隊出征以守紀律為要，否則必招禍敗。初爻在坎險之下，與第四爻敵應，無法出離，困於險境，故凶。

九二偏應六五：二爻居中守護正道，也是師卦之主，五陰用命，依附一陽，與六五偏應，為保家衛國出剛勇不屈，威武之師戰無不捷，獲吉祥無咎，並多次受到君主的獎賞。

六三敵應上六：第三爻敵應失位，故出師不利而陷入坎險之境，兵眾多有戰死，異常凶險。

六四敵應初六：第四爻同時為下互震之上爻及上卦坤之初

爻，其質性為順而動，因敵應相斥，拒不接戰，故撤退以免禍咎。

六五偏應九二：六五下應九二，陷入坎險之死地，爻辭因言「長子帥師，弟子輿尸」，自是凶象。

上六敵應六三：上爻處於坤卦，坤象為土，因敵應而守於一方，象徵有功諸臣得封土為王侯。坤卦又為小人，敵應則對立，故小人之有功者只能賜予財帛，不能分予土地，以消弭隱藏之禍患，所以爻辭云：「大君有命，開國承家。小人勿用。」

人生如戰場，師卦雖然主要論軍事成敗，但用諸人生事業亦然，初六所示為處事須先有規劃，這是成功的第一步；思想正大，不謀己私，克盡己責，乃九二爻所示成功之必備條件；六三所示，最忌在不知己不知彼的情況下，魯莽行動，如此必招大敗。

六四之意為知難而退，保存實力以圖再起。六五雖為中爻，然失位，即成功做事之條件仍未具備，勉強為之，結果落得慘敗的下場。上六則示為只有具備九二品質者，而又能知己知彼，謀定後動，方能建功立業，並得到社會之推崇。

師卦他說

　　師卦有云人生如戰場，既可論軍事活動亦可言人生事業。現順此思路談談將於今年（編者案：2010 年）9 月 15 至 18 日在本港舉行的一次大型國際易學研討會，這是香港開埠以來的第一次。

　　這次研討會規模大，人數多，因此事先須有妥善規劃，而活動之精神須針對現實問題並提供解決之道才有意義。超過一百位來自內地、台灣、香港，以及其他國家的易學研究者、愛好者匯聚香港，共同探討以《周易》的智慧構建世界新秩序。

　　眾多專家學者共同探討世界新秩序，猶如師卦之五陰共赴一陽，一陽就是此次會議之主題。由於主題之立意正大，宗旨明確，猶如九二爻的特質，自然能匯聚群賢。一個活動適時與否是成敗的關鍵，適時是《周易》很重要的精神，要達至適時，誠如《孫子兵法》所云知己知彼才能百戰百勝，故主客觀情勢都要有所掌握。在這時候舉行這類學術活動，當然有復興傳統文化的大背景。就主觀方面而言，任何活動都有不同意見，因此如孔子所云「和而不同」，就是最好的處事原則，妥協永遠是使事情得以成功的最大本事。

易學在香港，其話語權早已由術數界所擁有。時下流行的四柱論命，配合易卦推斷，而「文王卦」更是以六十四卦為根本以占斷吉凶悔吝，因此，港人對於易學，只視其為一門預測吉凶禍福的術數，甚至認為研究《易經》是迷信行為。由孔子開始形成的易學傳統遂湮沒在趨利避害的思想氛圍之中。

《周易》有四個重點，《繫辭傳》所謂「《易》有聖人之道四焉，以言者尚其辭，以動者尚其變，以制器者尚其象，以卜筮者尚其占。」占為其一，故不能排斥占筮，但也不能把《易經》視為純然一占卜之書。《易經》原本是筮書，但能成為六經之首、大道之原，是六十四卦及其精深義蘊所決定的。孔子開啟了以義理說《易》的先河，這也是孔門易學的特色。這次研討會以義理為主探討世界新秩序，並凸顯《周易》的道德意義、教化意義，及指導人生方向的意義，還《易經》作為儒家經典的嚴肅經學義蘊，並希望能令港人對《易經》與易學有更全面的認知。

比卦：建立親和人際關係的理則

　　比（音備）卦五陰一陽，與師卦同質，二卦為一對覆卦，皆有親附之意。但本卦陽爻處於九五君位，代表君主（故《大象傳》言先王），而師卦則在九二臣位，代表將帥（故《大象傳》言君子）。比卦上坎下坤，《大象傳》云：「地上有水，比；先王以建萬國，親諸侯。」地上之水，匯歸成江河，寓意親附，故王者封建諸侯，並有朝聘、巡狩、會同等制度以聯結天子與諸侯的關係。

　　初六敵應六四：失位處下，只要用心以誠，與其他陰爻親附九五，雖敵應六四亦無禍咎。

　　六二正應九五：居中得正而有應，自然獲得吉祥。

　　六三敵應上六：第三爻失位，兼敵應無援，且居上互艮止之初，孤獨無友，與卦時相反，實可傷也。

　　六四敵應初六：四爻在外卦，承托九五之尊，而獲吉祥，又因與初爻敵應，居於原位，故能專心輔助九五，故此爻之敵應反成好事。

　　九五正應六二：明君居於此位，坎險下應坤順，故行獵而能網開一面，不盡殺，以此獲得吉祥。

上六敵應六三：上六處坎險之地，又無應援，欲附九五，而位又凌乘九五之尊，至無所親附，與卦時相違，凶險。

　　就人與人的關係而言，初六爻義顯示相識日淺，信任度不足，但只要心誠意切，已為日後建立良好關係打下基礎；六二爻居中得正，凡事從自身所處分位出發，不作分外之想，這是守禮的表現。物以類聚，同品質的人在一起自能和睦共處。六三爻義顯示損友特徵，人不安分守己，悖禮犯義，幹損人利己之事，自然如《大學》所云：「十目所視，十手所指」，遭到厭棄。六四爻義屬才德兼備之人，既能一心一意，力抗誘惑，又能輔助上司，成為得力助手，敬業樂業，當然是難得的人材。九五爻顯示領導人應有的表現，就是要重視上下之間的關係，一方面如《中庸》所云：「在上位不陵下」，另一方面不能冷漠無情，事事以規章繩之，否則員工難以產生歸屬感。因此多體諒下屬，留點餘地，這是獲得支持的重要原因。上六爻表現為自視過高，以為天下之美盡在己，結果成為孤家寡人，這不但不能成大事，連自身如何處世都出現問題。

行謙而得各方支持的小畜卦

　　小畜卦為五陽一陰之卦，六四爻為一卦之主，誠如《象傳》所云：「柔得位而上下應之，曰小畜。」由於《周易》精神崇陽抑陰，這裏的「小」指陰爻，「畜」乃指五陽同時匯歸六四爻。

　　王弼云：「夫少者多之所貴也，寡者眾之所宗也。一卦五陽而一陰，則一陰為之主矣。夫陰之所求者陽也，陽之所求者陰也。陽苟一焉，五陰何得不同而歸之！陰苟隻焉，五陽何得不同而從之！故陰爻雖賤而為一卦之主者，處其至少之地也。」這說明物以罕為貴的道理，就人事而言，則在群體中只要磊落光明，正己不求於人，對他人則有助有應，如此則自身地位雖卑而仍受人敬重。

　　《大象傳》云：「風行天上，小畜；君子以懿文德。」天上之風，光明可見，風與感化義相聯，故言君子以修文德為美。大畜卦（☲）之《大象傳》云：「天在山中，大畜；君子以多識前言往行，以畜其德。」山下有天，故云天在山中，山八風不動，故以有於中為美，是故言博聞多識以裕養德性。兩卦對比言之，小畜卦以修文德顯現其美，大畜卦則以累積學問以貞定德性。

　　初九正應六四：乾之初爻上應互離之中爻，一片光明。初

與四皆得位有應，合乎理法，自不會有咎。

九二敵應九五：因五陽共赴一陰，故九二牽連而歸附於六四。

九三敵應上九：敵應則風行不順，密雲不雨，故人事物情皆不順，夫妻反目不和，車輛脫輪輻。

六四正應初九：四爻在互離，離火色赤，故言血。下應初九，故言血去惕出。本爻當位承陽，表現隨順謙和之德，亦能有應於初爻，是以位雖曳微而能安於其位。

九五敵應九二：九五為卦中陽爻之主，故牽繫其餘陽爻以附四爻，故使四爻有所畜聚，成就小畜之象。

上九敵應九三：下互兌為澤，雨止積水成澤。然敵應不順，上爻處一卦之極，以六子卦言之，上卦長女之巽，與第三爻所在之下卦乾父、下互兌少女，上互離中女敵應，故此爻言婦貞厲；由卦象言之，乃此年紀稍長之女子，與父母不和，姊妹間亦不睦。居此爻位不能志得意滿，當如月之將圓便可，否則便有日中則仄之虞，形勢逆轉矣。

安守本分的履卦

　　履卦上乾下兌，五陽一陰之卦。本卦卦時由六三爻之以柔履剛體現出來。六三爻為用神所在，以柔履剛，然失位有危，因五陽爻所依而無咎，故卦辭云：「履虎尾，不咥（音秩，咬也）人。」

　　本卦之精神在於尊卑不相陵越，誠如《中庸》所云：「在上位不陵下，在下位不援上。」《大象傳》云：「上天下澤，履；君子以辯上下，定民志。」從卦象上下分明，合乎自然規律而言，君子當體悟到上下有序，如君臣、父子等，使百姓知所從事。孝悌忠信禮義廉恥之前提皆為體認上下尊卑之有序，而安守本分，與此相應者如《論語》所云：「不在其位，不謀其政」，與《中庸》所云：「素其位而行，不願乎其外」，意即做其分位所當為之事，而不欲有所逾越。

　　初九敵應九四：初爻只依自己心願往前走，沒有其他企求；下卦為兌，卦德為悅，故言願。《小象傳》云：「素履之往，獨行願也。」即言自願獨往。敵應則在原位，與卦時相應，故無咎害。

　　九二敵應九五：居中守正，不務名利，如隱士之求仁得

仁，不與世道相往來，故《小象傳》云：「中不自亂。」敵應則留在原位，故吉祥。

六三偏應上九：本爻應上而失位，志有所偏，心有非分之想，故行而不正，此猶如眇者能視，跛者能走，然皆非常態。雖有應而後果如踏中虎尾，至遭虎噬。武夫為天子所用，乃因其有剛勇鬥志，可戰死沙場。

九四敵應初九：九四失位而行，敵應而留在原位。四爻所處，有上卦之乾天、上互之巽風、下互之離日，形成風和日麗之背景。因此，此爻履險如夷，踏中虎尾而虎不噬，並終獲吉祥。

九五敵應九二：居中得正，應行則行，決不猶疑。與九二敵應招危，仍處原位，處此九五之位，不得遇事畏縮，誠如《論語·堯曰》載商湯所言：「萬方有罪，罪在朕躬。」故《象傳》云：「剛中正，履帝位而不疚，光明也。」

上九偏應六三：上九處於乾天，與下互離之太陽有應，通體光明。而往應之六三爻為卦中五陽爻所同趨附，為卦中之最貴者。居上位光明正大，復下應離明，故《小象傳》云：「元吉在上，大有慶也。」

事事亨通而危機隱伏的泰卦

　　古哲以「天」、「地」分別代表陽氣和陰氣，陽氣輕清上升，陰氣重濁下降。因此泰卦坤上乾下，陰陽二氣便能相交，表示生機蓬勃，事事亨通。

　　泰卦除了卦時特佳，同時是君子卦，《象傳》言此卦之精神是「君子道長，小人道消」。乾為君子，坤為小人，因此大凡君子居位，小人從屬的時世都是治世。所以《大象傳》云：「天地交，泰；后（君主）以財（裁）成天地之道，輔助天地之宜，以左右（佐佑）民。」本卦雖然表達了一帆風順的環境，但於六爻時位反映了深刻的人生哲理，就是居安思危，否則便如孟子所說的「死於安樂」。

　　初九正應六四：乾卦三爻同質，牽一髮而動全身。初爻上應四爻，四爻在下互兌、上互震、上卦坤之間，悅而動而順，因而爻辭云：「征吉」。

　　九二偏應六五：居中有應，如大河之包容廣遠，無所遺失；不結朋黨，踐行中道，故《小象傳》謂這一對應爻表現了光明正大的德性。

　　九三正應上六：上下兩卦的上爻有應。上爻乃將變之位，

因此這一對應關係將出現互相轉化的情況，故爻辭云：「无平不陂（山坡），无往不復。」《小象傳》即謂此為天地之邊際。這一轉化意味着事情在發展中是會走向反面的。

六四正應初九：四爻在上互震卦，主於動故言翩翩，以下應初九。四爻亦在坤卦，主順。乾坤二卦體現了主從的精神，坤卦以成就乾卦為本質，所以爻辭云：「不富以其鄰」。誠心襄助乃坤卦之德，非矯情造作。

六五偏應九二：五爻為君，陰爻主女性，下應九二之良臣。故爻辭云：「帝乙（商代帝王之名）歸妹（嫁女）」，這一對應爻大吉，是因為居中有應。

上六正應九三：這兩爻再處於將變的對應關係，但上爻已發展至極，進入亢龍有悔的階段，其勢有危。爻辭云：「城復于隍，勿用師，自邑告命。」意謂城牆傾倒，塌在護城河上，則危難從內而生，非外力所致，不用出兵討伐他國，只求自我檢討。這一爻意味深長，在路路亨通的情況下，何以會出現亂局而自招敗亡？只因為任何事情都變動不居，如果不能慎終如始，便會出現變數而導致功虧一簣的後果。

力行正道以消解黑暗的否卦

否（音鄙）泰二卦，意義相反。天氣（陽氣）上升而地氣（陰氣）下降，否卦乾上坤下，自然是陰陽不交，人事多滯。古人對否卦的「時」有深刻體會，故卦辭云：「不利君子貞，大往小來。」《彖傳》云：「天地不交，而萬物不通也；上下不交，而天下無邦也；內陰而外陽，內柔而外剛，內小人而外君子也。」這是小人得志的時代，故《大象傳》云：「君子以儉德辟難，不可榮以祿。」就是說在正氣不申，邪道熾盛的環境中，無所作為，須以謙遜卑下（儉德）來渡過難關，不能當官以顯榮。

初六偏應九四：下卦坤三爻同質，故一爻之行，三爻同當。初爻往應四爻，雖處否塞之時而能亨通，只因志在君上，不為己私之故。

六二正應九五：六二陰爻（陰為小人）上承九五陽爻（陽為大人），合乎陰陽相處原則，且居中得正而有應，故吉祥；九五陽爻應於六二，獲「否」亨（意即在「否」道而得亨通）。《小象傳》謂此亨在於「不亂群」。否卦之時雖上下不交，然人際關係終不可斷絕，與君子相交而有所取法，與小人往來而不為所亂，是本爻精神所在。

六三偏應上九：六三失位而往應上九，牽連所及，下卦三爻一體蒙羞。處否道之時本當以義自守，六三處下互艮止，當止而不止，失位並躁進。孔子有云：「不在其位，不謀其政」，宜乎此爻表羞恥之行。

九四偏應初六：否塞之時，正道之行不為時勢所阻；有應則應，得行其志，自不獲禍咎。能行此義者皆獲福祉。

九五正應六二：九五是否塞之時的最佳表現，有位者處此一爻可獲吉祥。否塞之時，國家多有不正之人與事，有位者常有憂患意識，則禍患止於忽微，而管治便如桑樹的根深柢固，不可動搖。

上九偏應六三：否道至上爻將起變化。天氣順而止諸地氣，否塞之時將要消失，故爻辭云：「傾（覆滅）否，先否後喜。」《小象傳》云：「否終則傾，何可長也。」否道終結，一切險邪不正之事亦告消斂。本爻是成語「否極泰來」的精神所在，而促使否道消失的關鍵在於有中流砥柱，使正道綿綿不斷。

以精神心意相通為主調的同人卦

同人卦離下乾上，五陽一陰之卦，六二陰爻，居中得正。《象傳》云：「柔得位得中而應乎乾，曰同人。」又云：「文明以健，中正而應，君子正也。唯君子為能通天下之志。」因此，就卦中六爻的分布而言，二五爻居中得正而有應，加以五陽共赴六二之陰，因而從精神心志而言，「同人」之義在以正道正理感化人心，君子所以能通天下之志，是由於人同此心，心同此理的緣故。

《大象傳》云：「天與火，同人；君子以類族辨物。」此與《象傳》對「同人」的體會有差別。天為光明所在，火亦用以照明，因此，暗昧全袪，是非善惡即能清楚分辨，以此而言類聚辨物。「同人」之義落在物以類聚一層。

六爻所反映的「同人」義，以相安無事為主，故雖敵應而不背此義者亦為吉祥。

初九敵應九四：在初爻故以出門為喻，初與四敵應，然俱為陽爻，彼此同質，與卦時相應，故沒有問題。

六二正應九五：二爻與五爻同聲相應，同氣相求，出現宗門之見，形成排他格局，與卦時有違，故雖居中得正而反生遺憾。

九三敵應上九：如伏兵草叢，只窺伺而不對決；兩爻敵應顯示為軍事對峙；下互巽（木）有草莽之象；九三在互巽（木）與互乾（天）之間而言高陵；對峙不戰，故云三歲不興。《小象傳》以此為相安之道（安行）。

九四敵應初九：此爻猶如固守城牆而拒戰，彼此相安，反是吉象。如此相安雖因對立防範所致而非友好表現，但敵對雙方藉此保存生命財產，避免傷亡損失。於此可知，上古戰爭頻仍，人心厭戰，對峙不戰也成為好事！

九五正應六二：九五居中得正，顯示行軍用正不用奇；與六二相遇，其間經歷重重險阻，只因九三與九四形成阻隔，所幸九五最終克敵，與六二會師，故爻辭云：「先號咷而後笑，大師克相遇。」此爻之「同」在於友軍能相遇以聯合力量。

上九敵應九三：上九處境類似九五而更糟，除了四五兩爻形成阻礙，三爻陽質故敵應，然爻辭云：「同人于郊，无悔。」表達了同人之義為生民安居樂業，老死不相往來的理想生活形態。

光明正大而人皆歸心的大有卦

大有卦五陽一陰，六五爻為卦主，柔得尊位，大中而上下應之。本卦德性由乾下離上而知其義。《彖傳》云：「其德剛健而文明，應乎天而時行。」乾卦為天而德性剛健，離卦為火故其德為文明。天無不覆，火無不照，故幽暗全消。本卦之「時」有應於乾天，故為人行事光明磊落，不欺暗室。

《大象傳》云：「火在天上，大有；君子以遏惡揚善，順天休（美也）命。」此言本卦帶出光照天下的涵義，故為官者在其治理下的地方要表揚有善行者而打擊作惡者，使風俗趨於淳厚。

本卦卦時光明四達且大有所獲，故《雜卦傳》云：「大有，眾也。」六爻之時義皆以此為背景。

初九敵應九四：雖敵應不交，天依然是天，太陽仍舊是太陽，彼此各安其位，故不相應和亦無妨。乾之剛健，主自強不息，故於人事雖遇艱困而不氣餒，如此則禍咎自會消除。

九二偏應六五：九二為卦中五陽爻之最尊者，居中上應六五，猶如率同五陽同歸一陰，故爻辭設譬云：「大車以載，有攸往。」以大車來運載貨物，數量自然多。本爻體現了「大有」的精神，恰合卦時，禍咎自會消除。

九三敵應上九：敵應表君臣相對互不侵害，上九離明，天子之威，九三處上互兌，表愉悅，故王公上貢致敬於天子。平民百姓（小人）則位分不備而不能行此禮。

九四敵應初九：敵應則離明恒處上位，光照天下，然九四失位（陽爻居陰位），又上承六五大君之謙恭，處此勢位所當為者，乃不過盛其則，禍咎自會消除。

六五偏應九二：六五為一卦之主，群陽所附，且居中下應九二，誠信與威勢並行，自獲吉祥。以誠信表現志向，則一切皆誠，誠則生威，威由中出，非矯情之行，故人心歸附。

上九敵應九三：敵應則離明在上，乾天在下，自是太陽普照之象。爻辭云：「自天祐之，吉无不利。」敵敵不交，反得光照大地，故言天助。太陽恒在天上，自是吉象，無不利是就上爻之「時」所面對的種種人事而言。

綜觀全卦，其時義為處上位而謙恭，開誠布公，善利大眾，則人人歸心，社會祥和，國家安寧。

謙卦的君子之道

謙卦為君子卦，卦辭云：「亨，君子有終。」依《彖傳》之意，本卦之時亨通，猶如天道施諸萬物光明不損，地道處下方而奮發上揚。因此謙卦之德乃高而能下和卑而能上，但不論處於何位，皆能不損自身之德，並善導他人向善。

滿盈與謙相反，故《夏書》云：「滿招損，謙受益。」謙則不自滿，有而不居。謙為天德，試看天道，日中則昃，月盈則食；試看地道，高山陵夷，深谷為丘；試看鬼神，於人間必福善而禍淫；試看人道，驕矜遭厭惡而謙遜受欣賞。由此可見，謙德乃天地鬼神所持守者，人能行謙，即行天德而能成就君子之道。

《大象傳》云：「君子以裒多益寡，稱物平施。」此言為官德者要使百姓生活趨於均平，這是對人作為價值主體的尊重，而均平思想是古代政治思想的重要內容，是閃耀生輝的民本思想。

至於六爻之義，與卦時相應者為吉，而本卦六爻皆吉，為《易經》所僅有，可見行謙乃修德之大者。

初六敵應六四：處一卦之初而臨大河（下互坎為水），因敵應而居原位，有臨深淵履薄冰之象，與卦時相應，吉祥，故《小象傳》云：「謙謙君子，卑以自牧（修也）也。」

六二敵應六五：居中有德，聲名遠揚，敵應而止於原位，與卦時相應，吉祥。

九三正應上六：處下互坎（險），與上正應，有出險之象，故言君子有終；九三亦為卦主，五陰從之，帶領群陰出險，勤勞不怠，故本爻以「勞」為特色。以政言之則本爻為勤政愛民之主，百姓自然歸心。

六四敵應初六：處上互震，敵應留居原位，故動而不失原則；上卦坤表現地道順從之德，不違卦時，故無不利。

六五敵應六二：處君位而具坤德，利他而獲支持，可以此討逆。六二在下互坎（水）與下卦艮（山）之間，合為城池之象，故有討伐之事，本爻以軍威震懾，非真攻打也（敵應為對立非接戰）。

上六正應九三：所應在坎，入卑下之位，故有謙虛之名聲。以此可出兵征討。此征討以意志不伸為前提，與六五之聲討不同，本爻是征伐大夫之邑，諸侯之國。謙卦至上爻之時已漸失正，以力服人，則謙德行將隱沒矣。

豫卦：開創豐功偉業須遵循之原則

　　豫卦表達了順適和悅，生機盎然的精神。《大象傳》云：「雷出地奮，豫。先王以作樂崇德，殷薦之上帝，以配祖考。」這是一幅王者春祭的景象，在宗廟裏鐘鼓齊鳴，八聲克諧，樂章繞樑。祭祀天帝，祖先配享，莊嚴肅穆。表達了天子威嚴，政治清明，世道安和的景象。

　　本卦五陰一陽，九四為卦主，處於下互艮（止）、上互坎（險）、上卦震（動）之間，與初六偏應，形成剛應而志行的格局。依《彖傳》角度，聯繫上下卦的卦德（順以動），展現出王者的施政精神。日月之運行，四時之交替，既未嘗失序，故聖人效法天地，施政當順應民情，刑罰清簡，疏而不失，猶如漢高祖入關，與民約法三章（殺人者死，傷人及盜抵罪），而百姓悅服。卦辭云：「利建侯行師」，可見豫卦的「時」具有重大的政治指導意義。

　　本卦六爻在「順以動」的卦時籠罩下，依所處之位而定個人的吉凶悔吝。

　　初六偏應九四：這是卦中唯一陰陽有應的兩爻，因而有聲名（鳴豫），然自身失位，往應之九四在上互坎中，無法脫困而

有所作為，故《小象傳》云：「志窮凶。」處於初位，本應謹慎，然貪小利而躁進，最終自困愁城。

六二敵應六五：居中得正，持守原位，梗介不阿，如石之堅固，此不待終日而心志已大顯。在此安和之時，非有此爻中正之德性則易起淫慾。

六三敵應上六：六三失位，處於下互艮（止）與上互坎（險），無法脫困。雖舉目上望（盱）而生悔恨，然為時已晚。此爻表快活沖昏，理智不行，最終犯下惡行，悲夫！

九四偏應初六：九四為卦主，五陰所附，出險而下應坤土，因而大有所得。此為配合卦時之吉爻，志向得以實現。

六五敵應六二：以陰爻而凌乘九四陽爻，復因敵應，無法改易，故以疾病言之。雖有此憾，然震動不息，且居中守正，故言不死。此爻身處險境，全憑意志堅定才化去凶險。

上六敵應六三：處於上位，震動不已。此爻雖表昏暗，但能有所改變，便無禍咎。卦至上爻，時乃變更，故冥暗之事亦延續不長。本爻自有知錯能改，回頭是岸之深意。

隨卦之義：
上開誠布公則下樂於隨從

本卦之時與乾卦相同，皆云「元亨利貞」。然乾卦表上天之德性，而本卦乃在人事之中，故有處事之結果「無咎」。以爻位觀之，《彖傳》言「剛來而下柔」，即言否卦上九爻降入初位而成本卦。隨卦之時為動而悅，表天下皆樂而願隨從之，以此，隨卦之時所體現的意義是十分重大的。

《大象傳》以上下卦象言澤中有雷。雷在澤水之中，則聲不鳴而電不閃，一片平靜，故言「君子以嚮晦（即傍晚）入宴息（安閒地休息）。」由卦象之寂靜義，喻生活當日出而作，日入而息，不作夜生活，這種素樸的生活，猶如老子之知足節儉，孔子之安貧樂道，孟子之養心寡慾，我們要有精神做大事，則簡單的生活模式是必要的前提。

初九敵應九四：初爻處下卦震（動），故言渝（改變）；居於旅館而有變動，即出門之意，符合隨卦時義，故吉祥。初爻為做事之始，有好開始便是吉祥。初爻敵應四爻，諸事不順，故「交」（朋友）的幫助最有功勞（爻辭云：「出門交有功」）。

六二正應九五：下卦震為長子（丈夫），下互艮為少子（小

子）。二往應五，與艮小子有所繫；往應則離開震卦，故失丈夫。（爻辭云：「係小子，失丈夫。」）沒辦法，不允兼取也。

六三敵應上六：六三失位兼敵應，處於原位，震卦不動，所以係丈夫；既不上應，故不繫互艮，所以失小子（爻辭云：「係丈夫，失小子。」）。三爻之時，宜安居不動，便有所獲，切勿躁進。以此，三爻之心意是留守原位。

九四敵應初九：處隨卦之時，志在隨人，不應私有所得，否則有凶險。必須於道塗中以誠信示人，則遇阻滯亦不會帶來禍害。

九五正應六二：居中得正有應，以誠信處美善之事（爻辭云：「孚於嘉吉」），自為吉象。此爻為隨卦主腦，只有以誠信出之，民眾才樂於隨從。

上六敵應六三：敵應不從，則拘繫之，還用繩綁，失時義矣。王者縱然在岐山（西山）祭祀以祈福，已屬強弩之末。卦至上爻，時義將變，由樂於隨從變成拘繫綑綁，則善道將盡，惡道將臨，此正山雨欲來風滿樓之時也。

蠱卦：處理幽隱之事當有的智慧

本卦由泰卦初爻升進上爻，上爻降入初爻而成，因此《象傳》說「剛上而柔下。」卦辭云：「元亨，利涉大川」，指出本卦做事暢順，宜於做困難的事情，卦德是順（巽）而止（艮），也就是知止而能止之意；「先甲三日，後甲三日」之原義不詳，但表達了處事慎重之意。

《大象傳》云：「山下有風，蠱：君子以振（濟也）民育德。」風字有教化含義，由山下有風的意象，推出為官者濟助百姓乃以道德之培育為事，使民知有所立而自愛自律。

《左傳》載昭公元年（公元前 541 年）醫和（秦國名醫）告訴晉國的執政大夫趙孟，謂蠱乃由淫溺惑亂所生，而在《周易》則女惑男，風落山，謂之蠱。醫和以蠱卦卦象（上艮下巽）言風落山，又以六子卦（艮為少男，巽為長女，爻由下而上）言女惑男，因此蠱卦表達了不正常的男女關係。

蠱字原義指害人生病的蟲，然六爻則用其引申義，指幽隱難宣之事，蠱事既隱而不宣，則知其意可矣。卦時「順而止」，則事以不行者為吉，事之能行，則必道德無虧者方可。

初六敵應六四：做父親想做而不能的事；有兒子承業，為

父者無禍咎，而為子者亦處險而終獲吉祥。敵應，事不能行，合於卦時，故吉祥。

九二偏應六五：做母親想做而不能的事；幽隱之事，不可占問；事之可成，乃以正心為之。有應，故事可成。

九三敵應上九：做父親想做而不能的事，有悔恨而無大過。敵應不行，故禍殃可免。應止則止，故免禍。

六四敵應初六：推展父親想做而不能的事，在過程中受辱。四爻在上互震，敵應而妄動，受辱必矣。

六五偏應九二：做父親想做的事情而獲得成功，並有令譽，因為居中有應，以德性為依所致。有應，故事可成。

上九敵應九三：此時「不事王侯，高尚其事」，不為五斗米折腰，不趨炎附勢，這種心志值得效法。敵應兼處上卦艮止，故堅守原則。本爻為全卦主意所在，處蠱之時，風氣不正，應當具有時行則行，時止則止，動靜不失其時的智慧。孔子所謂危邦不入，亂邦不居，孟子所謂君子不立乎巖牆之下，都與這一爻的精神相應。

臨卦所示上下相安之監臨原則

《雜卦傳》云：「臨觀之義，或與或求。」則「臨」有居上而給予之義，就是君臨或監臨之意。臨卦兌下坤上，悅而順，則本卦為吉祥之卦。卦辭云：「元亨利貞」，與乾卦卦辭相同，但又云：「至於八月有凶」，則為乾卦所無。只因乾卦為天道根本，而臨卦已在人事之中，故有人事之牽連。

本卦為消息卦，陽息（長）陰消，正氣增長而邪氣消斂，所以《彖傳》云：「剛浸而長，說（悅）而順，剛中而應，大亨以正，天之道也。」九二剛中而應六五；元亨利貞之義則為大亨以正，所謂天之道，正是對乾卦卦辭的回應。臨卦是復卦的進一步發展，陰陽消長剛完成一個階段，陰氣消散不久，故情況仍有反覆，未完全穩定，所以說八月有凶。

《大象傳》就澤上有地之象，展現了一幅物產豐富的生民樂土，由此推導出富而後教的道理。為官者對於富足之民是教以如何修德（教思），此種成德之教無有止境，則此地所容納與受保護之人民，其安居樂業亦無窮盡之時。

六爻之義，顯示監臨有從下民之行為而牽動，亦有就在上者自身之態度而為言。在下者求得其正，在上者臨之有方，自能

上下相安，政通人和。

初九正應六四：民有所感而上有所應（咸臨）。行其所當行，志行得正，自獲吉祥。

九二偏應六五：民有所感而上有所應（咸臨）。吉祥且無不利。然因偏應，未得其正，故教令不甚順暢。

六三敵應上六：以媚悅（下卦兌為悅）取容於上而獲應（甘臨）。此不正之道，自招排斥，如能有所反省，則禍咎不長，此因六三將由陰變陽，由邪變正。

六四正應初九：在上者最好的監臨之道（至臨）。居上臨下，在適當的位置做適當的事情，不會有問題。

六五偏應九二：在上者以智慧監臨（知臨）。五處君位而行謙，居中而以禮待下，使臣下各司其職，是統治者的大智所在，故有吉象。

上六敵應六三：在上者敦厚篤實地監臨（敦臨）。上卦與上互卦皆坤，地象甚厚，故云敦厚。六三將變為九三而成泰卦，由敵應而成正應，故上六之志在三爻，有此期待，故為吉象。

效法天道作為人事南針的觀卦

　　觀卦是陽消陰長的消息卦。「觀」的意義是觀察、視察。卦辭云：「盥（音貫）而不薦，有孚顒若。」表達了祭禮的情況及祭祀的態度。盥禮是以酒灌地，而薦禮是獻牲（豬牛羊）。「盥而不薦」是以酒灌地而不獻牲，如此則禮數薄。「有孚」是有誠，「顒」是仰望，「有孚顒若」是以至誠仰觀此祭禮。

　　《象傳》對觀卦時義有所發揮，把最重要的「觀」義定在上位，如「觀天之神道，而四時不忒」，是說天之道如此神妙，乃在於四季輪轉而沒有差謬；下觀則定位於人間，所謂「聖人以神道設教，而天下服矣。」神道設教即按四時以行教令，則民不失時而天下諸侯賓服矣。然要獲得如此效果，便須居中得正，遜順以觀察天下。《大象傳》以風行地上推出王者巡視四方，觀察民風而施教令。因此，本卦是王者之卦。

　　初六敵應六四：「童觀」是幼稚不成熟的觀察。小民自無咎害，但君子如此便會自招羞辱，因為本爻屬於小民的意見。

　　六二正應九五：「闚觀」是在隙縫中看，此爻宜於女子，然本卦卦時在光明正大，而今像女子害羞從隙縫中窺看，則雖正應而於卦時不合，成羞恥之行。

六三偏應上六：「觀我生（指行為），進退。」此爻是反思自身的表現而決定進退。如此則雖失位（陰爻居陽位），而仍不失修善之道。進退之意由上卦巽（謙順）及上互艮（止）反映出來。

　　六四敵應初六：「觀國之光，利用賓于王。」觀察國家管治最光輝的所在，即最好的政策，如此最宜作為王者的貴賓，目的在扶助提醒。本爻以國入辭，乃因上互艮為山，有城樓之象，下卦坤為土地，城樓加土地，成國家之象。

　　九五正應六二：「觀我生（指行為），君子无咎。」本爻的「觀我生」，因在尊位，且為謹禮之修德者（君子），故沒有禍咎。中正有應，故君臣相應，觀我之作為猶觀民之作為，乃因上有好者下必有甚焉之故。

　　上九偏應六三：「觀其生，君子无咎。」上爻所示，觀他人之作為，用作他山之石，以自我警惕，君子能補過故禍咎可免。觀人以自照，乃孔子所云「三人行必有我師」，擇善而從之義。

噬嗑卦所示的刑罰之道

本卦卦名噬嗑（音逝合），以嘴咬而合之之意。卦辭云：「亨，利用獄。」卦時在於治獄用刑。

《彖傳》從陰陽爻的分布而言「剛柔分」，即陽爻與陰爻的分布清楚，而六五爻居中，雖失位，卻成就了上離（電光亦為火類）下震（雷）的格局，而帶出電閃雷鳴的情狀，古人常以雷電聯想成上天對人間錯失的警示。故孔子遇迅雷風烈必正容貌衣冠，以敬天之怒。

《大象傳》秉承這一思想云：「雷電噬嗑，先王以明罰勅（音戒，戒也）法。」就是要使刑罰和法令表現出應有的功能，如行雷閃電一般，使人知所畏懼而不敢為非，而刑法也如雷電一般清楚明確。

六爻由初至上，展現刑罰由輕至重，然中心無邪，縱有誣枉，最終可免牢獄殺身之災。

初九敵應九四：敵應而留在原位，則罪不蔓衍。此時所犯罪行尚輕，故套上刑具，斬去腳趾，小懲大誡，使人知所改正而自新，最終消除禍殃。

六二敵應六五：敵應而居於原位，乘剛故罪在欺凌，此罪刑

入皮膚，削去鼻樑，然生機尚在，起懲誡作用，最終消除禍殃。

六三偏應上九：本爻失位，又處互艮互坎，停止於險境之中，所幸有應於上而出險，故爻象為「噬臘肉，遇毒。」遇毒傷身，幸未有性命之虞，而有後悔之意，最終消除禍殃。

九四敵應初九：四爻處於上卦離（明）與上互坎（險）之中，故德性仍有暗昧之處。此爻喻象為「噬乾胏（音子，帶骨之乾肉），得金矢。」在乾肉中咬得銅箭，喻在刑獄的困境中，表現出堅強不屈的意志，並據理力爭，最終可獲吉祥。

六五敵應六二：五爻居中，處於離（明），光明正大，故此爻喻象為「噬乾肉，得黃金」。這也是在刑獄的困境中，但本身正大堅強，真金不怕紅爐火，任爾百般詆毀，我如黃金之堅剛，不怕誣衊，故最終消除禍殃。本爻是噬嗑卦正邪拉鋸最激烈的一爻。

上九偏應六三：上爻本處離（明），光明正大，而今下應六三，處於坎險之底，由明而暗，難免重刑。本爻喻象十分凶險：負上刑具，斬去耳朵。招此重刑，實在是冥頑不靈，屢勸不改所致，故《小象傳》云：「聰不明也。」

賁卦的審美之道

「賁」（音秘）有文飾之義，文飾使受飾者顯出其美，然真正的美在有涵養。「賁」的真義不在文飾而在不尚文飾，所謂質有餘則不受文，即凸顯自身的德性美而除去外部的人工雕飾，這是本卦的精神所在。

《彖傳》云「柔來而文剛」是指損卦（☷）二、三爻對調，於是產生下卦三爻（陽陰陽）的交雜；「分剛上而文柔」指二至四爻（陰陽陰）的交雜。本卦的下離（日）與下互坎（月），形成日往月來，循環不息的天文，而仰觀天文可以觀察四時變化；本卦因下離（明）與上艮（止），故云文明以止，止字包含了禮法的規範，故《大學》云：「為人君止於仁，為人臣止於敬，為人子止於孝，為人父止於慈，與國人交止於信」，而禮法是用以教導天下之人的。

《大象傳》言山下有火，如此則暗昧不存，以之推闡「君子以明庶政，無敢折獄」。為政者當通曉（明）各種政務，以防出現偏蔽阻隔之事，且不敢以暗昧之心決斷刑獄。

初九正應六四：「賁其趾，舍車而徒。」修飾了腳趾，不乘車而徒步走路，以凸顯腳趾之美。太重外觀，失本卦精神。

六二敵應六五：「賁其須。」本爻處下卦離明，一切外顯，猶如修飾鬍鬚，人人皆見，亦太重外觀，失本卦精神。

九三敵應上九：本爻有下互坎水的潤澤，所飾不濃，故云：「賁如濡如（潤澤貌）」，而這正是「賁」的精神所在，所以永獲吉祥。

六四正應初九：本爻處於坎水，美而不飾，故云：「賁如皤（素白之色）如」。有應於下，而隨行物資簡樸無華，連馬毛都是純白色的，這是非常省儉的迎親隊伍，而非去搶劫的盜賊。

六五敵應六二：本爻在上卦艮（山）中，故美在家園；前來婚聘的人只送了五匹帛（束帛），是少了一點（戔戔），由於五爻居中重視德性，最終可獲吉祥。

上九敵應九三：本爻質樸無華，故云「白賁」，這猶如純白的畫布，可承載任何顏色，圖畫因此而有。賁卦精神到了本爻才完全表現出來，就是涵養德性最為重要。賁卦上爻，修德有成，正是清水出芙蓉，天然去雕飾的純美境界，而一味作外部文飾者相去遠矣。

處剝之道：梗介自守輔以比應賢人

　　剝卦是消息卦，五陰爻由下而上，步步進逼，剩下上九堅守其位，與邪惡相抗。剝卦唯一有應的是六三與上九，亦屬偏應；而上卦為艮，一切止步，故卦辭云：「不利有攸往。」《彖傳》謂此乃小人勢力增長之時，應由下坤上艮的位置（卦德為順而止）而明瞭不逆時勢，當止則止的道理。君子是重視變化之道的，而這也是天道（天行）的表現形態。

　　《大象傳》由另一角度理解，從山附於地的卦象，帶出大地具有負載的德性，故在上者必須使臣民有豐盛生活，而且居有定所。此喻象後人有更深刻的體會，如《荀子・王制》所引《傳》曰：「君者，舟也；庶人者，水也；水則載舟，水則覆舟。」因此在上者欲安定天下，則必須治道和順，仁愛百姓而後可。

　　在剝卦之時，除剛正守節以外，並須與賢德之士有應有援，故六爻之吉凶以此而定。

　　初六敵應六四：初爻失位，敵應無援，留在原位，猶如牀之四足受到侵剝而被削去，是為凶象。此爻象徵根基被消滅。

　　六二敵應六五：二爻雖居中而敵應無援，情況比初爻嚴重，已被侵剝至牀足上端，是為凶象。此爻象徵支柱被消滅。

六三偏應上九：侵剝依然，但六三安然無恙，原因是與上九有應，而得與惡勢力抗衡。剝卦唯此一爻有應於上，而其餘四陰爻皆處於敵應受剝之列。

六四敵應初六：四爻敵應受剝，情況十分嚴重，已傷及皮膚，表示災難將臨。此爻是大禍臨身之凶兆。

六五敵應六二：五爻居中而敵應，所幸近比上九之陽，以陰承陽故得寵，有強大支援，而己為中爻，有位有德，猶如宮中皇后，統率在下之妃嬪，依位次排列。本爻因親近賢德之有力者，使剝道不侵，為卦中難得之安全島。

上九偏應六三：上爻是卦中唯一陽爻，剝卦精神全賴此一爻而顯。不為五斗米折腰，士可殺不可辱，都體現了剝卦的精神。這僅存的陽爻猶如一個未吃的大果實（稱為碩果僅存）。君子居之而忠貞自守，不屈於剝道，最終一陽來復，受到賞識提拔，並獲百姓擁戴；小人處此位則與剝道相表裏，事事侵凌，最終難逃敗亡毀滅的厄運。

復卦之義：藏器於身待時而動

　　本卦與剝卦是一對意義相連的覆卦，同時也是消息卦。剝卦上九堅守不屈，便轉入復卦。復卦一陽從純陰而生，出現亨通之象。剝復循環，反映了天道（天行）情狀，人事物理皆然。復卦生氣勃勃（剛長），顯示了天地的最大德性，是在於生長發育萬物。我們古人對此總懷抱着感激之情。《象傳》思想屬儒家一脈，對天地總是讚歎其德性，因此，《象傳》說：「『復』，其見天地之心乎！」

　　《大象傳》以雷在地中的意象，顯示微陽已生。在二十四節氣中，冬至十一月中氣便由復卦代表。由於陽氣仍弱，古人以種種事行來保護此地中之微陽，如「先王以至日閉關，商旅不行，后不省方」，意謂王者在冬至這一天關閉所有城門，商旅停下歇息，諸侯也不在這天巡視地方。這樣做的目的，是減少震動大地，以保護微陽。這些事行對很多現代人而言，是幼稚甚至是迷信荒誕的，但只要我們對古人行事有相應的體會，便知道這是人對大自然的尊重，並且以最大限度輔成天道，保護天地的正氣。古人以其敬畏天道的純真心靈，行其所當行、所能行，使陰陽之氣得到正常的開展，這是一種高尚的思想和行為。

六爻吉凶，扣住不妄作以護養微陽的時義，總以持守自身德性為尚。

初九正應六四：復卦精神全在此爻。初爻有六四之應援，是大吉之象，然此時曙光初露，須好好護養，因此《小象傳》說「不遠之復，以脩身也。」

六二敵應六五：六二居中自守，表現謙謙之風，符合卦時要求，所以是吉象。

六三敵應上六：三爻性本躁動，兼之失位，本屬險象，幸敵應而難動，合於本卦不動護養之要求，故危而無咎。

六四正應初九：四爻乃卦中五陰爻唯一有應者，而且與初爻正應，表明四爻是自覺的修養自己，藏器於身，待時而動。

六五敵應六二：此爻位為卦中最重，在本卦五陰爻中也屬最重要，居中而自守以道，謙謙而不責於人，故所行無悔。

上六敵應六三：上爻處卦時之終，迷失方向，出現凶象，終有災難。此時霸力是尚，武力屈人，與賢君明德親民之表現剛好相反，最終招致大敗，危及國基。

勉人正心誠意而不妄為的无妄卦

「妄」指不實，「无妄」是指不要有不實（的事行）。无妄卦的「元亨利貞」見於乾卦卦辭，表示一切順合天道，但人事偶有疏忽，而出現虛歉事行，故宜時常省思己過，以求心正意誠，不任氣性之偏至，以期敦品立行，才可避免不測的災禍。

《象傳》以初九為卦時的核心所在，初爻形成下卦震（雷），由電閃雷鳴連繫警告之義，以帶出不妄言妄行。處此无妄之時，當如中正而應的九五爻，方能免於悖禮犯義，否則必生過患，而天命亦不祐。

《大象傳》以天空處處行雷，用以警示萬物不能妄動（物與无妄），故聖君賢主努力配合天時，不敢以私害公，而盡力護育萬物。（先王以茂〔通懋，勉也〕對時，育萬物。）

六爻吉凶但看能否持守正道，能則可安然處之，正應敵應俱不成問題，不然則有災。敵應表示謹慎不妄動，貼合卦時，反成好事；正應表示正大無私，行事無礙；偏應則有不正之心，事皆不利。

初九敵應九四：本爻言无妄之往。无妄之時，一切謹慎，然震卦主動，遇敵應而遲疑不進，故本爻不離本性又合乎卦時要

求，謂之得志，是為吉象。

六二正應九五：二爻居中修德，無耕作墾土的負擔，行動剛健，往應九五。此爻中正有應，自可成就事業。

六三偏應上九：本爻言无妄之災。三爻本性躁動，處於下互艮（止），失位仍往應上九，謂之妄動；不應為而為，必生不祥而有不測之災，猶如邑人雖把牛拴縛了，仍給過路行人牽走，則邑人必有災殃（此或因失牛而阻礙農耕，或因丟失他人之牛而須賠償等等）。

九四敵應初九：本爻敵應不動，可以守正，與无妄的要求相合；不輕舉妄動，雖事有偏差而最終可免禍咎。

九五正應六二：本爻言无妄之疾。居中得正而有應，不失法度原則，合乎无妄時義。當此之時，設象言之，如身本健壯，偶處得恙，可不用藥而自癒。此時用藥調理，反招惡果。

上九偏應六三：本爻言无妄之行。无妄之時，當安分守己，而今失位妄為，下應六三，必有過失（行有眚），所行必無任何好處。上爻居卦時終結之際，更須謹慎行事，此時妄動，乃志窮而失恒心所致。

大畜之義在心志本領過人而能自制

　　本卦是一吉卦。其義比謙卦更一進。謙卦是山在地之中，而本卦是天在山之中；謙卦在卑以自牧，本卦則行願而知止。卦辭云：「利貞，不家食，吉。利涉大川。」意謂能有福共享，不獨佔貨財的人占得此卦有大利。所求之事，以渡過大河，往其他地方發展為宜。

　　《彖傳》就下卦乾而體認「大畜」之義為「剛健篤實輝光，日新其德。」九二具中正之德，上應六五，健而能止，故云輝光。乾卦表現了「日新其德」之義，《乾·大象傳》已云：「天行健，君子以自強不息。」本卦一陽在上，艮止以畜乾天之德，內涵剛正偉大。心懷天下，安邦定國以養賢為先。「利涉大川」指六五爻下應九二爻，居中有應故言利，下互兌為澤，故有涉川之象；有應於天，是就下卦乾天而言。

　　《大象傳》云：「天在山中」，則山之所畜聚者極大。由此引申的道德要求，是君子須努力為學，對歷史所載的嘉言懿行，要多讀多思，使德性歸於純厚。

　　初九正應六四：本爻所應在上卦艮，必須止步，往應則有危，因與卦時相違。由下往上應之義總在於畜止。守靜則災禍

可免。

九二偏應六五：本爻亦以畜止為義，然居中而無怨尤。喻象是車輹（車廂與輪軸間的接合器）脫落，無法前行，然車廂無損。

九三敵應上九：敵應本應靜止，然爻處上互震，主於動，故有遠求之志。此時尋求良馬，備艱苦之旅，又嫻習於護衛馬車，如此準備則宜有所往。

六四正應初九：本爻處上卦艮，一切以止為義。童牛未生角已縛上橫木，及早規範，如此為大吉之象。喻心志雖強而須有所規範，否則過猶不及，誤己累人。

六五偏應九二：本爻之義仍是早為之防。以閹豬為象，閹豬無雄性鬥心，雖有牙而不用以攻擊，乃為吉象。喻意志能力雖強而有內修以貞定之，不使作踰越常規之事。

上九敵應九三：爻辭為「何（荷）天之衢（大街），亨。」本爻為艮卦主爻，敵應而堅守原位，以成就大畜之時。敵應對立故言荷（承擔之意），天街四達，喻內修已成，能從心所欲不逾矩，故《小象傳》云：「道大行也。」

頤卦精神：用正道律己待人以涵養德性

　　「頤」之義為養（培養、涵養），全卦由養發議。養的重點在自覺自修，不能依靠外力。《象傳》認為本卦的吉象是由於頤養正道，因此，《雜卦傳》云：「頤，養正也。」一方面是觀其所養，即其所對之事物，另一方面是觀其自養，即如何自我修為。本卦的時義在於聖人（頤養得正者）效法天地養萬物，以養賢人與廣大老百姓。天地之養在於提供生存環境，而聖人之養則有化育之義，如善惡對錯的判定由賢德之士主持。又提供老百姓一個具有人文關懷的生活環境，因此本卦的含義是非常深遠廣大的。

　　《大象傳》以山下行雷作警示，勉勵君子自我涵養，一方面避免禍從口出，故須謹慎說話，另一方面是避免病從口入，故須節制飲食。此一出一入，皆禍害之源，修口德由修心做起，修心由寡慾做起，故孟子云養心莫善於寡慾；節制飲食能有始有終也必須以寡慾為前提，故老子在人生修養方面強調知足寡慾。

　　六爻吉凶，取決於能否修身以及親近賢士。能則吉，不能則凶。

初九正應六四：本爻以下震之動，上應六四而位在艮止，動止相抗，猶疑不定，心無定主，致丟失自己的精神原則，以他人的意見為依，與卦時相違，自然是凶象。

六二敵應六五：敵應故居於原位，陵乘初九，有乖於自求之道，故爻義示所養無方。下卦震之本性為動，雖敵應阻隔而仍欲前進，自然招致凶險後果。

六三偏應上九：本爻失位躁動，上應艮止，徒勞無功。如此行徑已失去自養之實，騖外攀緣，與反躬自求大相違背，自不會有任何成就。

六四正應初九：由艮止而震動，表示了自身不足而不囿於固陋，請益於賢，不恥下問，故為吉象。修德之專如虎視眈眈，求道之切如慾望不絕。

六五敵應六二：本爻處上卦艮，居中承上九之陽，喻親近賢人，如此自獲吉祥。本爻因敵應而不往外求，並非頤養的常道，然就自身生活的範圍中親師近賢，如此自有吉兆。

上九偏應六三：上爻失位不正，幸而往下有應，親師近賢，論學取友，如切如磋、如琢如磨，匡救己惡，亦頤養之一法，最終可獲吉祥。

大過：追求理想者必剛強有志

　　卦名「大過」，依《彖傳》之意為「大者過也」，是說「大」本身因過剛而出現過度的情況，因此大過之義是剛過了度，這在乾卦或其他五陽一陰、四陽一陰之卦皆不如此，是由於本卦陰爻處於初上位置使然。初上為陰爻，中間四爻為陽爻，剛陽之氣甚強，形成中間強壯而本末皆弱的格局，由此而言「棟橈」（樑柱彎曲）。居於初六，以陰承托陽則可；居於上六，以陰陵乘陽則不可，這展現了《周易》崇陽抑陰的精神。二五爻皆陽，陽氣甚盛，幸處中位，不至過偏。本卦下巽（順）上兌（悅），形成順而悅的精神，配合陽剛之氣，故能有所作為，朝目標勇往直前可矣。

　　《大象傳》言「澤滅木，大過」，觀察角度完全不同，景象一片荒涼。在此樹木在被澤水淹浸的世道，無處棲身，折射出衰世之時，民不聊生，社會凋蔽的情況，此中原因自然是朝綱不振，小人在位。此時君子難有所作為，然不依附惡勢力，亦無所畏懼，退而隱居，不同流合污，以保名節，不因無人賞識而感到苦惱（獨立不懼，遯世無悶）。

　　六爻之吉在於剛強者有可為而柔弱者宜自守，反此則凶。

初六偏應九四：初爻以陰承陽，適當其位。猶如墊子以承他物，沒有不良後果。

九二敵應九五：下互乾父與上卦兌少女，敵應而強合，老夫少妻，此於男方有利，如凋枯的楊樹得到滋潤而發芽生枝。

九三正應上六：本爻往應上六，然上六陰質力小，難以承陽，出現樑柱彎曲（棟橈），此為凶象。

九四偏應初六：本爻下應初爻，陰本承陽而為助力，使樑柱有依，隆起有力（棟隆），撐起屋宇，自為吉象。

九五敵應九二：本爻也是男女婚配問題，上卦兌之少女，因五爻為尊者而生老婦之象，與下互乾敵應而結合，猶如枯楊生華；老妻少夫本無禍害，然有愛情而無子嗣，開花而不能結果，終非男女婚配之正道，故無所譽，若因利益關係而結合，則事可羞恥矣。

上六正應九三：力小任重，下應九三，形成一陰凌乘眾陽之格局，涉難太深，大凶之象，此自取之咎，不得謂之外來災禍。故《小象傳》云：「過涉之凶，不可咎也。」

坎卦精神在轉化險境為我所用

　　坎卦是《易經》「八純卦」之一。「純卦」指上下卦皆相同。本卦卦名前有一「習」字，是重疊的意思。坎卦的意義雖然不美，但貴在自強不息以成其美，正是「不經一番寒徹骨，焉得梅花撲鼻香」！誠如孟子所言「天將降大任於斯人也，必先苦其心志」是也。本卦重點在一險字，而精神在如何處險（面對險境而非脫離險境）。

　　依《象傳》之意，本卦既是重險，卦象是坑洞後有坑洞，如此則水流不滿溢，引申出不自滿的意思；由於二五爻皆陽，陽主善，引申出遇到艱困而不失信用。雖然面對重重險阻，但不可坐以待斃，應努力有所作為。這作為不是指如何脫險，而是使險為我用，積極轉化惡劣環境成為有利於我的條件，所以《象傳》云：「天險不可升也，地險山川丘陵也，王公設險以守其國。」高聳入雲的懸崖峭壁，如天之高，不能逾越，故云天險，山川丘陵可作防守者謂之地險，諸侯則用險以守護國家。因此本卦之時雖險，若能善用則其意義便非常重大了。

　　《大象傳》云：「水洊（音箭，再也）至」，意謂水流不斷，此時君子所應為者當如流水般而持之以恒，不改變其德行（常德

行），且念茲在茲，因而熟習政教之事。

初六敵應六四：本爻在重險之下，又逢敵應，無法扭轉劣勢，不能改變現狀，是為大凶之象。

九二敵應九五：本爻居中自守，然下互卦為震，雖敵應而仍知其不可而為之，雖未能完全脫險，但心志可嘉。

六三敵應上六：本爻失位敵應，仍處下卦坎，困於水深且險之境，不能有所作為。

六四敵應初六：本爻因上承九五，只要自表真心，薄禮不拘，最終不受災。六四與九五之比，為一對美好的陰陽配，因此《小象傳》言此一關係為「剛柔際」，意謂此一對陰陽爻處在一體互補的緊密關係之中。

九五敵應九二：本爻雖處九五尊位，然上卦之坎，一陽為二陰所陷，故本爻只能自守其位，始終不能光大其德，但亦不招禍咎。

上六敵應六三：上六敵應，處坎險之境，而陵乘九五之陽，雖與六四同比於九五，然所行異轍，結果遂相反，故爻象繫以牢獄之災，此自是凶象。

離卦之義在明德新民

本卦由上下兩離卦組成,為「八純卦」之一。「離」的意思是附着(麗),因此《象傳》云:「日月麗乎天,百穀草木麗乎土,重明以麗乎正,乃化成天下。」任何事物要生發影響,必須助緣湊合方能起作用,正如日月不能離天而運行,草木不能離土地而生長,而本卦上下兩離所示之太陽(大明),其德為光明,光明必須正大,乃為明德而非陽謀,乃可以教育天下之人,使百姓變化氣質,成為有教養的人。本卦所重者為居中的二五陰爻,亨通之道也由這兩爻表現出來(柔麗乎中正,故亨)。

《大象傳》以上下兩太陽接連而起,光明持續,故王公大人亦恒以其光明的德性感化天下之民。

初九敵應九四:本爻處離明之初,敵應而安守本位,謹慎走路,以存敬意,最終免受傷害。

六二敵應六五:本爻云「黃離,元吉。」黃於五行為土色,而土居中,故中央之色為黃。六二居中得正,當位居體,自是大吉之象。

九三敵應上九:本爻處下卦之終,居日昃之時,更要發奮,猶如孔子之發奮忘食,樂以忘憂,不知老之將至為是。若只

感到時光飛逝，興起夕陽無限好，只是近黃昏之慨，則生命終將湮沒消沉，不為凶象也難矣！

九四敵應初九：本爻所云「突如其來如，焚如，死如，棄如」等，實指翌日的晨曦景象。遠看天邊，黎明時分，曙光初現，紅霞滿天，突如其來，如焚火通紅；太陽冉冉上昇之時，朝霞紅光逐漸消散，如死如棄，最終消失。

六五敵應六二：本爻居中，於時為日中，適當正午，然過此以往，又是日昃之時，如能把握時光，縱使年華不再，而雄心仍在，可及時而有所作為。此爻特別適用於身負治國重任的人，能居安思危，自為吉象。孟子有云「生於憂患而死於安樂」，范仲淹有言士當「先天下之憂而憂，後天下之樂而樂」，能有憂患意識，於國家為吉。

上九敵應九三：本爻處一卦之終，爻象屬日落之時，卦時將變，離明漸次暗淡，光明被黑夜吞噬。此時於人事則叛服不常，而王師出征，不服者斬之，局面回復安定。然以武力為之，於治道已出現危機，難言太平盛世矣！

咸卦言感應之大用

　　本卦是《周易》下經第一卦。古人云〈上經〉言天道，故首乾坤（天地）而終於坎離（日月）。〈下經〉言人事，故首咸恒（人道之始）而終於既濟未濟（行事之宜）。就大方向而言，這樣的劃分合乎《易經》言天道而歸本於人事的精神及意旨。

　　「咸」的意思是「感」，因此咸卦主於感通。感通是天道特徵，故卦辭云「亨利貞」，而婚嫁則有男女感通之事，是吉象。《彖傳》以感通之義發論，先就卦爻的排列，緊扣陰陽二氣的交感互應，言「柔上而剛下，二氣感應以相與」。此就否卦而言，上九爻降入六三，六三升至上九，便成為咸卦卦體。由此而言「天地感而萬物化生，聖人感人心而天下和平；觀其所感，而天地萬物之情可見矣！」這是把天地生化的大源定在「感應」上，而感應是天道生生不息的關鍵；人道方面，聖人以感化人心為上。天下和平的要素在於感化人心，而非以政令刑罰去造就，只有道德才能產生感化的效果。這層意義孔子便有真切的體會，所以說：「道之以政，齊之以刑。民免而無恥；道之以德，齊之以禮，有恥且格。」

　　《大象傳》就上下卦象言「山上有澤」；沼澤地軟而有水，

令人聯想到謙虛；高山巍巍，令人聯想到君子的德性，以此推說「君子以虛受人」。也就是說咸卦卦象蘊含謙虛的德性，體現為不恥下問，以能問於不能等言行。

六爻之義用男女的親愛以喻感應之理。本卦行文稍變結構，不逐爻分說，以免滑入宣淫之域。六爻由初至上，展現了由感觸腳趾、小腿、大腿，至交歡，至愛撫，至親嘴這一連串親愛的過程，用具體喻象表示陰陽感應，而這也是夫妻敦倫之道。《序卦傳》云：「有天地然後有萬物，有萬物然後有男女，有男女然後有夫婦」，都是從生生不息的正面意義來看待正常的男女情慾。《小象傳》在解說六爻時採用卦爻原則，顯然與爻辭所表達的意義有差距，如初六的「咸其拇」（腳大拇趾）表示「志在外」，九五的「咸其脢」（胸部或背部）表示「志末」，上六的「咸其輔頰舌」（臉龐、上顎、舌頭）表現為「滕口說」等等為人行事的意義。

恒卦強調毅力與志氣是成功的根本

　　咸恒二卦言男女之事，古有定見。《序卦傳》云：「有男女（咸卦所指）然後有夫婦；夫婦之道，不可以不久也，故受之以恒；恒者久也。」夫婦之道，就繁衍後代而言，其事行即咸卦的敦倫之事，此人類所以能生生不息，而恒久之義即見於此。

　　《彖傳》以天道為說，天道恒久不已，終則有始。「日月得天而能久照」，言天恒久不變而後有日月更迭；「四時變化而能久成」，言四時恒常更替而形成不變的四季；因此「聖人久於其道而天下化成」，言聖人須長時間居位行道，才能移風易俗。由此觀之，天地萬物的存在，原因不在於瞬息萬變，而在於恒久不息。天道如此，人道亦然。

　　《大象傳》以雷風為喻，雷有警策之意，風有教化之義，因此君子應當秉持原則，確立方向而不移易（立不易方）。

　　本卦時義在執定目標，持之以恒，則事情雖有阻滯而不會影響最終的結果，即所謂有志者事竟成。左搖右擺，三心兩意，決無成事之理。恒卦的上卦為震，主於變動，與恒久不易的卦時有所抵觸，遂致六爻大抵不吉。

　　初六偏應九四：本爻失位，復有應於上卦震，失諸浮淺，

故為凶象。

九二偏應六五：本爻有應於上卦震，故不吉，所幸居中，以道自守，合乎卦時，故惡果可免。

九三正應上六：本爻性質本已浮躁，復與上六正應，躁動不已。故爻辭云：「不恒其德，或承之羞，貞吝（音論，恥辱也）。」《小象傳》云：「不恒其德，無所容也。」正示修德有恒方結正果，反之則人皆厭之，無地自容矣。

九四偏應初六：本爻居於震卦，無法守靜，如打獵而不能安靜，禽鳥受驚，恐懼而飛。打獵如此，安能有獲？

六五偏應九二：本爻居於震卦，所幸居中，德性有恒，下應九二，於婦女為吉，此因陰本承陽，有應合乎坤道之美；然於男子則凶，因處理公事，須臨事斷制，若執守故常，即孟子所謂「執中無權，猶執一也」。失權變之道，必招凶險。故《小象傳》云：「夫子制義，從婦凶也。」

上六正應九三：本爻在震卦之末，復有所應，匆匆往來，中心無主，難以守恒，是為大凶之象。

遯卦之退隱是
保存惡世中的正義力量

　　本卦是消息卦，陰的力量日益增長，陽的力量日漸減退，遯（遁）的原因便是保存不斷消退的陽，不使其喪失殆盡。因此，隱遯的精神就是保存那份正義的力量，剛健的精神。退隱就是遠離惡勢力，這是個人力量無法回天的無奈做法。保存有用之身，儲備能量，以備他日之用，《繫辭傳》所謂藏器於身，待時而用；孟子所謂「窮則獨善其身，達則兼善天下」，都是此意。這就是隱遯的正面意義，因此卦辭云：「亨小利貞。」

　　山林是古代隱逸之士的潛藏所在，故隱居總不離山林。《大象傳》言天下有山，猶如天高山遠，象徵退避。當政治環境極不理想，甚至會惹來殺身之禍，退隱是保存自己的最佳選擇，故孔子會說「危邦不入，亂邦不居」，雖不是退隱，然也是退避。在小人道長，君子道消之時，退避、退隱是必須的，以免同流合污。此時言行須低調，不顯露厭惡的意態，然而保持着自身的莊嚴，這就是《大象傳》所要求「君子以遠小人，不惡而嚴」的態度。

　　就隱遯而言，六爻之吉在安於隱，不吉在不安於隱。

初六偏應九四：初爻居艮山之下，已經退隱，然陰爻處陽位，不正而偏應，雖隱而身在江湖，心在魏闕，名利之念太重，如此則何事不可為？故能堅守不出則安全，出則危殆。

六二正應九五：居中得正，遠遯山林，君子固窮，其意志猶如用牛革皮帶繫縛而不能解脫，此乃氣節之士。

九三敵應上九：居下卦艮止而又敵應於上，雖隱遯而有牽繫（係遯），如有所怨（疾）則危；若畜養臣妾，專注於自身的事情，反獲吉祥。

九四偏應初六：上卦乾健而下應於艮山，自是積極隱居之意。本爻失位偏應，強力為之以符合卦時，其志可嘉，是妥善的退隱之道（好遯）。君子能行此志而獲吉祥，小人則無法如此。

九五正應六二：本爻中正有應，當隱之時則隱，於卦時恰到好處（嘉遯），自是吉祥之象。遯卦之亨道，就出現在這一爻。

上九敵應九三：本爻處一卦之終，心無牽掛而高飛遠遯，故言「肥（飛）遯」，遠離惡世，萬緣故下，自然不會遭受任何禍殃。

大壯之時：乘風破浪而不過剛

本卦是消息卦。以陽消陰已及於第四爻，陽的力量壯大，故卦名「大壯」。正氣浸盛，邪氣日消，因此本卦的「時」義顯示君子之道日益壯大，以此，問事占得本卦者諸事皆順。

《彖傳》解釋「大壯」之義，是壯從大出，因大而言壯，所以說「大者壯也」。又說「大者正也」，可知「大」為根本，誠如老子對道的描述：「吾不知其名，字之曰道，強為之名曰大。」因此「大」的內涵非常豐富。《繫辭傳》言「仁者見之謂之仁，智者見之謂之智」，心態和思想正大，體會到的天地情實，是生生不已的天地大德。

《大象傳》關聯上下卦象而言雷在天上，「雷」本有震懾的聯想，故言克己復禮，如孔子言：「非禮勿視，非禮勿聽，非禮勿言，非禮勿動。」雷在天上，故震動天下，由此言「君子以非禮弗履」。君子具堅強意志，凡不合禮者一概不予實行。

初九敵應九四：本爻「壯于趾（腳指頭）」，然以敵應受斥，故出征有凶。本爻前進雖然受阻，但有前進意志即不失善德（「有孚」）。

九二偏應六五：本爻不言爻象，只有「貞吉」二字。上下爻

皆有爻辭，獨本爻缺，推斷原始占筮紀錄也沒有爻辭，故史官整理時未有增補。本爻占者所以吉祥，是由於居中有應，前進的意志堅強。

九三正應上六：本爻質性躁進，兼以正應上六之震，演成盲動，因此本爻處境危險，「羝（音低，公羊也）羊觸藩，羸（音雷，通纍，纏繞也）其角」。如公羊之角纏繞藩籬，進退不得。因此君子守靜不動（用罔）則吉，小人魯莽衝動（用壯）自招致凶險。

九四敵應初九：本爻在上卦震，敵應則無後顧之憂，勇往直前，「藩決不羸，壯于大輿之輹」，猶如公羊衝破藩籬，不再受困，又如大車之有堅實的車輪。

六五偏應九二：本爻處震動之中，下應剛強之九二，雖有損傷，如「喪羊于易（通場，音易，田界也）」，在田間丟失了羊，而無退志。

上六正應九三：本文與九三同一情狀，公羊之角纏繞藩籬，進退不得。但結果不同，本爻處一卦之終，卦時將散，然堅守原則而不退志，則艱困終有雲開見月之時。

晉卦顯示追求理想的奮發精神

晉卦是生氣旺盛，充滿奮發精神的吉卦。上離下坤，太陽在大地之上，自是一片光明。《象傳》言「明出地上，順而麗乎大明」，便是一片光明燦爛的景象。因此卦名為「晉」，「晉」是前進的意思。

卦辭云：「康侯用錫馬蕃庶，晝日三接。」就卦辭性質而言，乃就占者所問而施以回答，故不應描述具體人物的得失。「康」作動詞，解作褒揚，「康侯」便是封賞侯爵，且一日之內多次獲賜車馬。這符合卦時的意思。

《大象傳》以明出地上的卦象聯繫到君子要努力「自昭明德」，把自己的光明德性顯揚出來，這種顯揚自是孟子所言的「由仁義行」，意思是發於內心的不容已之情，應為則為，而非因功利目的而為的「行仁義」。

初六偏應九四：本爻符合卦時要求，「晉如摧（退也）如」，努力向上，不失機會，但所應之四爻處於上互坎，且因偏應，居位不正，故須面對考驗，不會一帆風順。但此時志氣充盈，精神飽滿，不因挫折而氣餒。

六二敵應六五：本爻居中得正，與六五敵應，如君臣相

對，各安其位。「晉如愁（同愀，改變面容表現嚴肅）如」，應對得宜，不落輕浮，故得到上位者的賞識，獲得上佳的發展機會，故云：「受茲介（大也）福，于其王母」。

六三偏應上九：下卦坤為民眾，爻辭所示，行為令百姓敬服（眾允）。此因本爻原處於下互艮上互坎之間，止於險，然終能有應出險，表達了以極強意志衝出困境，最終出人頭地的奮鬥過程。

九四偏應初六：本爻已處上卦，大明在上，然與初爻應，進退不定，首鼠兩端，畏縮不前，與卦時違逆，自然招致危險。

六五敵應六二：本爻居中自守，不與下應。光明普照，不計得失，只一心向前，朝目標進發，自獲吉祥與大利。

上九偏應六三：本爻處一卦之終，卦時將變。所應之爻，在兩互之間，坎水艮山，合為城池之象，故爻辭言攻伐城邑。用兵征討叛逆，去惡除奸，先危後吉。然若以正道臨民，則不應生出叛逆，否則必己有未善所致。如一直用兵平亂，顯然治道已有偏差，故《小象傳》云「道未光」，大明漸暗，一治一亂，黑夜將臨矣。

以內剛外順之道面對明夷之黑暗

　　本卦卦名「明夷」，是光明受損之意。卦象坤上離下，太陽入於地下，反映政局黑暗，正氣消亡。卦時之艱，由《雜卦傳》以一「誅」字言之，即可概見。卦辭「利艱貞」，謂此卦宜於面對艱險局面的人。此時要隱藏自己的心志和能力，但不是坤卦六四爻辭所示的沉默（括囊，无咎无譽）。

　　明夷之世莫如商末紂王暴虐管治、殘殺忠良的時期，為臣子的當如箕子（紂王叔父）和文王（殷商諸侯、周族領袖），文王「內文明而外柔順，以蒙大難」，箕子則能「內難而能正其志」。二人的特點是內不失德而外與之周旋，文王恭順卑屈，箕子則假裝瘋癲而俱得免於難。

　　《大象傳》以卦象「明入地中」喻黑暗政局，認為此時為官者要「用晦而明」，即隱藏自己的才華，然而不同流合污，以保名節。

　　初九正應六四：本爻離開黑暗之地，然四爻處於下互坎與上互震之間，遇到險境，出而有傷，故爻辭云：「明夷于飛，垂其翼。」垂翼則負傷矣。為官者不同流合污，急於逃避，然因失禮而招主人家不滿。

六二敵應六五：本爻敵應，陷入下互坎，無法出離，故爻象以傷於左大腿為喻，然援之以壯馬，則總有出走之時。本爻居中得正，反映出離的堅定意志。

九三正應上六：本爻有應於上，而互坎互震所示，出險而與坤地有應，即離開紛亂之都，往他方開展事業，爻辭以出而南巡，擒獲地方領袖為喻。

六四正應初九：本爻在互震，而坤象於人身為腹，故言「入於左腹」，由腹及心，言「獲明夷之心」，謂獲悉處理黑暗政局的根本精神；初爻在離，光明所在，既然正應於初，遂推門而出，決意離開。

六五敵應六二：本爻居中自守，以「箕子之明夷」為喻，用以昭明國家重臣，當有守國不去之志；可走而不走，以存公忠體國之精神，表現了大臣的應然氣節，為全卦最有光輝的一爻。

上六正應九三：本爻所在，卦時將散，可惜正應三爻，入於互坎之險境，則是不明而晦暗，故爻辭云：「初登于天，後入于地」，描繪了暴君的亡國過程。本爻不言紂王而紂王以之，後世隋朝中天大業而猝亡，故隋煬帝亦以之。

家人卦言家教及男女的家庭角色

　　本卦精神如《雜卦傳》云：「內也。」此指家庭而言，故卦名「家人」。卦辭「利女貞」，顯示本卦宜於女性占問。

　　本卦特點是循名責實，人倫位分，以性別與血緣親疏而定。《象傳》言「女正位乎內，男正位乎外」，六二與九五居中得正而有應，男女匹配此二爻，則各得其正位。就家庭成員的責任而言，父母承擔執行家規和教養子女之責，故有嚴君之稱。「父父，子子，兄兄，弟弟，夫夫，婦婦」，是各守其位，各盡其分，則家道便正大。此《大學》齊家要義，一家上下有序，則所管治之地亦然，必上下相安，故《象傳》言「正家而天下定矣」，亦即《大學》所謂「家齊而後國治，國治而後天下平」之意也。

　　《大象傳》以卦象推導出「風自火出」。就日常生活所見，生火焚物，灰燼冉冉上升，火勢愈大則灰燼播散愈急，故有風自火出的感官體驗。由此而言「君子以言有物而行有恒」。言之有物即有誠，不打官腔，不玩弄語言概念，言之必可行。以此，品行亦能保持終始一致，不會虎頭蛇尾，正如老子所言「慎終如始則無敗事」。

六爻之義在家道得正，必須規矩從嚴，尊卑有序，而父母亦以身作則，自化化他。

初九正應六四：所應六四處於下互坎險，然亦在上互離明，故爻象是「閑（防也）有家，悔亡。」本卦初生，家庭出現，最要者是建立家規，以防失教。初嚴屬，家人關係不和諧而有悔，待規矩立、家節成則悔亡。

六二正應九五：本爻中正有應，處於離明，堅守婦道，夙興夜寐，照料家人起居飲食。

九三敵應上九：本爻敵應，又在互坎，一家上下皆遵禮而行，雖家規謹嚴，而終獲吉祥。若家人不認真不敬事，養成怠慢性情，最終必有悔憾。

六四正應初九：本爻處上互離明，所應亦離明，此忠孝節義之家，忠臣孝子俱出其門，光明大吉之象。

九五正應六二：本爻以王者之尊感格其家，則威嚴以外尚有親情，顯示為尊而有親，自為吉象。

上九敵應九三：本爻處最高位，以信示人，不怒而威，最終獲得吉祥。此中關鍵在於躬行自省，內外如一，過而能改，以德服人則無不服。

睽卦精神在相反相成與和而不同

「睽」義為違背。人事以和為貴，「睽」則合作必不愉快，故卦辭云：「小事吉。」此就占問吉凶而言。《彖傳》則以二五之中爻失位而應，作為小事吉祥的原因。

《彖傳》以「火動而上，澤動而下」的取向殊途解釋睽違之意的由來。以六子卦（八卦匹配父母子女）言之，上卦離為中女，下卦兌為少女，所以說「二女同居，其志不同行」，指姊妹二人同處一室，然感情（志）不同，出嫁（行）亦異，各有婚配，各有家室。另一方面，事物的相互睽違是發展變化的原因。天尊（上）地卑（下），同以生化為事；男女身心俱異，而情志感通；推之萬物皆然，都處於陰陽、雌雄、正負等相反而相成的狀態，這才是本卦的精神所在，故有「睽之時用大矣哉」的讚歎！

水火為民生日用所不可或缺，但彼此既相生又相剋。《大象傳》以上火下澤的相反取向，要求統治者「以同而異」，即在同之中知其異，也在異之中見其同，而總歸於孔子所說的「和而不同」，此為治道暢順，事業成功的重要原因。

初九敵應九四：本爻以敵應而與卦時相合。因此馬走失而

不追，追則與馬同趣。又如見惡人而避之，避則不同流。處此卦時，馬失而自回，避惡則免禍。

九二偏應六五：本爻居中，失位而應，如在巷中與主人相遇，行賓主上下之禮，故僭越不生。

六三偏應上九：三爻失位，處互離互坎之中，水火對立，故爻象行車而首尾相反用力，狀似拔河；又如刑徒之刺額割鼻，囚於牢中。所幸最終有應出險，車往前行，刑後重生。

九四敵應初九：四爻敵應於初，處境與三爻同，無法出離，因言「睽孤」。孤則無對，然恰合卦時，同性相斥，而相反相成，故危而無咎。

六五偏應九二：宗族有犯法受罰者，往應不會有壞結果。往應則以正道化其頑愚，正是以善感召之，使惡為善。

上九偏應六三：處一卦之終，又是「睽孤」之象。前方人畜路過，車上豬身塗泥，人面彩繪，則心生疑惑而欲射箭，遇雨而塗飾盡去，疑惑盡消，不是寇盜而是迎親隊伍，如此自是吉象。本爻寄寓一卦精神，只要真心誠意，則對立自能冰釋。

蹇卦之義：逆境自強在反身修德

「蹇」（音「件」之上聲）義為走路困難。本卦坎險在上，明示前路艱難。卦辭云：「利西南，不利東北。利見大人，貞吉。」占者問出行，卦示往東北方走有阻礙（東北為艮山），往西南方走則暢通，坎水示河流交匯，舟楫可達。出行宜與持重大臣（大人）會面。

本卦稱吉，在於修德而卓爾自立。誠如《大象傳》所云：「山上有水，蹇；君子以反身修德。」山上有水，山路難行，以喻人事則多滯。此時須修德以俟，如《大學》云：「自天子以至於庶人，一是皆以修身為本，其本亂而其末治者否矣，其所厚者薄，而其所薄者厚，未之有也。」此本末之論，凸顯中國傳統文化的根本精神。

《象傳》云：「險在前也，見險而能止」，即艮卦《象傳》所言「時止則止，時行則行，動靜不失其時，其道光明」的智慧，所謂「君子而時中」是也。

本卦六爻，以見險而止，出險則進為吉，然分所應為者則捨生取義，不避吉凶。

初六敵應六四：本爻敵應故前路不通（往蹇）。內卦不言

「來」（爻例以外卦下應內卦稱「來」），「來譽」指留在原位，謂之知止有智，合乎本卦精神。

六二正應九五：本爻中正有應，入險而在所不辭。表現忠臣持政，鞠躬盡瘁，死而後已的志節，故爻辭云：「王臣蹇蹇，匪躬之故。」

九三正應上六：本爻處下互坎，所應之六爻又居於坎險，困難極大，故云「往蹇」，既然如此，不若反回原位（來反），知止則有智。

六四敵應初六：上卦不言往（內卦上應外卦稱「往」），因此本爻「往蹇」指留在原位，處於坎險困難之中。而敵應乘剛，亦無法出困，往也困，來也困，故云「來連」。

九五正應六二：本爻「大蹇」，為蹇卦精神的主要承擔者。二爻在下互坎水下卦艮山之間，為城池之象。九五君位，所應在二，出險而入城之象，故言「朋來」（吉慶之意）。《象傳》所言「當位貞吉，以正邦也」，即以此爻而言。

上六正應九三：本爻「往蹇」實無所往，而住於坎。上六下應三爻則出險，三爻亦為城池之象，故入城立功，謂之「來碩」，宜與持重大臣相見。

解卦以護養生機為第一要義

　　本卦占遠行吉凶，占者宜往西南方走，如不繼續前行則七天內回來可獲吉祥，如要出行則及早出發可獲吉祥。此中精神是有了決定便須及早實行，才有理想結果。也就是衝破障礙，創造生機。

　　就人事而言，《大象傳》以烏雲散解，雨過天青，喻為官者當「赦過宥罪」，寬大處理犯人的罪過，使其有自新機會，着眼點在護養生機。

　　本卦精神也在護養生機。「解」（音「懈」）以寬緩為義。《象傳》就上下卦象而言出險，而且「往得眾」、「往有功」；又關聯至雷雨大作，由此反映天地有所紓解，而自然界百果草木皆破殼發芽（甲坼），表現了強大的生命力，也反映了護養生機的重大意義。

　　初六偏應九四：本爻在一卦之初，處坎險之境，雖有應於震，而所應之四爻亦在互坎之中，未能脫險。然此時將變未變，如黎明前的黑暗，新局面將臨，從事情發展的理則而言當是如此，故無咎。

　　九二偏應六五：爻象為「田獲三狐，得黃矢」，謂打獵獲得

三隻狐狸並得到銅箭頭。吉祥的原因如《小象傳》所指在「居中」，居中即表示有原則法度，如狩獵不濫殺，只射殺三頭。因此，爻義示生長發展須有原則指導，不能任用私情，為所欲為。

六三敵應上六：本爻失位敵應，處在下卦坎與上互坎之間，下互離沉入水中，無法出險。爻象為「負且乘，致寇至。」謂乘車卻背負珍寶，如此行藏，難免寇賊之災。爻義顯示私心太重，殉名逐利，結果斲喪生機，傷身毀性。本爻行徑與卦時相反，焉能無傷！

九四偏應初六：本爻已在震卦，故「解而拇（足大指）」，來應於下，然動而復入於坎險，則是失位之過。本爻所示，縱有機會，仍須按自身條件行事，僭越之行，必招苦果。

六五偏應九二：君子居位，出險復下應於坎險，與民同患難，得百姓信服歸心。故居領導之職，必須民之所好好之，民之所惡惡之，不能以個人安危為事，如此方獲吉祥。

上六敵應六三：本爻處震卦之上，永在動中。要保持如此蓬勃生機，則對於敵對情況，須予以清除，誠如爻象之王公射隼高牆而有獲，以喻須致力解除前進路上的威脅。

損卦言損小益大之道

《象傳》認為本卦是由泰卦九三爻上升為上九，而上六下降為六三而成，所以說「損下益上，其道上行」。周朝制度，天子享用九鼎八簋（音鬼，盛載黍稷的禮器），諸侯七鼎六簋，士大夫五鼎四簋。損卦言「二簋可用享」是苟簡失禮。故《象傳》言「二簋應有時，損剛益柔有時，損益盈虛，與時偕行。」是說損益禮文應該在特殊情況下才許可，不能視為常態。正如盈虛皆有其時，因此損益之道是配合「時」的表現，如饑荒之年祭禮尚儉，用兵之時喪禮從簡。

《大象傳》以挺拔之山而下有柔軟之澤，聯繫到為官者須「懲忿窒欲」。憤怒表現為極度排斥，而慾求表現為非常貪婪，因此要努力克制自己的情緒和窒塞一己的私慾。為官者不忿不貪，便能心平氣和，處理政事自可不偏不倚，治道便上軌道了。

下卦三爻主要言減損的意義，上卦三爻則言增益的道理。

初九正應六四：本爻悅而動，故停止所做之事而往上應援。這樣損下益上，正合時義，故無過患。

九二偏應六五：本爻偏應而遇艮止，事多滯礙，故言征凶。中爻以德為主，往上應援，於事或有損，於德則有益，所以

說「弗損益之」。

六三偏應上九：本爻與四五同為陰爻，可以承陽，而有應於上九者只有六三，爻辭云「三人行則損一人，一人行則得其友。」言三人則損其一，一人則與另一人合，故一陰一陽之感應為正道。三與上應可矣，若四、五同時承之，則不專而生疑，非益上之道。事有其宜，不可過度。

六四正應初九：本爻處上艮（止）下互震（動）之間，進退不得，幸正應於初而得出困，故爻辭云「損其疾」；所應之初為兌卦，主喜悅。能脫困，自然歡愉。

六五偏應九二：本爻不損反增，「益之十朋之龜」指增益大量金錢，並且是大吉之象，因居中承陽，復由艮止下應兌悅，德性充盈，為卦中最佳之爻。

上九偏應六三：本爻下應六三，順動而悅，故言無咎並且為吉象。家以棲止為義，離開艮止，故云無家，下應六三，故云得臣。欲得賢士之助，在上者須紆尊降貴，如劉備之三顧草廬，而後能建立蜀漢，終成帝業。

益卦精神在得益而助人和施惠以利民

「益」的意義在本卦不但指增益，而且指出處高位而行德政，猶如天地提供一生存空間予萬物，所以《象傳》云：「天施地生，其益無方」，但這種全方位的增益不是隨意實行的，「凡益之道，與時偕行」即指出在恰當時候才會施行增益之道，這與損卦所強調用二簋的簡約之事同理，故《損卦・象傳》云：「損剛益柔有時，損益盈虛，與時偕行。」

本卦由否卦九四陽爻下降而成，故《象傳》云：「損上益下，民說（悅）無疆；自上下下，其道大光。」表達了體恤民情的傳統仁政思想，《尚書》云：「天聽自我民聽，天視自我民視」，《大學》云：「民之所好好之，民之所惡惡之，此之謂民之父母」，都是這種思想的表現。

《大象傳》以風起雷行，體會成為官者「見善則遷，有過則改」的精進態度。其義與孔子所說「三人行必有我師焉，擇其善者而從之，其不善者而改之」的意義相同。對比於《損卦・大象傳》從對治個人氣性而言「懲忿窒欲」，本卦《大象傳》則是以外在的善惡以警惕自己。

六爻之義，下卦三爻主於得益而不私有，上卦三爻則主於施惠於下。凡此皆老子所云「聖人不積。既以為人，己愈有；既以與人，己愈多」之意。

初九正應六四：下卦為震動，上應於巽順，儲聚而動，大有作為，即《象傳》所謂「益動而巽，日進無疆」，因此大吉，不會有不良後果。

六二正應九五：本爻中正有應，得到珍貴的大寶龜，而奉享於天帝。吉祥是由於不私有。

六三偏應上九：有所得而用於救災，是不會有不良後果的。本爻誠心謹行，依禮執圭（公侯朝聘之禮器）以稟告王公大人。

六四正應初九：持中謹行，得到王公的聽從。本爻下應震初，主於動，故宜於遷國以利民。此正損上益下之事。

九五正應六二：本爻中正有應，我出於誠而心愛惜之，此不問而知大吉。我出於誠而德有所披，寄寓了本卦的根本精神。

上九偏應六三：本爻所應之三爻，處於上互艮與下卦震之間，行止不定，進退失據，故立心無恒，未能行益下之事並且有所攻擊，益道已失，凶兆來臨。

夬卦精神是以和諧方式處理紛爭

「夬」（音怪）是決斷的意思。本卦是五陽一陰的消息卦，陽之勢大，陰之勢蹙，故《雜卦傳》云：「君子道長，小人道憂。」但這消長過程並不造成劇烈衝突。

《彖傳》就上下卦的德性而言「健而說（悅），決而和」，顯示本卦的精神雖然在決斷，但不落入你死我亡的鬥爭，也不是一方無條件投降，而是在「和」的局面下達到變易的結果。卦辭就上六爻言「揚于王庭」，意為在朝廷上聲名顯揚，這是指上爻以少為貴的結果；「孚號有厲」言發令以誠會有危險，因為不狡詐，但這反而彰顯開誠布公的襟懷，是光明磊落之事。在這樣的前提下，自然不必武力是尚，而陽息陰消之事也將順利進行。

《大象傳》言澤上升至天，如此必有覆盆之雨，以之言「君子以施祿及下，居德則忌」。則為官者對立功屬員須給祿以獎之，以肯定其工作表現，切忌自居其功。

由六爻之義觀之，上卦精神主於忍讓，下卦精神在守正不阿。故忍耐與守正是取得事業成功的重要品德。

初九敵應九四：本爻處乾卦之初，健動不已，然敵應受斥，反而有過。本爻示必須忍一時之忿。

九二敵應九五：本爻持守中道，戒慎恐懼而出令，則夜間有戰爭也不憂慮。本爻示忍耐不是消極的示弱，而是做足準備，以防萬一。

九三正應上六：豪壯顯在臉容上，非吉祥之兆。所應在兌澤，如遇雨濕身，雖有怒而無過失。本爻示進取之意、得失之情不要掛在臉上，要經得起磨練，喜怒不形於色。

九四敵應初九：本爻猶如臀部受傷失去皮膚，行動艱難。兌之象為羊，敵應處於原位，故云「牽羊悔亡」，兌象又為口舌，敵應故云「聞言不信」。本爻示任何情況下都要緊守立場。

九五敵應九二：上卦兌澤，故本爻以柔為本質，然九五位重，居中而行，與下四爻同性以決上爻。本爻示堅守原則，不偏不倚，柔中有剛，以開誠布公之心來解決問題。

上六正應九三：本爻處一卦之終，是五陽所決的對象。本爻以兌悅之心下應九三之乾陽，柔進於剛，不必號令，最終共卦和平演為乾卦。本爻示受者安然接受改變，表現了「決而和」的精神。

姤卦言男女剛正相處之道

　　姤（音究）的意義是陰柔遇上陽剛。本卦五陽一陰，是陰消陽之卦。初六處至少之地，為五陽所鍾。此於女性而言則有浮濫之嫌，故卦辭云：「女壯，勿用取（娶）女」，就是說社交能力很強的女子不可以娶為妻子。

　　《彖傳》就陰陽剛柔的連合給予最高的評價，如「天地相遇，品物咸章」，此即《序卦傳》所云：「有天地然後有萬物」，而且在天覆地載的前提下，萬物發榮滋長，皆出現茁壯成長（咸章）的情景。這樣的陰陽相遇，謂之「剛遇中正，天下大行」。表達了只有以堅守原則不逾越為前提，才出現真正的陰陽互補，而行事才產生理想效果，而為天下表率。以此，姤卦所言陰陽相遇的意義便十分重要了。

　　《大象傳》以天下有風，聯想到君主施政，當告誡四方，風行天下。但這必須君主有德，為民愛戴，才有這樣的效果。

　　就人事而言，男女的相處之道，由六爻的三組對應關係具體表現出來。

　　初六偏應九四：陰爻安靜自守則吉，躁動往應則凶。本爻居於原位以承二爻之陽可矣，上應於四陽則偏而不正，有凶

　　　　　　　　　聖言與人生：鄧立光博士文化專欄集

險。這是近「比」優於遠「應」的例子。

　　九二敵應九五：本爻敵應，居於原位，據初六而成一對。猶如廚房裏的魚，只宜自家享用，不宜用來宴客。表現了男女婚姻的基本要求，是一對，而且相鄰兩爻具有陽據陰承的關係。

　　九三敵應上九：本爻如臀部受傷，皮膚脫落，舉步維艱，然危而無災。本爻不受初爻影響，因二爻同為陽，產生阻隔作用；又與上九敵應排斥，無法接近，故安於其位而不躁動。

　　九四偏應初六：本爻下應初爻，偏而不正，有悖常情，且二、三俱為陽爻，阻隔太甚，故情況猶如廚房失魚，必生凶險之事。

　　九五敵應九二：敵應則不強求。孔子云：「不患莫己知，求為可知也。」就是努力提升品德，增強才能，這猶如用杞葉包裹甜瓜，有美含之，中正自守，以待有緣，而緣亦必至。本爻表現了「剛遇中正」之道。

　　上九敵應九三：本爻不止敵應，而且失位，況處於一卦之末，卦時將過。這猶如面對角落，空自一人。這不合陰陽之道，但因不躁動，不苟且，亦不招禍咎。

萃卦言匯聚人群之道

　　萃是聚集的意思。占者所問吉祥，表示本卦精神合乎正道。《象傳》所言匯聚之道，不用強制，當如卦象所示：「順以說（悅），剛中而應。」這明白指出人群應該因歡愉而聚集，猶如國家有慶典，或國民獲得某些殊榮，大家走上街頭遊行慶祝一樣，這就是「順以悅」，即順乎人情而且基於自願和樂意參與。此外，聚集的動力必須剛健中正，即合乎法律所容許的。陰暗邪僻之道，如聚眾以形成壓力，企圖獲取某些不當利益，今天社會不少示威遊行都有人在背後煽動，即屬這類。故聚合民眾必須光明正大，一有私心即入邪僻。

　　《大象傳》言澤上於地，則水流地表，匯集成池。由此關聯至人群聯集，則為官者當去除人群中的兵器，以備不虞。此中慧見，在於人多聚集，易起不測之事，故須預為之防。現代社會對集會雖云自由，但亦必須先向政府申請，否則變成非法集會而遭禁止。由此可見古人深邃的政治智慧。

　　處於萃卦之時須有變動，縱使有所不足或表現失誤，亦可免於禍咎。然若用心不恒（下互艮止所起的作用）便最為害事。六爻有應則聚，敵應則散。

初六偏應九四：本爻偏應，故誠信不能貫徹始終。九四在下互艮止，故有不終與混亂之象。處此爻位，當不計前嫌，握手為笑，便能有所匯聚，因此努力向前即可。

六二正應九五：本爻中正有應，由牽引而獲吉。牽引是指下卦三爻牽連而至之意。中心有誠，所應又愉悅，故可用於祭祀。

六三敵應上六：本爻敵應，又處下互艮止，難行且受斥，故無所利。下卦三爻為坤順，同聲同氣，而自身處上互巽，表現謙遜，故動亦無妨，雖無所得亦不致有咎。

九四偏應初六：本爻下應初爻，得據三陰，井井有條，合於匯萃之道，自是大吉之象，然居位不正，微有憾焉，惟最終可無災禍。

九五正應六二：本爻得位而能匯聚民物，但為九四所擾，又有下互艮止所阻，雖不為患，然亦反映誠心不足。只要心意專一，則所有紛擾都可消除。

上六敵應六三：本爻敵應無援，形單影隻，失匯聚之道，然若憂悲傷痛、涕淚交零，以顯誠意，禍亦可免。

升卦：柔順與守正，積小以成大

本卦是吉卦。《卦辭》云：「升：元亨，用見大人，勿恤，南征吉。」《彖傳》的解釋是：「柔以時升，巽而順，剛中而應，是以『大亨』；『用見大人，勿恤』，有慶也；『南征吉』，志行也。」陰爻為柔，坤卦在上，所以說「柔以時升」，「時」指本卦卦時。巽為遜，坤為順，故本卦的高升不是冒進式、進攻型的，而是按部就班、和諧型的。「剛中而應」，指九二上應六五，則本卦所凸顯的品質不是委曲隨人，而是堅守原則，這種外柔內剛的表現，正是升卦的精神所在。

《大象傳》云：「地中生木，升；君子以順德，積小以高大。」巽有木象，木在地下，根深柢固，發榮滋長，漸至參天巨木。由此而言為官者當順從道德要求，應為則為，不計事之小大，積漸而至聖賢之域。因此「累積」是成功的要素，孔子對此有感而言：「善不積不足以成名，惡不積不足以滅身。小人以小善為無益而弗為也，以小惡為無傷而弗去也，故惡積而不可掩，罪大而不可解。」（《繫辭下》）

初六敵應六四：本爻敵應受斥，居於原位，在卦之初，以誠為之，巽遜不爭，上承九二，表現出謙德，故爻辭云：「允（誠

也）升，大吉。」

九二偏應六五：本爻剛中而應六五，中心有誠，謙遜而行，故「孚乃利用禴（音藥，祭祀之名），无咎」。以誠祭祀，必有善應，故不遇災。

九三正應上六：本爻在下互兌、上互震之間，悅而動，故云「升」。巽為木，坤為土，正應而為林木之地，有「虛邑」（村落）之象。

六四敵應初六：本爻敵應，留居原位，處於上互震、上卦坤之間，動而順。「王用亨（亨，饗獻也）于岐山，吉，无咎。」本爻已上升至諸侯之地，故有岐山之享祭。

六五偏應九二：本爻柔居尊位，柔順而謙遜，下應九二陽剛，自然得有力之輔弼，故爻辭云：「貞吉，升階。」步步高陞，自是吉象，故《小象傳》云：「大得志也」。

上六正應九三：本爻處一卦之終，能升之地已盡，而可升之勢不止。只有精神守正不息，才能保持最佳狀態，讓升勢持續而不頹，故爻辭云：「冥升，利于不息之貞。」

困卦言處困及出困之道

本卦雖然處困，但內容卻不為處境所困。卦辭云：「亨，貞大人吉；无咎，有言不信。」全卦具有亨通之義，有德者居之則吉；然此須言行一致，徒騰口說，則難以服人。

《彖傳》認為卦名「困」是因陽爻佔據二、五爻等重要位置所致。由於陽爻居中（剛中），所以本卦為君子之卦。只要不改變心志，不扭曲人格，處在逆境之中也可以心有所通，這便須修德君子才能至此。然不足之處為上卦兌（口），有言過其實的缺點。今天社會風氣所崇尚的佞口及欣賞大言，都是中國傳統文化不以為然者，故孔子說「剛毅木訥，近仁」，「君子欲訥於言而敏於行」，「君子恥其言而過其行」。

《大象傳》以水在澤下而言「澤無水」，如此自然陷入困境；為官者此時所應為者是「致命遂志」，犧牲一己以保存維護應然的價值和理想，這是孟子所說捨生取義的精神。

初六偏應九四：初爻處於坎下，所應九四則處於互巽，巽為木，故爻辭云：「臀困于株木（指受杖刑）」；坎為谷，巽為木，故云：「入于幽谷」。在一卦之初已處困厄之中。

九二敵應九五：處困之時不為困境所擾，以宴會迎接官

員，並以誠心饗獻上天。本爻敵應，出行妄動即有凶險，留居原位則安然無恙。此為「用之則行，捨之則藏」的道理。

六三敵應上六：本爻失位敵應，以陰據陽，是謂「乘剛」，上下失序，為九二之石所困；又處互巽，故云「據于蒺藜」既處坎（穴象）巽（木象），故云「入于其宮」，失位敵應，無法與上六相感，故云「不見其妻」。如此自是凶象。

九四偏應初六：本爻應坎初，故受困。為九二所阻，故來徐徐。車廂如密斗，為坎義所涵，故言「困于金車」。本爻如坐豪華車廂，困於其中，所幸有目的地，不致流離。

九五敵應九二：本爻堅守大夫位分，不與陰邪妥協，當刑則刑，而有割鼻斷足之刑。因居中不屈，故漸漸脫離困境，並以誠心祭祀以祈天眷。

上六敵應六三：本爻敵應處上，在水澤之中，為葛藟等藤蔓所困，以及處於進退失據的困境中。此時如真誠懺悔，便能產生意志衝出去，如此便有生路，便獲吉祥。

井卦利濟萬民的大愛精神

　　本卦坎水在上，下為巽順，水源源而出，故取名為井。本卦以井的功能及存在特徵說一卦之義。掘地及水而成井，有水則有聚落村邑，村邑可以搬遷而井則原封不動。遷徙他方，則在他方掘地取水。井不專屬，任何人皆可汲而用之。就此而言，人之於井可謂無喪無得。如井水乾涸，或打破汲水瓶，即無水可用，為凶象。

　　《象傳》言「巽乎水而上水」以表示水源不絕，人汲水以養命。由於剛中（二五中爻皆陽）而敵應，故言水井定於一處，不及他方。井水不能汲則不言功，打破汲瓶則必有凶。

　　《大象傳》以坎上巽下取木上有水之象，此言自然界植物吸水情狀，由根部吸水送至葉面蒸發，以喻打井水的過程。為官者因水井養民的功能而「勞民勸相」，即慰勞（探訪問候）百姓之意，並鼓勵百姓互相幫助。

　　六爻位置及其比應等關係影響了井道的表現。井水養人，能符合此義則吉，反之則凶。

　　初六敵應六四：井卦之初，猶如井底。本爻敵應不動，則無汲水之象，所以說「井泥不食，舊井无禽」。水涸而井底見

泥，舊井久廢之象，不用說養人，連禽鳥亦不接近。此爻言井道大壞。

九二敵應九五：本爻猶如較井底稍高之處，有水足以養活鮒魚，並可供射取食用。本爻敵應不動，如汲水罐破損漏水（甕敝漏），而無法汲水供人飲用。此爻言井道不修。

九三正應上六：本爻處於井之中段，井垢清除了，而無人前來汲水，實在使人悲傷。這即後世所謂知遇的問題，若有英明之君懂得進用賢才，則朝政必平順安穩。本爻言當汲水而不汲，則福氣難以通及上下。此爻言井道修而不用。

六四敵應初六：本爻進入上卦階段，敵應居於原位。此時坎水在上，井水充盈，上承九五，修井備用。

九五敵應九二：本爻處坎水之中，敵應故水滿不動。居中得正則井水清涼，最佳水質，準備為人所汲。此爻言井道已成，等待使用。

上六正應九三：本爻正應九三，井水源源不絕。本爻居上，水井修成，正應則供人汲用而不覆蓋或限用，所以說：「井收勿幕」，顯示井養不窮之義。本爻為全卦血脈所在，故《小象傳》云：「元吉在上，大成也。」

革卦精神在變更要
合乎時宜且得民心

　　「革」是變更之意。《象傳》謂本卦上兌下離，澤在上而火在下，其勢相滅；又二女（兌為少女，離為中女）同處一室，但其感情態度不會互相配合。這就是「革」的精神所在。如有改革，經過一段時間（「己日」為十天干的第六位）自能起信。變革之道以卦象論之，必須「文明以說（悅）」，踐行道德而人心喜悅，並符合當然之理則，行事大公無私，於適當之時做適當之事，便不會有悔恨之事。

　　「天地革而四時成，湯武革命，順乎天而應乎人。革之時大矣哉！」變革須配合形勢，才能保持局面於最佳狀態。自然界最大的變革莫過於四季輪轉，而百物以生。至於人事上最大的變動就是政治革命了，商湯與周武王革前朝之命，原因都是弔民伐罪，這便是順天應人的事業。百姓生活不到水深火熱的地步，不會鬧革命。儒家重視變革，孔子說：「殷因於夏禮，所損益可知也；周因於殷禮，所損益可知也；其或繼周者，雖百世可知也。」因此，變之中有不變存焉。一概推倒重來，那就不是革命，而是自毀毀他的暴行了。

《大象傳》以澤中有火，水與火呈現互滅態勢。因此為官者當修編曆法，使之準確反映四季物候，以顯示變革的真義。

初九敵應九四：本爻敵應難有作為。變革之初自然遇到反抗，故爻辭以黃牛皮革綑縛為喻。

六二正應九五：變革之事，累積時日，人心自會認受。本爻因中正有應，故有作為則吉而無咎。

九三正應上六：本爻雖正應，然四、五皆陽爻，屢遭排斥，事情十分不順。變革既已成功，以誠信來鞏固結果可矣，不要老喊變革。

九四敵應初九：本爻居於原位，在前三爻的基礎上以誠信鞏固所改之命，自是吉象。

九五正應六二：本爻為君位，處革命初成之時，當如老虎那麼威猛，革新創制，所謂改正朔，易服飾。如此不用占問而人心自然安和。

上六正應六三：本爻所示，朝綱已立，君子小人一體歸從，然君子如豹斑變化，彰顯其美好德性，小人不奢望其改變心性，但言行態度上會有所服從。新朝開始，治理天下，再生變動，便有凶險了，居靜守常則可獲吉祥。

鼎卦帶出破舊立新的嚴肅意義

　　鼎，從其基本功能而言，是盛載熟牲的炊器。從其政治象徵而言，是權力的表示，含有更新之意，與前一革卦合成一轉變的前後過程，故《雜卦傳》云：「革，去故也；鼎，取新也。」鼎新革故即指改朝換代。革卦《彖傳》云：「天地革而四時成，湯武革命，順乎天而應乎人。」因此，以弔民伐罪推翻舊政權而成立新政權，自是吉象，故本卦卦辭云：「元吉，亨。」

　　《彖傳》就卦象而言「鼎，象也。以木巽火，亨（烹）飪也。」此就上下卦象聯想而成。下卦巽為木，上卦離為火，以木生火，復在鼎象之中，即是烹飪之事。

　　《彖傳》作者就此發議，說「聖人亨（烹）以享上帝，而大亨（烹）以養聖賢」，故鼎卦所言烹飪，寄寓了深遠的意義，聖人用烹調美味的食物享獻於天，又大量烹調食物以奉養聖賢。這裏透出尊天敬人皆須有所表示，而烹物奉養就是得體的做法。

　　《大象傳》也以烹飪功能而言鼎。鼎的政治含義在上古時代已有廣泛的共識，所以說「君子以正位凝命」，就是說為官者須正居其位，不能玩忽職守；出令嚴整，不能朝令夕改。

　　六爻排列譬況鼎的側面形狀，吉凶由六爻相互關係而定。

　　　　　　　聖言與人生：鄧立光博士文化專欄集

初六偏應九四：本爻如鼎足，上與四爻相應，如提舉鼎足，覆鼎以傾倒不食之物。

九二偏應六五：本爻居中，以陽代陰，如鼎腹滿載食物，而所應之六五，以陰代陽，實而為虛，如人之有疾體虛，無法恰切應援。然鼎反而穩定不覆，而獲吉祥。

九三敵應上九：本爻敵應，上九鼎耳應虛而實，失卻扛物功能。鼎既不能搬動，而鼎中雉膏美食難以得嘗。這種情況只有以陰易陽，變上九為上六，由實而虛，鼎耳才能重獲功能而招吉祥。

九四偏應初六：本爻下應初六，猶如鼎腹倒下，則為鼎折足之象，鼎中盛饌瀉倒地上，鼎身沾滿湯羹，一片狼藉，自為凶象。故孔子謂「鼎折足」之義為「不勝其任」。

六五偏應九二：本爻以陽為陰，下應九二。六五猶如鼎耳，虛中而為鼎槓所貫，故可安全移動鼎食。此為吉利象徵。

上九敵應九三：本爻處一卦之終，以陰變陽，柔而可剛，如玉之質堅而溫潤。敵應則鼎象不變而鼎道大成。

震卦以戒懼為進取之基

　　本卦為純卦，上下皆震卦，主雷聲不斷，局面嚴肅。處此卦時，須心態莊重、言行端正以面對所有事情。古人以行雷為上天警示，故孔子說「迅雷風烈必變」（《論語‧鄉黨》），行雷閃電和颶起暴風都會穿起朝服，正襟危坐以侍天之變。

　　本卦精神在不息之動，然以恐懼修省為前提。行事三思，依循規矩法則，終有愉悅的結果。就政治而言，「君主」之名與實相副，自然能建立天威，震驚百里，驚遠而懼邇，故保守宗廟社稷，享祭於天，這是本卦的亨通之道。

　　《大象傳》云：「洊（音箭，重複也）雷，震；君子以恐懼修省。」不斷的雷聲，告誡為官者須言行謹嚴及多加自省，方為德才兼備而有功於家國。

　　初九敵應九四：本爻處一卦之初，為一卦之主。敵應居於原位，如往前則入上互坎險之地，故謹慎為要，表現出恐懼驚顧的形態，因言「震來虩虩（音隙，恐懼也）」；本爻得位，端正其初，則後有以為法，故言「後笑言啞啞」，並以此為吉。

　　六二敵應六五：本爻敵應乘剛，又處於震與下互艮之間，動止不定，徘徊不已，與卦時違逆，故有所失，因言大失其貝

幣；下互艮山，故言「躋於九陵」，處高山之上，守靜不動，則所失財貨過一段時間便能重獲，此因居中不失其度所致。

六三敵應上六：本爻失位敵應，與六二爻處境相同，在動止之間，徘徊不前；又在上互坎險之地，因言「震蘇蘇（畏懼不安貌）」；若順卦時而為，則能衝出險境。

九四敵應初九：本爻失位敵應，處於上互坎險之地，又處下互艮與上卦震之間，動與止角力，進退不得，有如墜入泥濘之中，不能動彈，故言「震遂（墜）泥。」

六五敵應六二：本爻處於上卦，失位敵應，只能前進，不能後退，故言「震往來厲」。如下應六二則陷入險地，故須正行。本爻居中自守，不失其度，故有事也不會有損失。

上六敵應六三：本爻處一卦之終，卦時將盡，前進之力漸失，此時「震索索（顫抖貌），視矍矍（驚懼四望貌）」，不敢再前行，往前走自是凶兆。然旁鄰前進則不會有禍咎，至於雙方皆須出力的婚媾之事，便出現不協調了。

艮卦之不為以合禮合時為前提

本卦與震卦構成一對覆卦，都是純卦而意義相反，震動而艮止。《象傳》對艮卦止息之義賦予哲學涵義：「時止則止，時行則行，動靜不失其時，其道光明。」這是以配合時機而言的靜止，同時也符合道德的要求，此所以光明。

時有大小，大如外部環境的限制，小如一身的言行舉止，都以合禮與否為制約。艮卦既以止為德性，故重點在非禮者不為，以成就當止則止的卦時。卦辭云：「艮其背，不獲其身，行其庭，不見其人。」如此隔絕而不生過失，原因是於禮有合。

《大象傳》以連綿大山而言為官者「思不出其位」，即孔子所言「不在其位，不謀其政」（《論語·泰伯》）的意思，也表現了上下有序，君臣父子各安其位的正名思想。

六爻由初至上，以人身為喻，說明修德在克己復禮；克己不易，能堅持到底自然是聖賢人品。

初六敵應六四：本爻在下，失位敵應，未能往前，符合卦時。以腳趾為喻，事小則易停止，不會有禍，且宜守正，不使歪邪有滋長的機會。

六二敵應六五：本爻得位敵應，以小腿肚（腓）為喻，不

舉起腳趾；此制止之力大於初爻。二爻居中，內心鬥爭，心有不快，已進至天理人慾的交戰。

九三敵應上九：本爻得位敵應，以腰為喻。則所禁之事大。下卦艮與上互震交疊於本爻，形成動與止的拉扯，張力大甚，如背部撕裂，內心飽受煎熬。故此時是修德的最大考驗，如面對重大誘惑，是能否把持得住的關鍵時刻。

六四敵應初六：本爻以身為喻，得位敵應，位處下互坎與上互震，欲有所動而為上卦艮所阻，所止之力已大，故無災。經過三爻的克復，本爻天理勝而私慾亡，故舉止合禮。

六五敵應六二：本爻以面頰為喻，出言謹慎合禮，最終可消除禍害。言語之止即不妄語。孔子云「言行，君子之樞機。樞機之發，榮辱之主也。言行，君子之所以動天地也，可不慎乎？」（《繫辭傳》）

上九敵應九三：本爻處於最後，習慣成自然，克己復禮成功，能做到孔子所言的「非禮勿視，非禮勿聽，非禮勿言，非禮勿動」（《論語‧顏淵》），此謂之「敦艮」，自是吉象。

漸卦：做事漸進不激方有所成

「漸」是逐漸之意。由卦德言之，下卦艮止而上卦巽順，表達了不急不躁，順着步驟去做的意思。人事中婚姻是符合這個條件的，所以卦辭云：「女歸吉，利貞。」結婚是人生大事。古今中外皆予以高度重視，故婚禮十分講究程序步驟。

古代女子出嫁，經過三書（聘書、禮書、迎書）六禮（納采、問名、納吉、納徵、請期、親迎）繁複的程序而後正式出嫁，則這段婚姻便為禮俗所認可，所以說「女歸吉」。依《象傳》則本卦六二與九五居中得正而有應，而成為本卦的重點。此二中爻得位以正，所以有功，並能安邦定國。卦德止而巽（順），故動而不窮，這是行事按部就班，結果是不斷有發展的意思。

《大象傳》以山上樹木的生長，從樹苗到成林，積漸而成，故為官者當「居賢德善俗」，處於賢德之域，以自己的德性逐漸感化百姓，而出現化民成俗的效果。

六爻以大雁（鴻）為喻，其位置由水邊逐漸上升至高山之巔，而得到最大的成就。

初六敵應六四：本爻猶如大雁到了岸邊。下互坎水與下卦艮有山，形成水邊之象。艮於六子卦為少子，故言「小子」；敵

應兼處艮止，故「有厲（危險）」。本爻在漸之初，敵應不前而受責備，然無不幸之事發生。

六二正應九五：本爻言大雁已進至山石，安逸地飲食，是為吉象。二爻居中得正，承陽以應九五，得漸卦精神，所以為吉。

九三敵應上九：本爻言大雁已進至高平陸地。三爻因敵應處於下互坎險之中，所以「夫征不復，婦孕不育」，是為凶象。然本爻所在的互坎之水與下艮之山，合為城池之象，故宜於抵禦寇盜。

六四敵應初六：本爻言大雁已進至樹木，棲息於橫平易安的樹枝。本爻在上卦巽初，得位承陽，事事皆順，自不會出現不幸的事情。

九五正應六二：本爻言大雁已處於山頭，下應六二，因下互坎的阻礙，故有「婦三歲不孕」之說；由於中正有應，故最終渡越困難而得以團聚，這自然是吉象。

上九敵應九三：本爻言大雁已處於高山之上，敵應不回頭，可以翱翔天空。大雁羽翼已豐，其華麗羽毛可作為儀飾，高貴得體，是吉祥之象。

歸妹言女子出嫁之大義

　　本卦是婚姻卦。以六子卦言之，下兌為少女，上震為長男；以卦德言之，兌悅而震動。婚嫁為喜慶之事，女方出門，悅以動，故本卦名為「歸妹」。

　　「妹」指少女，「歸」即出嫁，「歸妹」即少女出嫁。故《雜卦》云：「歸妹，女之終也。」婚姻之義，《彖傳》重在女性一方，故云：「『歸妹』，天地之大義也；天地不交而萬物不興。『歸妹』，人之終始也。」女子出嫁是天地間的正道正理，陰陽相交才能化生萬物，否則萬物的生命力便會萎縮。女子出嫁使人類能生生不息，終則有始地生存下去。由此可見古人對嫁娶的意義有非常深邃的體會。

　　婚姻乃喜事，然而卦辭云：「征凶，無攸利。」何故如此不吉？從爻位而言，二、三、四、五皆失位，造成初與四敵應、三與上敵應、二與五偏應的結果，自然波折頻生，前路多艱。

　　《彖傳》以澤上有雷，帶出水澤悅人之外並有嚴肅的情況出現，以之言女子出嫁，既有快樂一面，也有嚴峻一面。故為官者要「永終知敝」，「敝」是盡的意思。言處事有始有終，然亦須知事有所止，即天下無不散之筵席。這與乾卦《文言傳》九三所

言「知終終之，可與存義也」的意義相通。知事情有終結之時便守至最後，如此便可保存道義。

初九敵應九四：本爻處下兌為少女，下互離為中女，兩姊妹一同出嫁，所以說「歸妹以娣（從嫁之妹）」，雖遇敵應不順，然姊妹互相支持，故為吉象。

九二偏應六五：本爻處下互離明，五爻在上互坎陷，偏應故言「眇（瞎一眼）能視」，由明而暗，故言「利幽人（隱士）之貞」。

六三敵應上六：本爻失位敵應，又處互坎，故出嫁為正室則有待而未能，然以側室身份出嫁則可，爻失位之故。

九四敵應初九：本爻失位敵應，處互坎之中，故出嫁失期，以待時機。

六五偏應九二：本爻至尊之位，故云「帝乙歸妹」，居中失位以應。正室衣飾不如側室，如月至農曆十四，近圓而末圓，這是謙德的表現。

上六敵應六三：本爻敵應處上，動而不止，無法締結婚姻。此猶如女子奉筐而中無一物，又如男子宰羊而羊不可得。典禮不行，婚事難成。

豐卦帶出滿招損之義

　　本卦名「豐」，其義為大；「離」明而「震」動，明以動則做事之動機光明正大，故人皆擁護，如此必有豐碩成果。「離」為大陽，由東方（震在東方）升起至日中至日落，是明以動的過程，自是亨通之象。卦辭謂以日中為宜，因日中為陽光最烈之時，喻事情處於最佳狀態，就德性而言，就是道德感最強之時，故《象傳》云「宜照天下」，即以德性感召天下。《象傳》又云：「日中則昃，月盈則食，天地盈虛，與時消息，而況於人乎？況於鬼神乎？」從自然界日月運行的情狀，得出天地日月之大，其變化（盈虛）尚且因時間推移而出現強弱興衰（與時消息），何況是人事吉凶與神靈禍福之事，當然變化就更多了，由此六爻展現出諸多不順，故《雜卦傳》云：「豐，多故（多事故，多變亂）也。」

　　《大象傳》以「震」雷和「離」電（電閃則明亮，故以電為離象）並至而言「豐」，則本卦含有強大震懾之義，由此而言為官者判決訴訟要表現刑法的威嚴，須用刑則用刑，決不能姑息養奸。

　　六爻處豐大之時，然多敵應不順，則持盈保泰之道還在於

謙，《夏書》云：「滿招損，謙受益。」本卦帶出損益之道。

初九敵應九四：本爻在下卦離明，九四為其「配主」（因兩爻皆陽，互相匹敵。配，敵也）。本卦精神在「明以動」，故一時之阻無妨，只要努力向前，自能有所表現。

六二敵應六五：本爻處離卦中爻，故言日中，遇互兌之澤水，故天陰，而謂日中見斗。仍可前進，離明不滅故也。

九三正應上六：本爻雖正應，然上互兌澤形成陰雨，故天地昏暗，日中而見星。走路跌斷了右腳，然其勢在動，動則無咎。

九四敵應初九：本爻處於上互兌澤，為暗所欺。遇其「夷主」（與己相等之主，兩爻皆陽爻故云。夷，相等之意）。敵應留在原位，震動不已，吉象。

六五敵應六二：敵應處在震中，光明大顯，日食過去，光明重來。「震」為東方日出之象，故本爻居中而有光彩，吉象。

上六正應九三：處豐而隆盛太過，反招禍殃。正應反而不美，下互巽為木，是為屋象，遮蔽太甚，至家中無人，凶象。

旅卦：旅程多險須群策群力渡之

「旅」的意思指出行。自古出行多險阻，諺云「行船走馬三分險」即是。本卦六爻之間的對應，是一對偏應及兩對敵應，如此自然不太順利。所幸上下卦皆陰爻承陽，沒有出現陰陽違逆的情況，故卦辭云：「小亨，旅貞吉。」《彖傳》以兩中爻皆承陽而言「柔得中乎外而順乎剛」，顯示本卦之「時」須以謙讓態度處之，群策群力，不能固執己見。又上下卦德表現為「止而麗（依附）乎明」，則行旅之人必以光明正大為前提，如經商求學皆是，若如走私販毒，則是止而入於暗矣！試看今之偷渡客，其行旅途徑幽暗不明而發生慘劇者屢屢有之，如溺斃海中，如窒息車內等等，時有所聞。

《大象傳》以山火為喻，熊熊山火，所過成焦，無物可留。以此言為政者之用刑當明察而審慎，並且不要拖延獄訟。

六爻之義只有中爻為吉，六二於出行前有充分準備，故旅途順利，六五有位而能謙，遂能履險如夷，而獲美名。

初六偏應九四：本爻失位偏應，處艮止之初，失卻信心，對前路猶疑不定，則有迷途之虞，且種種險象必相繼出現。

六二敵應六五：本爻處艮卦中爻，艮為土，下互巽為木，

合為屋宇之象，艮又為少男，故言得童僕。出行懷資財而又得童僕，有旅舍可宿，事情自然安順。

九三敵應上九：本爻敵應，遇上卦離火，旅舍被焚，而下據二陰，致艮童不隨。資財與童子皆失，旅途頓失憑藉，自是危險之象。

九四偏應初六：本爻處於上互兌（澤）下互巽（木）之間，草木豐盛，失位偏應艮初，則有利斧以砍樹木，然應在艮山，則旅途又滯矣。

六五敵應六二：本爻居中，下互巽之物象為雞，故言射雉，敵應故言矢亡。然以陰居中，雖有尊位而能兼聽，不損其德，故最終有令譽加身。

上九敵應九三：本爻敵應，處離火之上，下互巽為木，巽又為雉，故有焚巢之象。行旅之人以為到達終點，不聽善言，終招焚巢之禍，一無所有矣！故云「旅人先笑後號咷（大哭）」。所帶牛隻於邊界上又走失，真是禍不單行。本爻失位敵應，處旅卦之上，烈火剛陽，失謙遜之道，與卦時悖逆，故釀成焚巢失蹤之巨禍。

巽卦精神在謙遜而自強

　　本卦為「八純卦」之一。上下皆巽，巽象為風。孔子言「君子之德風，小人之德草，草上之風，必偃。」風吹為順，物傾側為遜，故其德為順為遜；風有縫即入，故其德又為入。因此本卦之「時」是一切和順，亦即現今常說的和諧；然而本卦之辭不說「元吉」、「大吉」，而只言「小亨」，則順之中有不順焉，因為六爻皆敵應，所幸陰爻承陽，柔順乎剛，承天尊地卑，上下有序的道德要求，就政治而言，即是出令而從，上下有序，這是巽卦所包涵的意思；且居中者皆陽，能守正不阿，不作小人媚態，故卦辭言「利有攸往，利見大人。」

　　由於風象有教化風行涵義，故《大象傳》言「隨風，巽；君子以申命行事。」「隨風」是言風一直吹送，表達了順風而從的意思，因而說為官者必須不斷申述命令以順利執行政務。這猶如今天政府推行政策，而不斷向公眾傳播有關信息。

　　初六敵應六四：本爻失位敵應，徘徊不前，處遜順之時，忠誠自守，不敢逾越，此於武夫有利。武夫每有過剛之行，故本爻之守位，如《小象傳》所言是為「志治」，使遵守秩序，磨練心志。

九二敵應九五：本爻失位敵應，居中以表現遜順精神，爻象云「巽在牀下」，即如拜倒牀下，並以眾多史巫之靜觀默識，表現出遜順而獲吉祥。

九三敵應上九：本爻在下互兌澤之中，敵應而受困，故皺眉蹙額，一籌莫展。故《小象傳》謂此爻表現出志窮之徵。

六四敵應初六：本爻得位近承九五，處上互離明，承陽有輔，故言有悔意而後平服之（悔亡）。本爻處上下兩巽（木）之間，兼下互兌，形成沼澤密林，故能有所獵獲，此為吉象。

九五敵應九二：本爻居中得正，本卦德性由此而顯，自是吉象。上互離明與上卦巽風，形成風和日麗之象。敵應故言無初，一卦精神盡在此爻謂之有終。

上九敵應九三：本爻失位敵應，處於上位，遜順之卦時將變，但由上卦巽木與下互兌澤所形成的茂密樹林，反成障礙，爻辭云「巽在牀下，喪其資斧，貞凶。」伏在牀下則如何走路？喪其利斧則如何披荊斬棘？故舉步維艱，是為凶象。

兌卦：使人心悅誠服
才獲得由衷支持

　　本卦是「八純卦」之一，上下皆兌，充滿喜悅。卦辭云：「亨利貞」，在人倫事為一切順利。《彖傳》就卦體特徵而言「剛中而柔外」，言處事有似道家的「和光同塵」，以之言順天應人；剛中則有原則，柔外則能體恤民情，故能感格人心，以故「悅以先民，民忘其勞；悅以犯難，民忘其死」。因此「悅」便不止一般愉悅，而是指心悅誠服，只有這樣，百姓才勉力於事。

　　《大象傳》從講習角度言之，「麗（附也）澤兌」言沼澤相連，物產饒富，而兌為口，口口相對，研討有得，而感欣悅。《詩》云：「如切如磋，如琢如磨」，講習在於研討交流；《學記》云：「獨學而無友，則孤陋而寡聞」，參與者必志同道合而後有所得，故為官者要提升自己的修養，便須以朋友之道凝聚益友，所以說「君子以朋友講習」。

　　六爻之義，中心愉悅，並以誠意表而出之者吉；勉強而為，徒具形式者凶。

　　初九敵應九四：本爻得位敵應，安於其位，所以說「和」，「和」則相處有得，協調無間，自是吉象，《小象傳》認為這是自

信所行（行未疑）所致。

九二敵應九五：本爻居中有誠，故言「孚」。此誠於中而悅於外，自是吉象。下互為離明，開誠布公，故做事不會出現遺憾的情形。《小象傳》認為這是中心有誠所致。

六三敵應上六：本爻言「來」，「來」所表示者為由外而來，非由衷之情。以爻位觀之，失位乘剛，有冒犯之嫌；且處於下互離明，有揭人陰私之劣行，故本爻凶。

九四敵應初九：本爻失位敵應，兌為口，下應其初故云商量，然而未果，故心有未寧（受上互巽風之牽動）。本爻剛陽，處下互離明，故能阻隔陰氣疾病，而有可喜的結果。

九五敵應九二：本爻居中得位，故言誠（孚），然為上六陰爻所乘，有受欺之象，故爻辭以「剝」言之，此為危險之事。然此剝象乃居於正位所面對之橫逆，順之中有不順，乃人之常情。

上六敵應六三：本爻得位敵應，而處於上，兌卦之時將散，愉悅之情漸淡。故以非自然之法誘使之，雖有愉悅亦非真心欣賞，故《小象傳》言有缺失（未光）。

渙卦由原及流，變中有不變之義

「渙」為水之流散貌，因此本卦與水有關，由六爻之義顯示出來。依《象傳》之意，六四與九五得位，同為卦主，四陰承五陽，故言「柔得位乎外而上同」；二、五之陽爻同樣下據陰爻，故云「剛來而不窮」。上巽（木）與上互艮（門闕）構成宗廟等建築之象，「王假有廟」，乃就九五之位而言。下卦坎（水）與上卦巽（木），取象舟行水上，故云「乘木有功」。

《大象傳》云「風行水上」，其景象初則水波蕩漾，繼而江水滔滔，終則河流滾滾，以此表達「渙」的含義。水蕩漾不止，擬諸族裔，則開枝散葉，源遠流長，故須統之有宗，會之有元，由此言「先王以享于帝立廟」。先王建立宗廟，歷代祖先，按昭穆排位，歲時祭祀，以為追遠之意，並攝聚眾多之族裔。《大象傳》這一章表現了重視家族繁衍的中華古老傳統。

本卦共有四爻失位，且六爻之中，兩對敵應與一對偏應，故本卦之「時」出現諸多逆情，所幸一一化解，此本卦所以言「亨」。

初六敵應六四：本爻居於原位，以承中爻之陽，上下尊卑有序，故《小象傳》言「順」。爻象以「拯馬」（即去勢之馬，失強悍之氣）處此境地為喻，可獲吉祥。

聖言與人生：鄧立光博士文化專欄集

九二敵應九五：本爻言「渙奔其機（階）」，水流奔至宮殿台階。所幸居中，處變不驚，又因處於下卦坎（險）與下互震（動），有出險之象，故悔恨全消。

六三偏應上九：本爻言「渙其躬（身）」，上互艮為手，下互震為足，手足之間則為身。水流及身，出現險情，然有應於上，終得脫險，而無悔恨之事。

六四敵應初六：本爻言「渙其群」，由一身而及眾人，險情加深，然本爻得位承陽，一切安順，大吉之象。上互艮山，故為山丘，水勢及於山丘則不尋常了。

九五敵應九二：本爻之位特重，有四爻承輔之，故此一爻主宰全卦。而上卦巽（木）與上互艮（門）合為宮室之象，故云大水湧至王居之所，然居中得正，終無咎害。

上九偏應六三：本爻處上，下應於三，風行水上，「渙其血（傷也）去逖（通惕，憂也）出」，如此則水患消除，災禍終於過去。

節卦以克己復禮、節用愛民為要義

　　「節」的含義是節制，故《雜卦》云：「節，止也。」引申言之，守禮便是對自身言行的節制，故孔子非禮勿視、聽、言、動之說，即是「節」的表現。處事而有所節制，是本卦有亨道的原因。如難耐節制，則言行多有過患，占亦無補，故卦辭云：「苦節，不可貞。」

　　就六爻安排而言，本卦初二陽而三四陰，五陽而上陰，形成剛柔相間與二五中爻為陽的格局，故《象傳》言「剛柔分而剛得中」；至於「苦節不可貞」，則指上爻之處坎險之上，又遇敵應，身陷險境，故言「其道窮也」。本卦精神在於「當位以節，中正以通」，則指五爻之居中得正，下據群陰，暢通無阻，故為一卦之主；至於本卦大義，乃在「天地節而四時成，節以制度，不傷財，不害民」。天地有節制而四季得輪轉。推而廣之，用諸治道，便是以制度規章節約種種用度，使財用不虛耗，而百姓免受苛徵之苦，此即孔子言「節用而愛民，使民以時」之義。

　　《大象傳》由澤上有水而言節，而困卦《大象傳》則以水在澤下以言「澤無水」，故知卦象有取於自然環境某些特徵。沼澤之水不溢，可視為節制作用，故為官者須製作規矩數度以為管治

之用，而道德品行的準則也須有所議定，目的都是防濫。

初九正應六四：本爻上應坎險，如不出行便無禍咎。本爻可行而不行，則有所節制，而合於禮。

九二敵應九五：本爻居中，雖敵應，然處下互震，須有所動。應動而不動，則失時太甚。

六三敵應上六：本爻與二爻環境相若，皆處於敵應而震動的情況，自身又失位，於禮有乖，應有所節制，否則必有所失，徒自嗟歎。然最終亦無禍咎，以不動合乎卦時的緣故。

六四正應初九：本爻得位，與初爻正應，上承九五之尊，自身又在上互艮止，故安於節制，而得亨道。

九五敵應九二：本爻居中得正，樂於自我節制，又得陰爻所承，乃一守禮君子，此自是吉祥之兆。如有所往（表現）則有尚（賞）矣。

上六敵應六三：本爻處上，不能接受節制，不能克己復禮，且身處險境，是為凶象。然敵應難動，不失卦時之義，最終可免悔恨。

中孚卦強調以誠敬處事

《象傳》從卦體言之，三四陰爻而二五陽爻，故言「柔在內而剛得中」；下兌而上巽，故言「說而巽」，喜悅而謙遜，則必中心有誠；君子以誠待人，君主以誠安天下。開誠布公，能感化邦家，及於豚魚等一切有生之類，故孔子云：「克己復禮，天下歸仁。」孟子云：「萬物皆備於我矣，反身而誠，樂莫大焉。」此外，兌澤上有巽木，猶如舟行水上，而舟中虛則可盛人載物。「中孚」精神與天相應，故占者得此卦有吉象。

《大象傳》以澤上之風徐徐不迫，而言「君子以議獄緩死」。為官者面對獄訟，要明確不含糊，但恐有錯判，故於死罪特別慎重，這是臨事而敬的處事態度。用刑之精神，一則有所懲罰，一則予以自新。如必須處以死刑者，便當執行，不能判死而不受死，服刑若干年再以種種理由假釋，這樣雖貌似仁慈，實則在玩弄法規。今天世道人心大壞，刑律精神失正是重要原因。

初九正應六四：本爻悅而動，止於遜，是為吉象。以卦時言之，須用心專一，倘有其他想法便會造成紛擾。故《小象傳》云：「初九虞（安也）吉，志未變也。」

九二敵應九五：本爻與五爻同性相斥，而爻辭有鶴鳴互

應，並言「我有好爵，吾與爾靡（共也）之」，則「剛中」（陽爻居中位）敵應乃屬君子之交，互相敬重。

六三偏應上九：本爻失位有應，處於下互震上互艮之間，動止不定，進退維谷，故爻辭言得到敵情，而擊鼓前進者有之，向後撤退者有之；一則哭泣傷感，一則放歌示喜。如此場面，皆因失位使然。

六四正應初九：本爻處上卦巽，得位正應，既望（十六）以巽卦為配，故爻辭云「月幾望」。六四來應於初，為六三所阻，故有馬走失，然無禍咎，因上承九五的緣故，故《小象傳》云：「絕類上也」，言上承九五而放棄應於初。

九五敵應九二：本爻居上卦之中，得六四之助，在中孚之時，心繫天下，雖敵應而無禍咎，開誠布公之故。

上九偏應六三：本爻處一卦之極，具高傲之徵。所應六三亦屬中心無主，進退失據之位，「誠」之不再，如雞鳴之聲聞於上天，此於理有乖之事，如何能長久持續？恐怕凶事接踵而至矣。

小過卦取過正以矯枉為義

　　本卦「小過」是稍有過越的意思。「過越」本指不當言行；不取中道而取過與不及，此正是古人閱歷豐富的表現，誠如孔子言：「禮，與其奢也，寧儉；喪，與其易也，寧戚。」奢、儉、易、戚等都是過當之行。執中無法矯枉，矯枉必須過正，過正就是小過。因此，本卦之小過是有針對性的，否則便難以說通。有這樣的前提，才明白卦辭言「亨利貞」以及《彖傳》言「過以利貞，與時行也」的意義。以此，當社會風氣出現異化情況，個人操守偏離常規時候，小過卦時就會出現。

　　《彖傳》以爻位言「小過」。本卦居中之爻皆陰，而陽爻未能處中，故只可幹小事。卦體可聯想到飛鳥張翼之形態，然飛鳥鳴聲不全，則必有恙，此時向上飛則恐遭不測；向下飛則有停靠，是為吉象。

　　《大象傳》言山上行雷，此等事並不尋常，以喻世道有偏，禮樂有虧，故為官者此時應當行為甚恭，喪事甚哀，而日用甚儉。如此表現是以身作則，希望藉上行下效以改變世道歪風。

　　初六偏應九四：以飛鳥為喻，有應於上，而卦辭已云宜下不宜上，故本爻與卦時相違，是以有凶。

聖言與人生：鄧立光博士文化專欄集

六二敵應六五：本爻因敵應，往而折返，往則過三四陽爻，敵應而居原位，所以說「過其祖，遇其妣」；敵應故不能連繫六五之君，只能與六二之臣相遇。此言居中自守以正，自無禍咎。

九三正應上六：順從而往，不為之妨，結果遭到傷害，為大凶之象。本爻得位正應，一般情況下是吉象，但就本卦異常之時言之，常行反而不美。

九四偏應初六：本爻失位，偏應於下，下卦艮止，有防過行之效，故無咎。如欲往則向上，其過必甚，有失卦時之限，故在所必戒。

六五敵應六二：本爻失位自守，上卦震雷頻發，故有雲無雨，此蘊積而未發之象，表達居位自守之意。然本爻並非不理世事，爻辭云「公弋取彼在穴」，謂王公在洞穴中射取獵物，表明了是在暗裏做工夫，即孔子所云「其身正，不令而行；其身不正，雖令不從」的意思。

上六正應九三：本爻居最上之位，違反了卦辭宜下不宜上的限制。其位至高，如亢龍必有悔，其下場自是如飛鳥之遭射殺。

既濟之義：
沒有變化便沒有長治久安

「既濟」的意思是已經渡河，表示離開了危險，可以安定下來，故《雜卦傳》云：「既濟，定也。」然卦辭云：「亨小，利貞，初吉終亂。」如此則小事可得亨通。占得此卦者最初有利，惟最後會出亂子。按道理本卦六爻皆得位有應，是易卦的理想形態，而卦時又反映出一切都上軌道，有法可依，該是最理想的卦時，但其實不然。此由於本卦精神與《易經》的根本精神相違。易主變，故窮則變，變則通，通則久；本卦則不變，一主故常，天掉下來也依然故我，此即所謂不知變通，如此禍亂之發便不可免，故《象傳》云「終止（到了最後仍停止不動）則亂，其道窮也。」

《大象傳》言水在火上，此為煮食之正道。此種習以為常的情況，不易察覺出問題，然禍患常生於忽微，故好官者須「思患而預防之」。

初九正應六四：本爻經過下互坎水以上應六四，有應則不溺，但濕了尾巴，喻有點損傷。車行涉水需用力拖拉，所以說「曳其輪」。所應之六四在上互離（明）中，可謂先苦後甜。故

無咎。只要居位有應，便合卦時要求。《小象傳》云「義無咎」，只是從價值、意義上言之，並非事實上毫無損傷。

六二正應九五：本爻居中得正，往應九五而涉下互坎水，有阻滯，猶如丟失頭飾，但此對生命沒有直接傷害。不必尋覓失物，經七日而復得，此因卦時一切有定，沒有偶然，故過一段時間自能失而復得，此上互離明所起之作用。

九三正應上六：本爻處下互坎水，有阻滯，往應上六，又在上卦坎水，故一直不順利。有應故最終克服敵人。此時不能用小人固守，因小人會為利而忘恩負義。

六四正應初九：本爻處於下互坎與上卦坎之間，前後皆險，故有如華美衣裳之容易破損，須終日小心保護而後可免。

九五正應六二：本爻處於上卦坎險之中，又有上六凌乘之，憂患不離，故誠敬恭謹，不敢怠惰。如此自有天庇而獲吉祥。

上六正應九三：本爻處一卦之終，仍處坎險，所應九三亦在互坎之中，故沾濕了頭，處境十分危險。下一步便是遇溺了，故《小象傳》謂這種情況還能持續多久？

未濟卦：自強不息才有成功的希望

《易經》的最後一卦「未濟」，意思是仍未渡河，一切有待開展，前路充滿光明，但亦險阻重重。本卦六爻失位，一切重新開始，此猶完成一階段的學業是「既濟」，但同時也是「未濟」之始。人生道路就是由諸多的「既濟」與「未濟」所構成。

《象傳》精神總是樂觀向上，因此說「雖不當位，剛柔應也」。這表達了人生旅途雖然充滿荊棘，但「成功」與「美滿」不會拒絕有信心與毅力的人。如此之「剛柔應」，鼓舞了無數人屢敗屢戰，自強不息，最終令生命發放耀眼的光芒。

《大象傳》以火在水上，未能煮食，兩皆失位，故為官者要謹慎分辨事情的性質，不可錯配，這是管治成功的不二法門。能如此則主事者必須有能力有眼光，而且不偏私，才可獲得名實相副的結果。

初六偏應九四：本爻上應之九四處於上互坎，仍在水中，故以弄濕尾巴為喻，表示辦事之初便出現問題，故陷於羞辱之境。

九二偏應六五：本爻所應之六五在上卦離明，而坎卦有車輪之象，故坎往上應猶如拖拉車輪，步步踏實，緩緩向前，自是

吉象。

六三偏應上九：本爻身處兩坎（下卦坎與上互坎）之間，往前走仍然是水，所以說「征凶」。然而本爻亦處下互離，往應上卦離，一片光明，不為眼前困境所惑，因此說「利涉大川」。

九四偏應初六：本爻處在兩離（上卦離與下互離）之間，一片光明，因此爻辭云「貞吉悔亡」，然所應在坎險，故以征討為義，故言「震用伐鬼方，三年有賞于大國」。

六五偏應九二：本爻處離明之中，所以說「君子之光」，開誠布公自是吉象，雖往下應，入於坎險之中，亦不為災。因為大明在上，人心敬服，不敢叛逆，所以說「貞吉無悔」。

上九偏應六三：本爻為處事之最後階段，事之有成，值得慶祝，飲酒為賀，自不為過。然本爻下應之六三，處兩坎之中，為水所淹，如此則弄濕了頭，樂極生悲，喻功敗垂成。

「既濟」與「未濟」兩卦寄意尤深，其最終結果皆為遇溺，表達了「慎終如始則無敗事」（《道德經》六十四章）的道德要求，並寄寓成功非必然，須步步踏實才有美好明天的人生大道理。

孔子讀《易》

孔子與《周易》關係密切。籠統地說，《易傳》由孔子所傳，而細分之，則《象》、《彖》早在孔子之前已有，孔子講授而已；《文言》、《繫辭》、《說卦》三傳則為孔子講《易》匯編；《雜卦》和《序卦》二傳當為孔子之後的經師所傳。

《論語》記孔子云：「加我數年，五十以學《易》，可以無大過矣。」出土文獻馬王堆帛書《易傳》亦載孔子晚年讀《易》甚勤，隨身帶着《易經》，「居則在席，行則在囊」，愛不釋手。至於《論語》中曾子所說的「君子思不出其位」，出於《艮卦‧大象傳》，當為孔子所傳授者。

孔子讀《易》，多就卦爻辭說人生道理，由此開出義理易學新方向，與術數易成為易學兩大傳統。《繫辭》是孔子易說最集中的一篇，現拈兩例以說明之。

例一，孔子因噬嗑卦上九爻辭「何校滅耳，凶」而言：「善不積不足以成名，惡不積不足以滅身。小人以小善為無益而弗為也，以小惡為無傷而弗去也，故惡積而不可掩，罪大而不可解。」

這裏說到「積累」的問題，不斷為善而後有善名，不斷作惡

才會有惡名。不積則事情的本質和特點不會顯露出來。因此好的要積累，惡的則要避免，故《論語》中孔子言：「不遷怒，不貳過。」又言：「過則勿憚（粵音但）改」，這樣才能避免積累惡。

此外，孔子分析小人之所以是小人，因其對為善去惡的把握太淺，以為眼見才算數，故以行小善無助於得善名而不為，其實不論大善小善，其意義在於使善念持續，從而轉變心態，只要行善之心不斷，則如小溪之積漸而成江河，聖賢之道，須先在心地做工夫。

例二，孔子就益卦上九爻辭「莫益之，或擊之。立心勿恒，凶」而體會到君子如欲取得他人的信任和支持，則其言行有三項須注意，一是在沒有困迫的情況下做事，二是內心平和時才發表言論，三是有交情的人才可向其求助，這是得到支持的表現。如果自身有危時才行動，內心恐懼時才發言，求助於無交往的人，這些不但得不到他人的支持，而且外來打擊會接踵而至。孔子深刻的洞察，對今天的從政者有很重要的提示。

「《論語》與人生」序言

二千五百六十年前的春秋時代末期，在今天山東省曲阜的地方，有一位嬰兒出生，他後來影響了中國二千多年，至今影響力仍在，而且不斷增強。他是一位打不倒的文化偉人，他的生命帶着強烈的道德意識和閃耀着理性的光輝。他就是我們這個專欄的主角——孔子（西元前 551-479，名丘，字仲尼）。孔子的生平事蹟，最早見載於司馬遷的《史記·孔子世家》，而孔子思想言行的紀錄最集中的要數《論語》了。《論語》由孔子弟子及再傳弟子所編。在流傳過程中，《論語》有多個版本（《魯論語》、《齊論語》、《古論語》），篇數章數有異，西漢末年張禹糅合《魯》、《齊》二本而成《張侯論》，這就是今天我們讀到的本子。《論語》二十篇的篇名從首章選擇字詞而成，沒有深

義。但各篇都有編輯大旨，而章節的鋪排也有內在關連，雖然不是很嚴謹。

《論語》一書取名「論語」，值得探究。《漢書‧藝文志》云：「論語者，孔子應答弟子時人，及弟子相與言，而接聞於夫子之語也。當時弟子各有所記。夫子既卒，門人相與輯而論纂，故謂之『論語』。」這表達了本書是孔門師弟討論應答的學問傳授，以及弟子對師說的記錄，然未確切反映書名之義。其實「論」之一字，指涉周代行政教育制度。「論」原為西周以來的觀人選士之法，具體做法如東漢大儒鄭玄（康成）所說：「論者，考其德行道藝。」就是有關品格的考查和學問技藝的考核，並以此「論」作為任官的定評。孔子當日杏壇設教，採此制度遺意，對弟子的德行、道藝，時加考察，作為進德修業之功，此等考察語屢見於《論語》，故以「論語」名書。

此外，《論語》中有不少類於今天所言的「金句」，如「知之為知之，不知為不知，是知（智）也。」（《為政》）這猶如今天在大學的導修課上，學生報告完畢，導師就此評斷作結，這些「金句」評斷語也為「論語」之義所包含。

本欄繼《周易》以後，以《論語》續談人生智慧，是順流而下。希望本欄讀者如朱子所言「熟讀《學而》一篇，看得十章，便有長進。」（《朱子語類》）是所願焉。

「學而時習之」使人愉悅的原因

《論語・學而》第一章,可視為壓卷之章,第一句即孔子之言:「學而時習之,不亦說(悅)乎?」

孔子重視「學」,透過「學」才使人有文化,懂禮義,並且產生理想,有所追求。孔子發憤忘食,樂以忘憂,不知老之將至,說「十室之邑,必有忠信如丘者焉,不如丘之好學也。」(《公冶長》)好學是孔子成為仁者智者的重要原因。

「好學」,其意義不在於知識量的增加,而是明白事理,做個通情達理的人。「好學」可開啟理性及加強道德自覺,這些都是成就君子的必要條件。可以說不透過「好學」便無法成就有深度的人生。

「學而時習之」即反映了好學的情態。「時習」是按時研習的意思,「溫故而知新」(《為政》)就是時習的效果。「知新」不是獲得新知識,而是指新的體認,對於所學到的知識技能,定時複習,以消化吸收至生命中,從而提升自身的認知和判斷能力。

「學習」只是一種成就人的形式手段,學習的內容才重要,什麼樣的教材決定什麼樣的人物。自民初以來,我們全力西化,教育亦不例外。我們的西化不是有主客之別而兼容異質文

化，如古代的吸收佛教，而是兩手空空什麼都要，反客為主，本末倒置。遠的不說，就香港的中文教育而言，就是用外國人學中文的模式來教育中國人，但學習英語就以教授母語的方式處理，結果我們的學生中英文能力都嚴重不足，這種情況至今一仍舊貫，主權回歸亦絲毫未改。

「學習」的內容所以重要，因為文化傳承必須靠研習自己民族的典籍才可達至。民初以來我們一直以打倒自己的傳統為傲，以接引西方文化為榮，導致今天中華民族忘本與失德，全民族承受苦果已經免不了。可幸否極泰來，今天復興傳統文化已成為國家意志，這是中國人的福氣。

學而時習的課程，只有重新安排傳統文化的內容，方能培養賢能之人。至於由學習帶出的「悅」，屬理性反應，與情緒作用的「樂」不同。透過努力為學，不斷複習，使自身成為有教養的人，明白生命的意義與價值，決不作動物式的生存，這樣內心自然產生理性的愉悅之感。

遠方來朋與君子之德

孔子說：「有朋自遠方來，不亦樂乎？」「朋」原為貨幣單位，一串貝合成一朋，則「朋」表達了同類的涵義，引申為心志相通的人。因此「有朋」是指敬佩孔子，願意跟隨孔子學習的人，這些人後來都成為孔門弟子。朋既是遠道而來求學的弟子，則詩書六藝之道（道即所謂文化精神）的傳承不斷，才是孔子高興的原因。

「人不知而不慍（怨恨），不亦君子乎？」表現了「君子」的道德涵養。所謂「人不知」是指用世情志不被在位者所了解。後世讀書人因懷才不遇、志氣不伸而經常發牢騷。東漢末年劉備與諸葛亮的君臣相得所表現出來的知遇之恩，是讀書人時常稱頌的事，其反面便是「人不知」。孔子德高學博，然而從自己的父母之邦魯國以至其他諸侯國都不懂得賞識任用，這種長期失意，對一般人而言是何等的打擊，但孔子卻能說「人不知而不慍」，可見孔子精神與胸襟的高遠。

後世陶淵明的歸隱情懷是一種態度，當世情混濁，進用無門，則如孟子所言獨善其身，採菊東籬下，悠然見南山，過其義皇上人的生活，讀書人亦喜稱頌之。孔子則本着自強不息的剛健

意志，知其不可而為之，故對於隱逸，一則說「鳥獸不可與同群」，再則說「天下有道，丘不與易也。」（《微子》）表現出強烈的淑世佑民之心。

無人賞識之時，當如何自處？《學而》最後一章引孔子曰：「不患（憂慮）人之不己知，患不知人也。」明顯是呼應第一章「人不知而不慍」。孔子反省的重點是自己做得不夠，該努力提升自己，使自己更有本事。如果真有憂慮，那就是自己是否具備知人之明，有便不會錯估形勢，便知道事情之有順逆實在無法避免。孔子又說：「不患無位，患所以立。不患莫己知，求為可知也。」（《里仁》）重點不在名位的有無和得失，而在於自己有沒有得到位置所需的德性和才能；不憂慮沒有在上位之人賞識自己，而該用力於提升自己以使人賞識。

因此《學而》第一章表現了孔子好學不倦、傳道授業、大公無私的特質。能不計較個人得失，只問有否努力和盡力，則已走上希賢希聖的道路了。

行孝須用敬

「孝」是儒家的基本道德要求，是中國傳統文化最重要的道德指標。孔子對於孝，因材施教，但言及孝的本質，則由子游問孝所引發，孔子回答說：「今之孝者是謂能養，至於犬馬皆能有養；不敬，何以別乎？」（《為政》）

常聽聞某某人孝順，定時給予家用。故今天大眾對「孝」的理解多局限在奉養父母，不使凍餓一層，若只如此，則與飼養禽畜的分別何在？若謂其中還有愛，則養寵物者對之亦有憐愛之心，而寵物之死亦令其哀傷不已，然終不會對寵物產生尊敬之情。因此對父母愛而不敬，則仍不離飼養寵物之層次。只有加入敬意的孝才是真正的孝行。

「敬」從心而發，表現為對人與事的尊重。有敬心則為人行事必不苟且，而表現出認真與負責任的精神。人能守正，持敬使然，故敬勝百邪。勤懇之人，不論出身如何，都能表現出同樣的工作熱誠，所謂敬業樂業，而這又能獲得人們的敬重。

行孝沒有形式標準，誠如子夏言：「事父母能竭其力。」（《學而》）盡力而為就是了，能力不及，不算過錯。《孝經·紀孝行章》引孔子云：「孝子之事親也，居則致其敬，養則致其

樂，病則致其憂，喪則致其哀，祭則致其嚴。」此須用敬才真正知道父母所需與所缺，才會盡最大努力去補足，才能致其敬、樂、憂、哀、嚴。

事父母能竭力，所謂盡心盡力，是就精神與意志而言。具體孝行則須合於禮，故孔子說：「生，事之以禮；死，葬之以禮，祭之以禮。」（《為政》）此中之禮，具體表現因時代而異，然禮的精神無古今之別，側重上下尊卑之分（禮以別異），即彰顯差別性。這一點現代人可能把握不住，因為人們傚效西方價值，喜言親子打成一片，相處如朋友，而不知這是在傷害孩子。這種親子關係實際上是有意識的令子女失教，是導致時下年青人傲慢狂悖的重要成因。

《孝經・廣至德章》云：「教以孝，所以敬天下之為人父者也。」則孝敬父母，其義不止於自己一家，而且培養忠恕精神、博愛精神、利他精神。由孝順父母推而廣之，尊敬天下之為人父母者，這便由孝行提升至孝道了。

孝悌之人何以不好犯上作亂

孔子回應魯定公問君臣關係而言：「君使臣以禮，臣事君以忠。」（《八佾》）就事君以忠而言，要保證此「忠」不變質，而有求忠臣必於孝子之門的說法。《孝經‧士章》有云：「以孝事君則忠。」《後漢書‧韋彪傳》引孔子云：「事親孝故忠可移於君。」這些都是正面言孝與忠的轉移。這種轉移如何可能？孔子弟子有若便對孝悌與政治誠信之間的關係作了精闢的論述。

有子說：「其為人也孝弟（悌，音弟），而好犯上者，鮮矣。不好犯上而好作亂者，未之有也。君子務本，本立而道生。孝弟也者，其為人之本與（歟）！」（《學而》）這一章反映有子對孝悌這種德性的深刻體認。

孝順父母和敬愛兄弟的人，很少會做出犯上的事情。此中原因，是能表現孝悌這種德性的人，對上下尊卑的層級秩序是尊重的。「上下」本身就是一種自然的秩序，不是主觀意志所能改變的。上下之大者莫過於天地，天在上，地在下，人在天地中間，故天須仰觀，所仰觀者為尊；地須俯察，所俯察者為卑。人事亦然，居上位者為尊，處下位者為卑，這是人事中自然的尊卑之分。社會無論如何變動，一旦在結構之中便自然有上下級之

分，不是所謂專制獨裁所能創制，也不是民主自由所能瓦解。尊敬長者（在上位者），是內在的不容已的道德表現，因此有孝悌之行者不喜犯上，是德性使然。

既不好犯上，自然不會作亂。因為「犯上」與「作亂」有程度上的差異，作亂必自犯上開始，「犯上」是冒犯、侵犯居上位的人，在政治上就是欺侮君上長官，不守上下規則，若此等事不及早制止，則隨之而來的便是叛亂作反。因此專務道德修養的人，便須從根本做起，所謂「君子務本」，是指努力於孝悌，如此則謂之大本確立。心正意誠，由本生末，其他關乎層級分位之事自然有恰當的對應之道和處理辦法，此所謂「本立而道生」。

有子認為孝悌是仁的根本，已凸顯重孝精神。以尊重上下尊卑的自然層級，為仁心表現的基本特質，則孝子在朝廷（政府）是忠貞之臣，在民間便是自覺遵守社會秩序的良好市民。

進德修業不離學

時下言「學」就是讀書,「好學」就是勤奮學習。先秦儒家古義,好學在涵養德性,安頓生命,而不止於讀書。《論語》開篇所言之學,是成己成人,修身立德的必要手段。孔子說:「君子食無求飽,居無求安,敏於事而慎於言,就有道而正焉,可謂好學也已。」(《學而》)

孔子清楚說出何謂「好學」。「食無求飽」表達不貪圖口腹之慾,「居無求安」顯示不講究居所舒適。好學之人的心志不在追求物質生活,飲食能維持生命即可,居所可避風擋雨即可。這種甘於淡泊的生活態度,可用一「儉」字形容,「儉」也是道家所主張的重要人生態度。儒道二家對於物質生活都明確主張知足寡慾,因為生命的精彩不在追求生活享受與名成利就,而是在精神層次的提升,故孔子說「朝聞道,夕死可矣。」(《里仁》)

「敏於事」指積極投入做事,「慎於言」則不輕於許諾,然有諾必積極處理。這種「敏於事而慎於言」的人生態度是何等穩實而精進。「就有道而正焉」是接近有德行的人以求糾正自己的偏失。能有這種坐言起行的處事態度以及努力端正自己品德的責任感,就是《易傳》所云自強不息的君子。

子夏言娶妻要重賢淑，孝敬父母要盡心竭力，為政則鞠躬盡瘁，交友要言而有信。能如此，「雖曰未學，吾必謂之學矣。」（《學而》）顏淵不遷怒，不貳過，孔子讚為好學。（見《雍也》）可見「學」的功用在提升德性，而「好學」則是從努力修德以踐行於生活而言。

　　修德當然不止於讀書，但讀書當為根本。子路使未有行政經驗的子羔為費邑之宰（層次相當於鄉鎮級長官），孔子反對，子路卻說「有民人焉，有社稷焉，何必讀書然後為學？」就是說在實際的管治中吸收學習，不一定讀書才稱為學。孔子痛批子路油嘴滑舌，以偏概全，令人十分討厭。（見《先進》）由此可知，讀書為學重在修德，然離開了讀書為學而言修德，則缺乏文化深度，入於朱子所說的「徒行不明，則行無所向，冥行而已」（《續近思錄・為學》）。故為學一在涵養德性，一在開啟理性，使知倫類而行有一貫，則謂之善學。

刑政與德治禮教的互補

　　自古以來人類社會要有秩序運作，「刑政」是不可或缺的管治手段。今天我們所強調的法治，其本質就是對刑政的嚴格使用。但其缺失及補救之道，卻鮮為人留意。孔子以其深邃的人文關懷，對此有深刻的洞察，而說：「道（導）之以政，齊之以刑，民免而無恥；道（導）之以德，齊之以禮，有恥且格（來也，指歸心、愛國）。」（《為政》）

　　人性有生物慾求的部分，就是貪心與自私，且人非聖賢，以刑政維持社會秩序，是古今中外社會所不能免，然而孔子看到無可避免的後果是「民免而無恥」，即百姓畏於刑法而不敢為非，然而只要有法律罅，便鋌而走險，無所不為。請看香港今天干犯刑法的專才，他們的心態是否行險以徼倖？作奸犯科者打贏官司，法律不能入罪，即自視清白，這種羞恥感的喪失，稱為無恥。誠如孟子所說：「人不可以無恥，無恥之恥，無恥矣。」（《孟子·盡心上》）

　　孔子答子貢問士，說：「行己有恥」（《子路》），可見羞恥之心對於立身行事的重要作用。「恥」是對是非善惡的判決作用，並會對有虧於道德之行事感到不安與難堪，這就是「恥」的

表現，人禽之辨由此判分，故孟子說「無羞惡之心，非人也。」（《孟子・公孫丑》）

　　羞恥之心的培養，在於「道之以德，齊之以禮」，其效果是「有恥且格」，這是德治的價值所在，並可補救法治之失。一個人的思想心志以道德為尚，而言行合於禮法，這是教化使然。司馬遷說：「禮禁未然之前，法施已然之後；法之所為用者易見，而禮之所為禁者難知」（《史記・太史公自序》），可見德禮之教的大用。有羞恥之心，便有遷善改過的真正動力。德禮之教的具體做法，是教以孝悌忠信禮義廉恥，如《弟子規》：「父母呼，應勿緩。父母命，行勿懶。父母教，須敬聽。父母責，須順承。」這裏每一應對都是孝道的體現，這些都是正心誠意的前提，然須為童蒙之教才能鑄造小孩子的賢人性情。言行要避免過當或不及，就須用「禮」作規範了，這稱為禮教。

　　今天「有恥且格」顯得格外重要，因為人知羞恥，便不會指鹿為馬，顛倒黑白；良知仍存，便不會甘作洋奴，認賊作父，傷害國族。

　　　　　　（編者據「古道今談」〈羞恥心判辨人禽之別〉一文補訂）

孔子說「攻乎異端，斯害也已」

　　孔子說「攻乎異端，斯害也已。」（《為政》），對後世產生很大的影響。特別是「異端」一詞，現在我們仍用以指涉一些與主流價值觀不同或有抵觸的觀點學說。「異端」隱含了對其他人或社會造成不利影響的意思。今天所言的異見或異見分子（人士）都為「異端」所涵蓋。

　　本句意思，有些解說作「攻擊異端，其禍害便可制止」，充滿殺伐氣息，似非原義。「異端」含義自古以來，言人人殊。「異端」本身不可怕，怕的是「攻」。攻是專門研習的意思。「斯害也已」在版本流傳方面有作「斯害也已矣」的，「也已矣」是語尾助詞，表達深重的慨歎。今本作「也已」也當為語尾助詞，而不作停止之義的實詞。

　　因此本句意思是：「專門研習異端，會造成很嚴重的傷害啊！」孔子對「鄙夫」（只懂保一己權位的卿大夫）的提問，用「叩其兩端」的方法使其知難而退。（見《子罕》）因此，「端」是事情的首尾處，代指事情。「異」是與批評者的價值觀不符或抵觸的觀點。

　　孔子是以「仁」為出發點來關懷世道人心的。因此儒家思

想的重點在修己以治人。一個人如果對這樣的人文精神（仁）有真實領會，則形體的存亡便不重要了，因而說「朝聞道，夕死可矣。」（《里仁》）至於怪力亂神一類，孔子明言不語（《述而》），但不能說孔子不知或不習，只能說不強調，否則便成為巫覡卜祝之類的人。至於占筮，孔子說「不占而已矣」（《子路》），但也說「吾百占而七十當」（見帛書《易傳‧要》），因此孔子也是高手，然其宗旨則是「觀德義」，「吾求其德而已，吾與史巫同塗而殊歸者也。」（同前）

「異端」就是無補於修己與安民的思想學說。孔子沒有扼殺「異端」人文知識的用心，只因這些都是小道，無助於修己治人，故不適宜把精神心志都投放於此。這些小道自是知識一種，知亦無妨，如以之為價值判斷的依歸，則誤己誤人，故以一「害」字蔽之。孔子這句話的精神，子夏所說是最好的註腳：「雖小道必有可觀者焉；致遠恐泥（音利，難行之意），是以君子不為也。」（《子張》）

孔子説「學而不思則罔，思而不學則殆」

　　孔子學思並重（見《為政》），而所言之「思」，其義不止於思考一層，並寓有對道德內容的體認義。因物慾起念，為生理本能所牽引的種種計度，不算先秦儒家孔孟所說的「思」。明末清初三大師之一的王夫之（船山）對此有深切體認，他說：「只思義理便是思，便是心之官；思食思色等，直非心之官，則亦不可謂之思也。」（《讀四書大全說》）「思」是對生命中的道德本質逐步體會和肯定的過程。

　　「學而不思則罔」的意義自然不是指學習而不思考，學的過程即有思考在內，除非是只強調背誦的童蒙識字教學。因此本句意思是指如果對學習所得的知識技能沒有好好體會，沒有想想怎樣在生活中實踐，那麼對所學得的知識便不知有何作用，「罔」（迷惑）就是指這個意思。

　　「思而不學則殆」是說在體認（道德）上用功，卻疏於學習，「學」的內容在傳承民族經驗與智慧，以避免行事出現偏差。因此，思而不學很容易出現過猶不及的結果，「殆」的意思指此。有時我們對事情雖有體會，但有疑惑不解之處，會請教有見識的人或翻查資料，用以釋疑，這便是「學」的表現。孔子曾說：「吾

嘗終日不食，終夜不寢，以思，無益，不如學也。」（《衛靈公》）這所謂「困而學之」是也，可見孔子對學思關係的深切體認。

孔子言君子有九思，都是從道德角度言之。為學而能有成，與「思」有重要的關係。孔子說「君子有九思：視思明，聽思聰，色思溫，貌思恭，言思忠，事思敬，疑思問，忿思難，見得思義。」（《季氏》）這裏列出九種言行舉止，要表現合度便要透過「思」。「思」的重點在於決定如何表現才最有道德價值，因此，「思」屬於道德修養方面的內省工夫，即所謂慎獨，慎獨不能缺少「思」，否則無法有效反省。有了自我檢討的能力，才能成就德性。

孔門弟子之言「思」，義同於孔子。子張說：「士見危致命，見得思義，祭思敬，喪思哀，其可已矣。」以及子夏說：「博學而篤志，切問而近思，仁在其中矣。」（俱見《子張》）此中之「思」，作道德反省解，意思便完足了。

孔子說「君子不器」

君子，顧名思義是以成就德性為第一要事。「器」原指不同功能的種種用具，比喻人可貢獻於社會的專長。孔子知子貢長於辭令，屬政治專才（說客），曾以瑚璉之器（瑚、璉皆宗廟禮器）形容子貢。（見《公冶長》）以器喻人，乃就其能力與專長而言，並非貶義。另一方面，孔子說「君子不器」（《為政》）。

孔子對君子有「不器」的要求，其實義是要我們不局限於某些專業技能等，不是說不要培養專業才能，而是在此之外還有別的追求，那就是成就德性。形軀之作道德實踐，與培養專業知識及能力並不矛盾，但君子是以踐仁盡性為事，而非以成就專家為目的。因此孔子之言是指作為君子，不要局限於和滿足於具備某些專業知識與資格等。因為各種專業技能雖有其對應的範疇，但都屬技術層面之事，無法處理人生觀、價值觀的問題，故亦不能解決安身立命的問題。

先秦儒家的理想人格是德才兼備。孔子說：「誦詩三百，授之以政，不達；使於四方，不能專對（指單獨一人得體應對）；雖多亦奚以為？」（《子路》）飽學之士，若處理政事不知變通而生禍亂，出使外國不能隨機應變以維護國家利益，這樣的人就算

擁有再高的學歷，再多的專業資格，又有什麼用？這段意思從反面言之，就是「君子不器」。從正面言之，就是「行己有恥，使於四方，不辱君命」，「宗族稱孝、鄉黨稱弟」（見《子路》）。可見君子須德才兼備，善用其才以利益民眾社會國家，這就是德性的表現，是生命要事。

　　此外，孔子說君子之用人是「器（作動詞用）之」，即因材任用；至於小人之役使人則是「求備」（見《子路》），即求全責備，不近人情。孔子教導學生之法是因材施教，其用人之道則是因才任用，這是培養與任用人才最有效的方法。「君子不器」是由「學」而至於「道」的提點語，是要轉知識為智慧，思以如何成就他人，如此則精神心志通達上天，否則鮮有不為自身名利得失而打滾，縱有成功，也只是通達於庸俗。孔子說「君子上達，小人下達」（《憲問》），達有上下之分，人亦隨之而有賢不肖之判。

慎言慎行是從政的基本要求

子張（顓孫師，少孔子四十八歲）學干祿（求仕進）。孔子說：「多聞闕疑，慎言其餘，則寡尤；多見闕殆，慎行其餘，則寡悔。言寡尤，行寡悔，祿在其中矣。」（《為政》）孔子給予干祿之道的要點是干求者須修養其言行，提出修養三步驟：多聞多見、闕疑闕殆、慎言慎行。能如此則寡尤寡悔，這是獲得官祿的基礎。

本章所言的多聞多見，不是六藝（禮樂射御書數）之學的層次。「聞」指聽聞的前言往行，此屬掌故之類。「見」指自己目睹之事。因此「聞」、「見」是指過去與現在社會上所發生的事情，若就個人而言，「聞」與「見」則為眼見耳聞之事，屬生活層次的事情。

生活體驗多且深廣，則生活歷練便豐富，這是從政的基礎。只掌握了知識是無法有效處理好實際事情的，因此現代很多專科專業都有實習課程，使學習和實踐結合，才能有效運用專業知識於實際環境。從政者有生活歷練才知民間疾苦，貼近民情，他日為官推行政令才不會閉門造車，脫離現實，這是有意仕進的人需要具備的條件。

就所聞而有疑惑的便放下，就所見而知危險的便不從，這是理性的判決；重蹈覆轍絕非聰明有能力的表現。至於明確無疑的事情，也不能隨意套用，須言行謹慎。「慎」帶出一種穩重的態度，因為「無疑」有可能是自己的認識不足所致。這裏的兩重保障（有疑的要放下，不疑的也要謹慎），是最大程度去避免犯錯，能如此便可謂成熟穩重，但仍只可說少犯過失（寡尤）和少生懊悔（寡悔），因為人際關係複雜，言行的結果不是有主觀意願便可決定，還有別人的反應，這卻不是完全操之在我的。

「祿在其中」所表達的意思，不是聞見廣博與慎言謹行便能當官，而是指出這些都是仕進的基礎。能否仕進，則有命在焉，故孔子說：「富而可求也，雖執鞭之士，吾亦為之；如不可求，從吾所好。」（《述而》）雖然如此，但我們當如孔子所說：「不患無位，患所以立；不患莫己知，求為可知也。」（《里仁》）努力自我充實，以創造良好條件，餘下來便是「時機」的問題了。

孔子對善惡的三層觀察法

孔子評價人的善惡，是透過一立體式框架來觀察，由於這種觀察方法深入細膩，使人無所遁形，故令人極不自安。《大學》有云：「小人閒居為不善，無所不至，見君子而後厭然，揜其不善而著其善。」這種掩飾在孔子面前是無法隱藏的。孔子說：「視其所以，觀其所由，察其所安。人焉廋（音修，隱匿）哉？人焉廋哉？」（《為政》）

孔子觀人，由末溯本，由顯至隱。由「視」而「觀」而「察」，一層比一層深刻。第一層是「視其所以」。「視」為眼之所見，即最明顯可知的言行，此稱為「所以（為）」，事行表面好壞易見，也最易掩飾。孔子考察一個人的善惡，不會就這一層事行之表象而下定論，而我們現在往往以此來定人的善惡，便失諸粗疏，因為「小人之過也必文（文飾）」（《子張》）。

第二層是「觀其所由」。「觀」是就其事行回溯其原因及發展過程，這由開始至當下的過程稱為「所由（由來）」。這種逆溯，是把出現此一事行背後的原因都考查了，也就是了解什麼原因導致事情如此發展過來。就這一層而言，行事者仍可提出種種正大理由，故亦不太容易言其善惡。因此要有最後一關，觀察當

事人的精神意態。

第三層是「察其所安」。這是最深細的觀察法,「察」是仔細分辨。「安」指對事行所流露出來的精神意態,究竟是坦然還是虛歉。這較諸觀察其人所抱持的態度還要深刻,因為安與不安反映了行事者的內心世界。安與不安,就是人內在德性的反映。安於善言善行,不安於惡言惡行反映其人宅心仁厚,反之則居心不良。透過事行本身、背後的原因和經過,以及行此事的精神心態這三層次的研判,一個人的善惡便無所遁形了。

此外,孔子說「人之過也,各於其黨(私意),觀過,斯知仁矣。」(《里仁》)孔子通過三層觀察善惡的方法,對人性有深刻的了解,因而說人犯過失,是由自私心態所造成。觀過目的不是非議他人,而是知道仁德該如何表現,並且有更積極的意義,便是「擇其善者而從之,其不善者而改之」(《述而》)。他山之石,可以攻玉,才是觀過的最重要意義。

禮的本質和精神

《禮記·曲禮上》有言：「鸚鵡能言，不離飛鳥；猩猩能言，不離禽獸。今人而無禮，雖能言，不亦禽獸之心乎？」這個說明生動有力，指出學「禮」行「禮」的重點，是表現出人之所以為人，「使知自別於禽獸」，這也是人禽之辨的一個角度。

孔子及身已是禮學大家，年青時曾不遠千里，由家鄉（今山東曲阜）去雒邑（在今河南洛陽），問禮於老子。所謂禮，包括了不同層次的內容，可從多方面論述，然而要把握禮的精髓，便要從禮的根本說起，才能有條不紊地理解禮所指涉的不同內涵。

按一般理解，禮是具體儀文，用以分別身份等級，然孔子由此透入禮的本質，體認到內在的道德精神，才是禮的根源。有人對於孔子入太廟而每事問，批評說：「孰謂鄹（音周，在曲阜東南之邑）人之子（此指孔子，帶有輕蔑之意）知禮乎？」孔子回應說：「是禮也。」（見《八佾》）這是以道德精神來立說。

孔子入魯國太廟而事事詢問，可見孔子對宗廟之禮有濃厚興趣，也反映了孔子的士人身份沒有機會學習宗廟禮樂。俗情以孔子之不清楚明白為不知禮，是認知局限在儀文一層所致。「知之為知之，不知為不知」（《里仁》）就是不自欺的誠實表

現，孔子以不知則問為合禮，就是緊扣道德精神而言，而這就是禮的本質。

孔子從精神價值來把握「禮」的根本意義，因此當林放（孔子弟子）問禮的本質時，孔子十分讚歎，說：「大哉問！禮，與其奢也，寧儉；喪，與其易（整治）也，寧戚。」（《八佾》）從儀節而言，行禮與其表現奢華，不如儉約；對於喪事，與其只重視儀節完備，不如有哀戚之心。這樣的對照，目的是要帶出禮的根本不在形式，而是能否表現道德精神。因此孔子說：「禮云禮云，玉帛云乎哉？樂云樂云，鐘鼓云乎哉？」（《陽貨》）難道禮樂就只是此外在的玉帛鐘鼓嗎？

禮的本質既是道德情感，則禮的形式便應反映此一本質，即荀子《禮論》所謂「稱情而立文」。相反，若做失德之事，就算禮儀合度也不能稱有禮。魯國卿大夫季氏僭越，用天子禮樂，則禮樂越完備越顯其不忠。孔子感慨說：「人而不仁，如禮何？人而不仁，如樂何？」（《八佾》）謂季氏此等不仁之人，欺君犯上，悖逆大倫，禮樂又能表現些什麼？因此當禮制不能維持上下尊卑的秩序，以致政治動盪、社會不寧的時候，便稱之為「禮崩樂壞」。

（編者據「古道今談」〈禮之本質，道德情感〉一文補訂）

君子無所爭，其爭也君子

孔子說：「君子無所爭。必也射乎！揖讓而升下而飲，其爭也君子。」（《八佾》）這表現了深刻的道德意識。

人與禽獸皆具生物本能，故不能免於爭。一旦有爭，便有成敗。人人對此都很清楚，因此努力充實自己，力爭上游。在力爭上游的過程中，大家是處在互相提升的狀態，還是成者為王，敗者為寇？便要看這個社群是處在怎樣的文化氛圍中。從「君子無所爭」與「其爭也君子」，便體現出我們的傳統文化是以成就德性為目的。修德則顯利他之心，而樂於助人，故爭鬥之心自然不生，所以說「君子無所爭」。

競爭如作為考核、考試，以評定學習成果，是所謂良性競爭，只要不附帶利益得失，則是不成問題的。孔子認為如果要競爭，就用射箭比賽（必也射乎），而且在一套禮儀（射禮）的規範下作賽。登上台階前行揖讓之禮，賽後下台亦復行此禮，而輸者飲酒（揖讓而升下而飲）。比賽過程中，大家尊重規章制度，在相同的條件下各自施展能力，競爭旨在比試準確程度，此有客觀標準，這種爭就是文明之爭。但如不斷妨礙騷擾對手，使其分心分神而招落敗，則勝之不武而為人所不齒。君子公開較技，不

作私鬥；揖讓而升下，賽輸罰飲酒，皆合禮度。所以孔子以六藝之射為君子之爭。

「君子無所爭」是一全稱命題，在任何環境之下都如此。君子強調人禽之辨，努力轉化生物本能為道德行為。出處去就、聲名利益等，孔子明言取之有道，所以說：「富與貴是人之所欲也，不以其道得之，不處也；貧與賤，是人之所惡也，不以其道得之，不去也。」（《里仁》）取之有道，非道不取，則自有一套道德原則在。然一旦有需要，則所得是可以放棄的，所謂捨生取義即是。這種利他精神，與佛家無執之旨相通。

從另一角度觀察，一個人德行的高低，看其對「私」所持的態度。私心重則難以不爭。故君子為政，須有廓然大公之心，然後可以行利民善政，故老子云：「聖人無常心，以百姓之心為心。」又云：「上善若水，水善利萬物而不爭。」老子和孔子，在公私爭讓方面的觀點是一致的。

其身正，不令而行；其身不正，雖令不從

孔子指出統治者「其身正，不令而行；其身不正，雖令不從。」（《子路》）再引申出「政」的意義，強調統治者必須修德，才能出現良好的管治效果。在上位者自身的品德如何大大影響管治，故有明君賢主與昏君暗主之分，這也是中國傳統政治思想的重要原則，故其後有《大學》的三綱領八條目，而歸結為「自天子以至於庶人，壹是皆以修身為本，其本亂而末治者，未之有也」。

古代有一則著名的故事，出於《墨子・兼愛中》，是敘述楚靈王喜歡士人細腰，故其臣子體貼上意，日食一餐以求瘦腰，過了一年，朝中官員面色黎黑，健康出現問題。《管子》亦載「楚王好小腰，而美人省食。」其後便成為熟語：「楚王好細腰，宮中多餓死。」（《後漢書・馬援傳》所引）可見統治者的好惡對人心社會產生的重大影響。

孔子對這種上行下效的現象體會甚深，一次藉季康子（魯國上卿）問政而發揮為政之道。孔子說：「政者，正也。子帥（率）以正，孰敢不正？」（《顏淵》）指出為政的關鍵在於個人的德性修養（所謂操守），表現為心態思想言行一整套代表個人德性氣

性的內容能否中正不偏，否則便如《大學》所云身有所忿懥、恐懼、好樂、憂患皆不得其正。「政者，正也」非一般字義訓釋，而是點出德行是為政成敗的關鍵。

「子帥以正，孰敢不正」是說以公正不偏之心為政，則下屬便有所依循。一個社會的風氣如何，只要看看政府的施政便可知道，而政府如何施政，又與領導人的品格思想有重大關係，故中國自古以來重視聖君賢相，就是了解到這個連帶的關係，而源頭在管治核心。今天實行民選制度的國家，何嘗不因政治領袖的敗德而影響制度的公正運作，而傷及社會民生。

季康子問以刑殺改善管治，孔子回答說：「子為政，焉用殺？子欲善而民善矣。君子之德風，小人之德草，草上之風，必偃（音演，迎風倒下）。」（《顏淵》）只要統治者先做好自己，自能不用刑殺而社會安和。風草之喻，源出《尚書》，孔子承用，放之今日，仍不過時，故知聖賢之道，歷久彌新。

舉直錯諸枉則人民賓服

　　要有效管治一個社會，統治者自身是否修德是一個重要因素，由什麼人主持政府運作是另一個重要因素。要達到《周易‧泰象》所云「君子道長，小人道消」的政治境界，只有賢人在位才可。賢人主政才能有效維持社會的健康發展。

　　魯哀公問孔子怎樣做才能使百姓服從，孔子回答說：「舉直錯（同措，安置之意）諸枉則民服，舉枉錯諸直則民不服。」（《為政》）君子正直不阿，小人則歪曲諂媚，故孔子分別以「直」與「枉」指稱。只有舉薦正人居領導之職，才會出現「民之所好好之，民之所惡惡之」（《大學》）的治道，而百姓可安其居樂其俗，如此自然歸心；若小人在上位，則百姓受苦多矣。

　　因此，推舉賢人是為政要務之一。仲弓（冉雍，孔子弟子，少孔子二十九歲）問如何舉賢才，孔子回答說：「舉爾所知，爾所不知，人其舍諸？」（《子路》）因此，統治者先就自身所知的賢才，舉而用之，其他未被發掘的賢人，自能被其他人推舉出來。這是平實有效招聚賢人的方法。

　　樊遲（樊須，孔子弟子，少孔子三十六歲）問有關仁智的問題，孔子答以關愛他人與了解他人，並進一步說：「舉直錯諸

枉，能使枉者直。」前者是智者之行，後者表現出仁者之心。子夏（卜商，孔子弟子，少孔子四十四歲）對此引用史證，說「舜有天下，選於眾，舉皋（音高）陶，不仁者遠矣。湯有天下，選於眾，舉伊尹，不仁者遠矣。」（《顏淵》）虞舜和商湯能從眾多臣子之中甄選出賢人，薦（舉）而用之，如此則小人退避，政治清明。

親賢遠佞（指善於阿諛奉承的人）是治理好社會國家的不二法門。把賢能的人置於不肖者之上，便能推行利民措施，反之則苛政猛於虎，百姓遭殃。所以選賢舉能是傳統政治思想中非常重要的用人大法。今天一般人對官員的要求是稱職，不必強調賢不肖，認為只要法規完備，大家便能循規蹈矩。現實情況卻是佞人小人當政，整個制度被私意扭曲成圖利的工具。因此任用賢人是所有制度及法意能落實的有效保證，是不論在什麼制度下都不能或缺的一項。

善政持續而後有良風美俗

　　孔子認為一個社會如果要形成良風美俗，則統治者的素質和政策的持續與否是關鍵。從理想角度言之，王者（德才兼備的明主）自是最佳統治者，王者有文化理想，故不止推行仁政，還要仁風廣披，化民成俗。然而要形成良風美俗也非一朝一夕之事，孔子說：「如有王者，必世而後仁。」（《子路》）一世所指為三十年，一個社會或國家要文教大盛，百姓敦品立行，父慈子孝，兄友弟恭，造就一個有道的社會，需要三十年的時間。這反映了孔子對風俗民情有深入觀察，而且不會落入沒有政治實踐經驗的空想。

　　稍次的統治者，即孔子所言的善人，由他們治理國家亦可。「善人」的特質從孔子所言有所反映：「善人，吾不得而見之矣；得見有恒者，斯可矣。亡而為有，虛而為盈，約而為泰，難乎有恒矣。」（《述而》）因此「善人」踏實無欺，能堅定不移地做好自己。「善人」鄰於賢人，但「不踐跡，亦不入於室」（《先進》），即不依循舊制，對事情的理解也不深入徹底，只求大方向無誤。故文化承傳中的因革損益，在「善人」心中可無必要，而就當前情況而切實制訂利民政策便是。

孔子說：「善人教民七年，亦可以即戎（兵器）矣。」（《子路》）善人為政，教民七年而可執兵器保衛國家。這是教化有成，民有向心的結果，用現代語言就是有愛國情操，才能擔當保家衛國的責任。「善人為邦百年，亦可以勝殘去殺」一語，孔子是認同的。（見《子路》）善人因文化底蘊不足，文化理想不備，然以善心為政，也有實效。殘暴之人，可不使為惡，而人民安其居樂其俗，家給人足，不犯法紀，故雖質樸而用不上刑殺。等而下之的管治就是「道（導）之以政，齊之以刑」，法令可以急速推行，亦無人敢不守法規，然而最後卻是「民免而無恥」，社會風氣澆薄。如善人為政，則是「道（導）之以德，齊之以禮」，以道德教化正人心，最終百姓「有恥且格」，民德歸厚。所謂十年樹木，百年樹人，有道社會是經過長期的文教護持才有可能實現，用政治熱誠只能造成短暫的假象而且終久必敗。

爾愛其羊，我愛其禮

　　子貢欲去告（音谷）朔之餼（音氣，在生的祭祀用家畜）羊。子曰：「賜也！爾愛其羊，我愛其禮。」（《八佾》）「告朔」是指周天子在年終頒予諸侯來年曆書，諸侯將曆書藏於祖廟，並於每月初一親臨祖廟，殺羊致祭後回朝聽政。春秋時代，魯國的告朔禮已廢，剩下虛儀，君不臨廟，殺羊了事。因此子貢想取消殺羊。孔子則回應說：「你珍惜餼羊，我珍惜此告朔之禮。」子貢的想法建基於實用思想，就是人君既不行此禮，殺羊祭祀便失去意義，與其繼續虛行，不如予以取消。孔子的不認可並非不切實際，而是表現了文化卓識和深遠的政治考慮。保留餼羊，則典禮儀節仍在，政治傳統依然，否則便告中斷。

　　禮儀制度的產生有其嚴肅的意義，孔子既然提出夏商周三代之禮有因革損益（見《為政》），則革損之道孔子是贊成的，因此保留告朔之禮，目的是維持周天子與魯國諸侯君臣一體上下的關係，就是維護周天子作為天下共主的形式。只有這形式不廢，政治制度才能延續其生命力。因此，魯君雖不行此禮，但若有明君繼起，便可馬上回復制度的精神。這一政治遠見是子貢所照察不及的。

孔子的想法涉及今天所言的國家意識。周代雖然行封建制度，但周室代表中央，而各地諸侯代表地方首長，代中央管治地方。孔子尊周室，具有大一統的政治思想，就是今天所說的尊重中央，反對地方自行其是，不聽節制，以維護國家完整。這類思想在《論語》中處處有反映，如「天下有道，則禮樂征伐自天子出；天下無道，則禮樂征伐自諸侯出」（《季氏》）即是。

　　君君、臣臣、父父、子子，名實相副才是有道之世的特徵，「禮樂征伐自天子出」便是政治上的名實相副。孔子所珍惜的告朔之禮，循名責實，便反映出君臣上下的關係，只要禮文不廢，則此一關係仍在。至於子貢，僅就眼前所見，制度儀文能如實踐行則可，不然則廢。其視野是現實的，功利的，短暫的，缺乏了縱深的文化意識及國家觀念。孔子身後，子貢逐漸成為奔走諸侯間的說客，以利害關係攻人主之心，觀乎餼羊一事即見其端倪。

三年喪期，報本反始

孔子與弟子曾因喪期長短而有爭論，《陽貨》篇有較詳細的記載。宰我問：「三年之喪，期（音基，一年也）已久矣。君子三年不為禮，禮必壞；三年不為樂，樂必崩。舊穀既沒，新穀既升，鑽燧改火，期可已矣。」這是功利思想的反映。宰我認為喪期三年（依《禮記》實則守喪二十五個月）則禮儀因不習而生疏，樂章因不彈而忘失，這是很嚴重的退墮。上年的穀已割盡，新年插下的秧已長高；而取火所鑽之木，四季輪轉（春用榆柳，夏用棗杏，秋用柞楢，冬用槐檀）。因此，自然界和生活之事，都是一年一循環，喪期亦當與此相應。

孔子不以為然，問宰我：「食夫稻，衣夫錦，於女（汝）安乎？」宰我答：「安！」孔子說：「女（汝）安則為之！夫君子之居喪，食旨不甘，聞樂不樂，居處不安，故不為也。今女（汝）安則為之！」孔子問宰我一年喪期之後，吃米飯，穿織綿衣裳，內心安和否？宰我竟說安和。孔子讓宰我自行選擇，說「女（汝）安則為之！」然後解釋君子因思念亡親，食而不知其味，聽而不聞其聲，居而不覺其安，故沒有心情注意飲食穿戴的美惡好醜。孔子解釋完畢，重複所說：「今女（汝）安則為之」，引

導而不抑制，用以激發宰我的良知。

　　宰我退下之後，孔子才作批評，保持了宰我的尊嚴。孔子向其他弟子說：「予之不仁也！子生三年，然後免於父母之懷。夫三年之喪，天下之通喪也，予也有三年之愛於其父母乎！」三年喪期普遍遵行，原因是報本反始；嬰兒由出生至三歲皆在父母襁褓之中，故父母喪亡，就以三年為期報答父母養育劬勞。現今宰我強調喪期一年，則宰我對其父母是否有三年報本反始之敬愛？以此點明宰我何以不仁。

　　三年之喪不論是否普遍施行，但這樣做是為求心之所安。孔子以安不安反質宰我縮短喪期的想法，反映孔子對道德心靈有很深的體會，並由安與不安點出仁與不仁，把「仁」置於內心道德價值的反應之上。宰我則以眼前的實際效益衡量得失，因此他的安不安是建基於利害得失之上。喪期之辯，反映了道德價值與功利思想不可協調的一面。

「達」與「聞」，二者情近而理悖

子張（姓顓孫名師字子張，少孔子四十八歲，為孔子晚年弟子）問：「士何如斯可謂之達矣？」子曰：「何哉，爾所謂達者？」子張對曰：「在邦必聞（音問，名聲也），在家必聞。」子曰：「是聞也，非達也。夫達也者，質直而好義，察言而觀色，慮以下人。在邦必達，在家必達。夫聞也者，色取仁而行違，居之不疑。在邦必聞，在家必聞。」（《顏淵》）

子張問及士人怎樣表現才能稱為「達」？孔子不直接回答，而是反問子張：「你所言的『達』是什麼意思？」這是用了反詰法來教學，由關鍵詞着眼，要提問者先釐清自己的問題。孔子沒有讀過語意學，但聖人的智慧就是如此生發光芒。孔子順隨子張的說明而設教，在反詰後是正面的指點教導，這就是聖人護持人倫的不容已之情；有破必有立，而立在道德無可爭辯之地，這是中國傳統文化的正大處。

子張認為「達」是聲名四處流播，在邦國之中人人皆知，在卿大夫之家（有領地與百姓）中人人皆知。孔子的回答是這只是聲聞（即指虛聲）而已，然後說「達」所指的，是「質直而好義，察言而觀色，慮以下人」。就是說其人品性正直（質直），當為

則為（好義），能洞悉別人說話的真實意涵（察言），能鑒別他人意態的內心情實（觀色），能思慮如何謙虛處下以成就人（慮以下人）。這樣有德性有智慧的人，必然人人皆知（在邦必達，在家必達）。

孔子對「聞」作正面解釋，謂這類人矯情造作，貌似善人，行為卻與之相反（色取仁而行違）；表裏不一，德性薄弱，卻居之不疑，自以為是，誠《中庸》所謂「愚而好自用，賤而好自尊」。這類沽名釣譽、專務虛聲的行為，當然也能使自己在邦在家人人皆知。

孔子的反詰與正答，借「聞」、「達」二字闡發成己成物的道德人品，意思逐層深入和開展，顯示「君子上達」與「小人下達」的歸趨及表現。孔子教導弟子，於道理必毫分釐析，是非黑白，不容混淆。因此孔門弟子、儒家之徒多立身持正，不媚俗阿世，這是孔子思想教化對中華民族的一大貢獻。

「繪事後素」透出之儒家治學態度

子夏問曰：「『巧笑倩兮，美目盼兮，素以為絢兮』，何謂也？」子曰：「繪事後素。」曰：「禮後乎？」子曰：「起予者商也！始可與言《詩》已矣。」（《八佾》）

子夏讀《詩·衛風·碩人》至「巧笑倩兮，美目盼兮，素以為絢兮」三句時，不甚明瞭。前二句是描繪絕世美人莊姜（春秋初齊莊公之女）的笑靨含蓄甜美，眼眸流轉迷人，然而第三句的「素以為絢」與前兩句有什麼關係？子夏想不明白，便請教孔子。孔子說在白色的素絹繪上文采，繪畫是在素絹上開始的。這原本是在解釋繪畫的技巧，而《詩》要表達的，是神韻動人的美女形態，在素絹上的畫像展現出來。

子夏舉一反三，問禮文是否後起的呢？這一問，顯示子夏對「禮」的價值意義及形成曾有深入的思考，故念茲在茲，這也是孔子以《詩》、《書》、禮、樂設教的必然結果。孔子對子夏的觸類旁通十分讚賞，並說子夏啟發了自己。「素」喻人人皆然的生命本質，有屬情感層次的，有屬心性層次的。禮文無論如何細緻周到，都須本於人心才有時效；所謂稱情而立文，禮文如此才有生命力，否則便成虛文，甚至成為行惡的藉口，如篡奪他人政

權而稱之為禪讓，真是「人而不仁如禮何」了。

　　子夏能舉一反三，以此為孔子認可，而有能力說《詩》。這反映孔子以《詩》、《書》設教，目的不在博聞強記，而是觸類旁通，學以致用；讀書是培養心志與能力的手段，真正有學問的人都是有思想而且具備辦事能力，所以孔子說：「誦《詩》三百，授之以政，不達；使於四方，不能專對；雖多亦奚以為？」（《子路》）《詩》熟讀了，如政府授以職權卻無法貫徹政令，出使外國又不能維護國家尊嚴，這樣子讀書再多又有何用？

　　在我們的文化傳統中，咸認為讀書在明理，明理以用世，只有自利利他的學問才是活學問。好學而能切磋琢磨，尊賢敬長，又能敬畏天命敬畏聖人之言，才是儒家治學真本領。今天攻習儒學者，類多入乎耳出乎口之口耳之學，不能立己立人，達己達人，卻高言學術之價值自足，這是孟子所言之「大丈夫」無法出現的重要原因。

（編者據「古道今談」〈讀書明理能活用，觸類旁通最重要〉一文補訂）

治學心法：吾道一以貫之

孔子學問很大，好古敏求，多學而識（音志，記憶也）。這樣的大學問究竟如何成就？孔子對此曾有整體的思考，把自己作為客觀對象而審視其學問人品，這需要高度的自覺和反省能力方可。就常情而論，成就學問是因為好學和博學，這當然是不可或缺的條件，但如局限於這一層，則最多只是知識豐富，認識面廣。大學問是在這一層之上，有道德和識力作引導，然後化知識為智慧以解決問題。

孔子的大學問，極高明而道中庸，當中為學心法，是孔子要傳予合適弟子的。子貢聰明好問，然於孔子學問似未有好好體會，因此孔子提點說：「賜也，女（汝）以予為多學而識之者與？」子貢回答說：「然。非與？」（當然是這樣了，難道不是嗎？）孔子復說：「非也，予一以貫之。」（見《衛靈公》）直接指出自己的學問並非由博學強記而得，而是有一價值原則為機栝，把知識貫串起來。這一提點，教導了後世一個大原則：治學如果沒有價值觀的支撐，是沒法成就大學問的。

孔子同樣向曾參言治學心法：「參乎！吾道一以貫之。」這與子貢的對話有別，對子貢言「學」，對曾子則言「道」。此應

與曾子屬道德踐履之士有關，亦見孔子因材施教之一斑。曾子明白孔子所言，故應諾不語，然在場的曾子學生卻不明白，故孔子離開後，便問剛才孔子所言是什麼意思？曾子回答說：「夫子之道，忠恕而已矣。」（見《里仁》）忠與恕都是德性的表現。從正面言之，盡己之謂忠，指不含私心的盡力幫人；從反面言之，推己及人之謂「恕」，即己所不欲，勿施於人。

常人行事，雖有欺人，卻不能自欺；在己之心，是非善惡，歷歷分明。因此由良知作主，則人性中的道德內容便自然流露，忠恕之行自在其中，此時如孟子所言「擴而充之」便是了，故修德之要在使良知呈現。「一以貫之」是就道德駕御知識而言。因此，知識是道德踐履的載具，是成就德性的助緣。如以知識豐富及價值中立為高尚，就孔門儒家思想而言，皆屬捨本逐末，「買櫝還珠」（要保護珠寶的盒子而不要珠寶）之舉。

孔子看富貴貧賤

孔子對於如何處富貴貧賤，有明正的態度，不像流俗的趨避。言道德者必於人性有深入體會，而後知道修德的用力所在。家境富裕與地位隆崇，代表某些成就，自然是人人希望獲得的。相反，生活貧困和地位低賤，則是失敗的反映，也是人人厭惡的。如果我們只是順着這一層價值觀來指導生活，則其人必定膚淺庸俗。

孔子明確提出處富貴與脫貧賤必以其道的要求：「富與貴，是人之所欲也，不以其道得之，不處也；貧與賤，是人之所惡也，不以其道得之，不去也。」（《里仁》）這裏所言的「道」指道德原則，求富貴從正面言之，有利於人，也心安理得者，即合乎道的要求；反面言之，求富而不損人，不作奸犯科如走私作假、謀財害命等事；求貴則不奔走逢迎、不植黨營私、不排斥異己等。

求富貴脫貧賤而失去了道德前提，則寧安處其中以保人品人格，故孔子說：「飯疏食飲水，曲肱而枕之，樂亦在其中矣。不義而富且貴，於我如浮雲。」（《述而》）顏淵善處窮，「一簞食，一瓢飲，在陋巷，人不堪其憂，回也不改其樂」，孔子賢

之。（見《雍也》）孔顏處貧而樂，乃因深切體會到生命價值的彰顯在乎道德精神的發皇。

作為君子，心志是希賢希聖，工夫是修德不懈，這是君子可貴之處。因此孔子在說完處富貴貧賤之道以後，繼言「君子去仁，惡乎成名？君子無終食之間違仁，造次必於是，顛沛必於是。」此言沒有一刻違仁，在慌忙之際以及流離失所的情況下，也不違背道德。表面看來這要求很嚴苛，實際上孔子要指出修德的兩個重點，一是存養工夫，一是修德須持續不斷。

存養工夫在孟子已有提及，如養心莫善於寡慾（見《孟子·盡心》下）。至於道德特質，須恒常不易，如今天作好，明天作歹，便如荀子在《勸學篇》所說「倫類不通，仁義不一，不足謂善學」了。「君子」是既有存養工夫，又能持守道德。循名責實，「君子」不以富貴貧賤定其位，而以道德修養定其質。一旦為君子，自是富貴不能淫，貧賤不能移，威武不能屈的「大丈夫」（見《孟子·滕文公》下）。

「為仁由己」與「不知其仁」

　　孔子所言之「仁」，從根源處說，是由內而發的道德動力，向外對應不同物事而成就不同德目，如對父母為孝，對尊者為敬，對子女為慈，對朋友為信，對是非之判為智，對進退辭讓為禮，因此「仁」稱為全德。

　　道德行為之生發必有對象，故「仁」字合二人而成形。言行可以出於真心，也可以出於假意。因此評價某人道德與否，須就動機而論，不會就外在言行而定；至於言行合乎道德要求，如捐獻助人等，則可嘉許其善行，而不能肯定這是道德行為，因為動機不清楚。1973 年出土的帛書《五行》，作者屬於孟子之前的儒者，其中說到仁義禮智聖這五種德行，如果是由良知本心所發出來的稱為「德之行」，否則只能稱為「行」，這當然也是善的。這種判分是明確體會到道德的真意及善行之間的區別，儒家對道德本質的體會是非常深刻的。

　　言道德必以內在情志為本，所以孔子回答顏淵問仁，說：「為仁由己，而由人乎哉？」這種由內而外，不受外力影響的才算道德。然一旦表現成為言行便有「禮」作規範，就是「非禮勿視，非禮勿聽，非禮勿言，非禮勿動。」（《顏淵》）「禮」作為

　　　　　　　　聖言與人生：鄧立光博士文化專欄集

客觀標準，就是道德動力外顯時的方向及規範。由外而入的視聽，由己而出的言行，皆以禮判別善惡邪正。如此道德表現才不至於越界，所謂過猶不及。以此，「禮」必須稱情而立文，使行禮者的感情得到抒洩而不會有委曲不快的感覺，否則禮儀便要改作了，這也是每一時代的具體儀文皆有改訂的緣故。

　　一個人的內在情志如何，外人無法有效判斷，就是德行第一的顏淵，孔子也只說：「回也，其心三月不違仁，其餘則日月至焉而已矣。」（《雍也》）因此，孔子對弟子的評價多次說「不知其仁」，如有人讚賞冉雍「仁而不佞」，孔子雖肯定冉雍不會佞口，但卻說「不知其仁」；又如孟武伯問子路、冉求、公西赤是否有仁德，孔子雖肯定三人的政治才能，卻一概答以「不知其仁」（見《公冶長》），這不是孔子有意在他人面前羞辱自己的弟子，而是對「仁」的深切體認，如實回答而已。

仁者安仁，知者利仁

孔子說：「不仁者不可以久處約，不可以長處樂。仁者安仁，知者（即智者，下同）利仁。」（《里仁》）仁者和知者本質相同而表現有別。因此孔子說：「知者樂（音「淆」之去聲，欣賞喜歡之意）水，仁者樂山。知者動，仁者靜。知者樂，仁者壽。」（《雍也》）

孔子先就仁者以外的人即不仁者作一性情描述。不仁者不能長期生活在貧窮儉約的環境，也不能長期過着安逸享樂的生活。此中原因是他們的德性不足以令其久安所處，否則會出現怨天尤人與悖禮犯義的邪惡心念，最終或鋌而走險，作奸犯科。現今社會上這類例子多不勝數。人性中有生物本能的一層，稱為氣性。這裏有七情六慾，為所有生物所同具。孔子深切體會到人的氣性是修德的障礙，因此道德修養主要是針對自己的氣性。

不仁者不等於小人，而小人包括在內。我們不是小人，但大部分卻是這種不仁者。我們嘗試反省，是否喜歡好人好事，很想修德但最終敵不過墮性（氣性表現），不能持之以恒；又或如荀子所說的「倫類不通，仁義不一」，對「道德」理解體認不足，未能在生活上貫徹原則，處事搖擺不定，最終失道背義。如果我

們有類似表現，便不能妄稱君子，須承認自己屬於「不仁者」。

　　仁者與知者同樣都是君子，其道德表現是判別了是非善惡，而遷善改過，擇善而從。君子體認到人生價值不在於擁有世俗名利，故努力於道德修養，「無終食之間違仁，造次必於是，顛沛必於是」，最終道德充身，展現高尚的利他精神。仁者堅持道德原則，有泰山不倒之概，而山予人崇高與不移的聯想，這正是仁者德性的寫照，故仁者喜歡山。知者成人之美，推行善業，仁風廣披，如水之善利萬物而不爭，故知者喜歡水。仁者與知者可以動靜關係來形容，君子必然動靜皆宜，但性向不一，有偏於仁者型的，有偏於知者型的，此分君子為兩類。又有如孟子所言「窮則獨善其身，達則兼善天下」（《孟子・盡心上》），就窮達而分別仁與知，自善其身故可久，道濟天下有大樂（知者樂，仁者壽），故仁者與知者是君子得時與否的表現而已。

唯仁者能好人，能惡人

　　孔子對於「仁者」有嚴格的道德要求，因此「仁者」是十分嚴謹的用語。「仁者安仁，知（智）者利仁」，是描述仁者智者的心態及表現，而智者是仁者形態之一。能稱之為仁者的，道德水平都甚高，而其待人處事有絕對標準，不存在灰色地帶，所以說「唯仁者能好人，能惡人」（《里仁》）。

　　這是對仁者善惡判斷的絕對信任語。只有仁者才會對事情作恰當的道德判斷，能好能惡之「能」，表示有能力如此。「好」（喜好之好，讀去聲）指欣賞，所欣賞的是善良，公私分明，有利他精神的人；至於「惡」（厭惡之惡，讀去聲）指厭惡，所厭惡的是假公濟私，公報私仇，混淆是非，指鹿為馬的人。

　　就道德踐履的前後一致而言，只有仁者才有條件，所以「人能弘道，非道弘人」（《衛靈公》），凸顯了「人」的主導位置，並辯證地說明了人與道的相互依存關係，故孟子說：「仁也者，人也。合而言之，道也」（《孟子·盡心下》），是同樣的思維格局，「道」的內涵須透過體道者表現出來，由實在的道德行為予以落實，而不是由道去彰顯人。因此，道德的尊貴，由君子之行予以證成，反之則否，故《周易·繫辭下》云：「苟非其人，道

不虛行。」

　　一般人處事免不了情緒與意見，好惡一任己意，改善之法誠如子張問崇德辨惑，而孔子所答之語為是，即重視忠信（盡己為忠，不欺人為信）。堅信原則，表現原則，而思想行為以合義為貴，這就是崇尚道德的表現。至於辨惑，如愛之欲其生，惡之欲其死，如此既欲其生又欲其死，便是「惑」。（見《顏淵》）一般人（所謂「不仁者」）就是這種德性，仁義不通，倫類不一。推廣言之，能持平對事，不偏不倚的人，才堪作社會良知，指出為善去惡的方向。至於顛倒黑白，混淆是非以蠱惑人心者自然是陰險小人，政客即為典型。

　　仁者是如此的堅心定志，執德不移，故有志於行仁，便不會出現為惡之事。孔子說：「苟志於仁矣，無惡也。」（《里仁》）這裏的重點在「志」，表現了「志」之於修德的力度，所以立志是成德的人生要項。

士志於道，不恥惡衣惡食

孔子說：「士志於道而恥惡衣惡食者，未足與議也。」（《里仁》）一個人是否修德之士，是可以檢驗的。「惡衣」指破舊衣服，「惡食」則是粗劣食物。學道修道之人，如果因為穿舊衣服與食粗糧而感到羞恥，則這類人只是「色取仁而行違」的偽劣人物，根本不值得與其交流切磋。「道」指涉精神價值，在儒家為是非對錯的判斷原則，當然還有這些原則背後的心性問題。

有志學道修道的人應該具有什麼特質呢？就是孳孳不斷地追求精神價值的實現，並體會到現實生活及所處環境是用作行道的憑藉，是被轉化的對象。正因如此，修道之人不會對功名利祿予以高尚價值，更不會認可其具備永恆價值。所以孔子會說「不義而富且貴，於我如浮雲」，顏淵則住在陋巷，人不堪其憂，然不改其樂。這是精神生活充盈，不為現實生活所困的豁達。由於看透了富貴的本質，因而儒家人物非常重視道德修養，而衣食養身而已，不奢求。有了這些生命特質，才能感受到孔子所說「朝聞道，夕死可也」一語道德涵義的深邃。

孔子說「君子喻於義，小人喻於利」（《里仁》），「義」為道德判斷而成的當然之則，「利」指養身行慾的物質價值。君

子是生命與道德合為一體的人，生命價值之所在，自然同聲相應，同氣相求。君子體認義理當然之則，小人重視口體之奉，此所以孟子謂「養其小體為小人，養其大體為大人」（《孟子·告子上》），「小體」指由物質供養的身體，「大體」指道德情感所貫注的心靈。

　　孔子又說「君子懷德，小人懷土；君子懷刑，小人懷惠。」（《里仁》）《史記·貨殖列傳》言「天下熙熙，皆為利來；天下壤壤，皆為利往。」因此，世人絕大多數都是庸俗之人，表現小人心態，如「懷土」（土為養身之本，財利所出）、「懷惠」（貪取利益）。君子則不然，「懷德」（唯道德是念）與「懷刑」（不欲觸犯刑法），這些都是君子與小人在心態上的不同表現，因此修德是在心上修，這才真實確切。孔子屢屢以君子與小人對舉，是欲凸顯修德的重要，冀小人能堅心定志，變化氣質，轉而為君子。

小人之行：巧言令色足恭，匿怨而友其人

孔子說：「巧言令色，鮮（音癬）矣仁。」（《學而》）又說：「巧言、令色、足恭，左丘明恥之，丘亦恥之。匿怨而友其人，左丘明恥之，丘亦恥之。」（《公冶長》）一個人的人品與德性如何，可從四個方面判別出來，即是否「巧言」、「令色」、「足恭」、「匿怨而友其人」。

「巧言」在古註一般都就德性而論，具體表現則總是語焉不詳。今天因社會環境、政治制度的改變，「巧言」便很容易了解。試看政客的翻雲覆雨，任何事情都從個人之私出發，然公開說話卻振振有詞，事事為公，謊話連篇而面不改容，這些說話就是「巧言」，我們是否聽得很多！仁德之人之於言行，如仁者安仁，智者利人，不會利用灰色地帶，肆意混淆是非，顛倒黑白，否則必然是奸詐小人。

「令色」指偽善、諂媚的臉色。這種形態是因為利之所在使然，特別是面對權貴時，就會有人顯出巴結逢迎相，由於內心向利而不自覺現於臉容，故「令色」是內心世界的反映。所謂君子喻於義，小人喻於利。巧言令色相鄰，因為二者同根，有令色者必然是陽奉陰違的小人。

「足恭」是過分謙敬，目的是取媚於人，禮數不嫌多，但禮容不能過分，這種令人渾身不自在的過分意態，是失禮失德的墮落表現，孔子說賢人左丘明（與孔子同期，《左傳》之編著者）與自己對這類言行感到可恥。

「匿怨而友其人」必有不軌之圖。怨自內出，除非有如伯夷叔齊之「求仁得仁」（見《述而》），否則難以消怨，誠如老子云：「和大怨必有餘怨」（《道德經》第七十九章）。匿怨欺人欺己，不誠之甚，與所怨之人表面友善，如若無事者，則此等必屬心術大壞、心性極惡之人，為小人之尤。此等言行同樣為左丘明與孔子感到可恥。

人而有此四失，必是「便（音骿）辟」（諂媚逢迎）之人。朋輩中，便辟之人即為損友（見《季氏》），近墨者黑，自然損害自己的德性。諸如此類小人言行，當反躬自省，有則改之，「過而能改，善莫大焉。」（《左傳‧宣公二年》）孔子說：「過而不改，是謂過矣。」（《衛靈公》）

修德之最高表現在懂得「行權」

人的氣性各不相同，因此孔子說：「可與共學，未可與適道；可與適道，未可與立；可與立，未可與權。」（《子罕》）這也是因材施教為必須的原因。老子說：「上士聞道，勤而行之；中士聞道，若存若亡；下士聞道，大笑之，不笑不足以為道。」（《道德經》四十一章）也反映資質氣性的差異所造成的品德高下。人從受教的起步點開始，就出現分歧。

「可與共學，未可與適道」，學生共同學習，接受同樣的教誨，但不一定都能對所學有所踐行。聽明白而不實行，便體會不到道德價值的意義，此屬於老子所說中等士人的層次。

「可與適道，未可與立」，學生共同學習，對於教誨都能存心踐行，卻不一定都能有所立。「立」表現出生命與道德價值的融合，自身已然是道德價值的實踐者才能有所立，而表現出來的言行合乎禮節，所以說「立於禮」（《泰伯》），只有立於禮，才有客觀的言行標準，人倫與社會才能穩定。

「可與立，未可與權」，學生共同學習，能共同立於禮，卻不一定都能有權衡輕重的意識。「權」是使道德原則在不同環境中保持應有的價值與作用，而不入於一偏。因此孟子說：「執中

無權，猶執一也。所惡執一者，為其賊道也，舉一而廢百也。」（《孟子‧盡心上》）仁者與智者的區別，在於能否行權，有堅定的道德原則而不作任何妥協者，是為仁者之道；能於事行因勢利導，以適應局面者，是謂智者之道。仁者行權即成智者。

行權是修德的助緣，其價值自古以來已得到聖賢明確的肯定。孔子對改善世道人心懷有極大的心力，說「天下有道，丘不與易也」（《微子》），然而不熱衷權位，「危邦不入，亂邦不居」（《泰伯》），又說：「邦有道，危（正也）言危行；邦無道，危行言孫（謙遜）。」（《憲問》）孔子讚美蘧伯玉為君子，以其「邦有道則仕，邦無道則可卷而懷之」（《衛靈公》）。這些都反映了孔子的行權思想。孔子對照上古隱士的表現而自謂：「我則異於是，無可無不可。」（《微子》）這就是執中行權的表現，也是孔子對自身行誼的評價。

修德講學與遷善改過

　　修身立德如不能堅心定志，則必不能貫徹道德原則於生活之中。孔子說：「德之不修，學之不講，聞義不能徙，不善不能改，是吾憂也。」（《述而》）孔子所憂慮的，是缺乏道德意識而產生的嚴重後果。

　　「德之不修」，則不能在心態思想與言行方面確立德性的規範作用。修德是依循道德價值，反之則悖禮犯義，這自然是小人行徑。「學之不講」屬於教育的範疇，學而時習，溫故知新，仍須切磋琢磨，方能有成。「講」是研習講論的意思，所重者在價值層面的探索。講學的重要，如《禮記·學記》所云：「獨學而無友，則孤陋而寡聞。」因此，「論學取友」是儒家教育的重要方法。「聞義不能徙」，是對合情合理合宜合度的事情置若妄聞。人犯此過，因私慾太盛，凡事只為一身謀所致。「不善不能改」指沒有改過的決心。

　　修德是一個人如何面對生命價值的問題，如若有意為君子則必走上達之路，為小人則所走必為下達之途。決意修德是選擇過道德的人生，然提升德性必須有師友的輔助，所以學習的要事是研討，研討內容必與修德相關，如果「群居終日，言不及義，

好行小慧」，則難有修成之日。（見《衛靈公》）如能修德講學，仍須檢驗自己是否真正受用，則看看能否在日常生活中遷善改過，能則為君子，不能則仍是小人。

《中庸》有云：「博學之，審問之，慎思之，明辨之，篤行之。」前四者須與師友切磋琢磨，而篤行一項指身體力行與遷善改過。前四者屬「知」的層次，第五項為「行」的工夫。自古以來，已有「非知之艱，行之唯艱」（《尚書・說命中》）的體認，故成德之教最終必須落實到日常生活，從言行方面自我檢查，故孔子在講及修德與講學以後，還帶出「聞義不能徙，不善不能改」兩項針對具體生活的弊病，足見修德是要落實在具體人生方面。由此可見，孔子對於修德不但在認知上明瞭，有精神上的體會，更重要的，是如何在生活中表現出向善的言行；而今天之言道德者，或則言而不行，或則變成知識，空言概念，如此等等，衡諸儒門，俱屬墮落。

博文約禮，成德之方

　　一個人學問淵博，固然是聰明且好學的結果，但不能就此而言其人之道德水平亦高。知識是成就德性的眾多條件之一，而學歷高的淺人多的是。孔子說：「群居終日，言不及義，好行小慧，難矣哉！」（《衛靈公》）正中淺人通病，這類人心術不正，與人聚談，言不及義，說人短長，賣弄小聰明，實在難與入德之門。

　　儒家重視學習，並且要好學以至於博學，孔子也以好學自喻，然要成就君子，則必有具體的修為工夫，這就是孔子所說的：「君子博學於文，約之以禮，亦可以弗畔（叛）矣夫！」（《雍也》）這裏有三層意思要加以分疏，其一是「文」與「禮」有什麼關係？其二是「博」與「約」有什麼關係？其三是前兩項與「弗畔」有什麼關係？

　　「文」在這裏是指文獻，六藝之學俱有文獻。孔子好學不倦，大量閱讀文獻。「禮」在此指動作威儀與言行規範，然「禮」的根本精神是使人養成自律自制的心態，由閱讀文獻而來的知識與聰明，必須有此心態才能利己利人，否則必然害己害人。行之以禮，其作用誠如《大戴禮記・禮察》所云：「凡人之知，

能見已然，不能見將然。禮者禁於將然之前，而法者禁於已然之後。是故法之用易見，而禮之所為生難知也。」此不止明「禮」的作用，並且比較「禮」與「法」的異同。

知識雖然愈多愈好，但知識類別不同，應用有別，如果沒有統御能力，兼收並蓄，則只是駁雜無統，難以成就學問。有學問必有條理，有條理就是約，即可執簡御繁，此謂善學，否則處事之原則時行時廢，道德之表現時隱時顯，便是博而不能約所致。

一個人能博之以文，約之以禮，在生活上自然安分守己，不違道德。「博文」成就理性，言之有文，明辨是非，是為有才；「約禮」培養德性，自律自制，是謂有行。合此二者，便是有學問而又能自律自制的賢人君子，如此才德兼備，堪為國族棟樑。顏淵受教於孔子，不違如愚，然卻喟然而歎：「夫子循循然善誘人，博我以文，約我以禮。」（《子罕》）美哉斯言！顏淵之謂善學，孔子之謂善教，儒門宏規於焉以立。

以「禮」為準，德行不偏

孔子說：「恭而無禮則勞，慎而無禮則葸（音徙，膽怯之意），勇而無禮則亂，直而無禮則絞（音狡，急切之意）。」（《泰伯》）此語凸顯了「禮」之於修德的關鍵作用。恭慎勇直合乎道義，而勞葸亂絞屬失德之行。「禮」成為善與不善的轉關：有禮則合道，無禮則失道。

「恭」是容貌端莊嚴肅，恭敬之心是良知的表現，然合度的表現則是教養的結果，「與人恭而有禮」（《顏淵》）才能恰當地表現恭敬。至於怎樣才算合度，則須由「禮」去判斷；交往雙方的關係，決定所需的態度，如對父母長輩自是時刻恭敬，然於朋輩或泛泛之交，態度便該有等差之異，若不分尊卑，一概如此，自是勞累不堪，更是失禮的表現，「禮」在此起權衡輕重的作用。

同理，處事謹慎而竟成畏縮，則是失禮所致。如屬當行之事，須當仁不讓者，卻言三思而後行，則變成畏縮。復次，敢作敢為（勇）而不墮落為作亂，亦須斷之以禮。依恃血氣，橫衝直撞，自無成事之理；憑藉智慧，謀定而後動，則為大勇，「禮」亦表現出權衡輕重的作用。復次，坦率則無隱，但如明白「己所不欲，勿施於人」（《顏淵》）的恕道，則行事便有所節制，否則

滑入攻訐的惡行。「禮」在此表現了同情共感的作用。

「禮」既指言行規範，亦指自律心態，自律是道德要求，因此禮的本質必然扣緊道德，孔子說：「人而不仁，如禮何？」（《八佾》）清楚指出「仁」是「禮」的本質；《禮記・禮器》有言：「忠信，禮之本也；義理，禮之文也。無本不立，無文不行。」忠為盡己，信則不欺，因此「禮」的本質就是不自欺（誠），故「禮」是「誠」的外在規範。「義理」則是合乎道德的行事準則，是言行合理合度的依據，這就是「禮之文」。

人之於「禮」，須符合兩個條件才能終身受益，一是修德，誠如孔子所言：「人而不仁，如禮何？」（《八佾》）指出「禮」的本質是「仁」；另一是儀容態度的合度得體，否則謂之失禮無禮。

「禮」從本質而言，因於內在的道德要求，而表現出中規中矩的言行，才是成功的學禮及行禮。規矩能為人所共遵，則必本於人情，而又與道德相應方可。「禮」與道德內外一貫，而後「禮」才成為修德範身的動作威儀，以及上下尊卑的規定，這樣才表現出君君臣臣父父子子的應然人倫狀態，而成就有道社會的必要條件。就個人而言，誠如孔子所言：「不學禮無以立」（《季氏》），讀書修德卻失禮，謂之失教，謂之沒教養。故不基於德性的行為不稱為禮，沒有準則的行事亦不成禮；修德依禮，則言行有節，益己宜人，如修德而失禮，則虧己損人，與為惡同科矣。

（編者據「古道今談」〈以禮為準，修德不偏〉一文補訂）

人而不仁的特質

不仁者（常人、一般人）心性不定，可善可惡，有時會出現小人行徑。孔子說：「君子而不仁者有矣夫，未有小人而仁者也。」（《憲問》）因此，縱使君子，也會有一念之差而做錯事的時候，此固可體會到修德如逆水行舟，不進則退，又可體認到對常人也不可太過開罪。常言寧得罪君子，莫得罪小人；對於完全不表現仁德的小人，我們知所防範；對於常人，如誤認其為君子而直言開罪，則可能令自己身陷險境。

今天一些社會人士，平日好話說盡，立場明確，然一旦要其付出代價以護持政策，即改變立場，甚至走進反對者行列，這就是「人而不仁」的表現。孔子說：「人而不仁，如禮何？人而不仁，如樂何？」（《八佾》）人而不仁，處事時會在關鍵時刻表現軟弱，如此則鮮有不壞事者。故不仁者從政，並不比小人好多少。只有賢人在位，施政才會表現出「禮樂」（此泛指政治制度及措施）本意，否則易成造惡藉口。

孔子說：「好勇疾貧，亂也。人而不仁，疾之已甚，亂也。」（《泰伯》）處貧要面對物質嚴重匱乏的生活，貧窮難奈，只有聖賢這些對生命價值有極深體會的人才能安然處之。孔子與顏

淵，安貧樂道，並由處貧而凸顯其道德水平。常人則因處貧而釀成大亂。孔子說：「仁者必有勇，勇者不必有仁」（《憲問》），「好勇」所指為後者，亦是不仁者的常性。孔子又說：「不仁者不可以久處約，不可以長處樂」（《里仁》），道出了不仁者無法長期過貧約或享樂的生活，這是德性未足以指導氣性所致，亦是常人之情。

「疾貧」是長期處貧而生的忿怨，由此導致的家庭悲劇今天仍不少見，而「逼上梁山」造成社會動亂，也大多因疾貧所致。由好勇疾貧所釀成的「亂」，小則一身遭殃，大則社會受禍，故提升百姓生活水平自古以來都是大政。此外，不仁者修德不恒，亦反映在不能接受嚴厲批評以及容易老羞成怒。孔子說若對不仁之人憎惡過甚，會招致報復，甚至興亂，故待人處事當留有餘地。不仁者畢竟不等同小人，對其因勢利導，或能轉惡為善，如此則教化之功大矣。

孔子應對庸劣官員的辦法

　　自古以來，庸官總佔多數，故有「肉食者鄙」（《左傳‧莊公十年》）的惡評。孔子則以「鄙夫」形容這些只知個人得失的官員，「鄙夫」指思想鄙陋、見識庸俗、孳孳為利、患得患失的在朝士大夫。孔子說：「鄙夫可與事君也與哉？其未得之也，患得之。既得之，患失之。苟患失之，無所不至矣。」（《陽貨》）

　　孔子對治理國家有一份理想與熱誠，也有敏銳的道德觸覺，對於名實不副、尸居其位的官員感到非常厭惡。在當時能參與事君的人，必然是高級長官如卿大夫之類，這些人應公忠體國，先公後私，然而「鄙夫」卻不如此。他們雖然位尊權重，但只知道自己的身家性命，全副心思放在攫取所想要的，日夜憂愁拿不到手；一旦得到了，又憂慮失去，終日在個人利害得失上打轉。由於眼中只有個人利益，故發現有任何人與事威脅到他的利益，便會不擇手段，無所不至。因此，小人一旦當道，便會出現倒行逆施，打擊壓制的做法。這類事情隨處可見，不止於政治層面。

　　由於「鄙夫」思想卑下，心態低劣，患得患失，自然不會有光明正大，公忠體國的表現，如有所問，亦必如何圖利，說長

道短，甚至陰謀不軌。孔子面對這類官員，除了有明確的批判態度，不裝糊塗以外，還有嚴正的處理辦法。孔子說：「吾有知乎哉？無知也。有鄙夫問於我，空空如也。我叩其兩端而竭焉。」（《子罕》）

這些居於高位的庸劣官員，一方面不能無故開罪，一方面又不想與其談論鄙陋猥瑣之事，孔子用了一種連續提問的方法。首先調節自己的心態為「吾有知乎哉？無知也」，表現出對事情一無所知的態度。對「鄙夫」所問，則「空空如也」，不提供任何具體意見，但從其問題中直接反問叩問，「兩端」指事情的首尾，具體言之，「首」是指原因，「尾」是指結果。從原因言之，可以反問對方為什麼有這種想法？為什麼提這樣的問題？從結果言之，則是指想得到些什麼？事情有利於國家嗎？要「鄙夫」先回答一連串相關問題，讓其自知其所說之非，從而收回問題。這種處事技巧，今天仍可大派用場。

（編者據「古道今談」〈官員尸居其位，孔子反問應對〉一文補訂）

志道據德依仁與游藝

孔子提出「志於道，據於德，依於仁，游於藝」（《述而》）作為成德之學的步驟。「道」、「德」、「仁」、「藝」的內涵及相互關係，藉由「志」、「據」、「依」、「游」反映出來。

「道」是價值根源，對道的親切體驗必然是精神層面之事。「志於道」是明確指出修德的方向並持之以恒，使人明瞭正邪善惡與是非黑白，這是修德第一步。如心之所向為追名逐利，則必然走「小人下達」的方向，如此則種種施為只能趨此而無法得其正。

有得於「道」者謂之「德」。對「道」有透徹體認，則知「道」不離於生命。「道」既內在於生命，則成為安身立命的價值源頭，這是人性中最可貴的內容，即孟子所說的良知性善。「據於德」是執持由體道而來的道德價值，以之作為自己立身行事的道德原則。

孔子言「仁」，如「仁遠乎哉？我欲仁，斯仁至矣。」（《述而》）「仁」既指一顆善心又指表現道德行為的動力，如孝心是「仁」所產生的動力而有孝順的行為。「德」生發出來的道德動力便是「仁」，故「仁」既是道德本體，又是道德行為的動因。孟

子所言惻隱之心、辭讓之心、羞惡之心、是非之心都是「仁」的表現，孟子則用為「仁義禮智」的開端，與孔子所言之「仁」辭異而義同。「道」、「德」、「仁」都是生命內部同一道德機制的不同指稱。

德性分為「道」、「德」、「仁」，而對應於「志」、「據」、「依」的修為，可見孔子對生命內部的道德根源有清晰的體認，這是平素作內省工夫的結果。能志道據德依仁，則心智堅定，力行不惑，然現實生活的種種問題，持平得中，無過不及最為重要，這就凸顯了「游於藝」的價值。「游於藝」是從修德角度言學習六藝（禮、樂、射、御、書、數），「藝」屬知識層次，用以提升生活的質素，而格物致知、讀書明理都從這裏說。「游」表示六藝皆有所習而又不執守一方，現實生活就是需要通權達變才能好好處事。由此可見，修德要堅定，而處事則須行權。修德與為學做人的關係如此，對應於君子，便是立身原則不變，行事則可有權宜。

默而識之，學而不厭，誨人不倦

孔子說：「默而識（誌）之，學而不厭（饜，飽也），誨人不倦，何有於我哉？」又說：「若聖與仁，則吾豈敢？抑為之不厭，誨人不倦，則可謂云爾已矣。」公西華曰：「正唯弟子不能學也。」（俱見《述而》）

孔子表現了三種性情特質，第一是「默而識之」，這是最高層次的學習精神，老子說：「上士聞道，勤（謹）而行之」（《道德經》四十一章），就是默誌於心，認真去做。顏淵對孔子的教導就是這樣，故屢獲孔子稱許：「吾與回言終日，不違如愚。」（《為政》）「回也非助我者也，於吾言無所不說。」（《先進》）「語之而不惰者，其回也與！」（《子罕》）孔顏同樣有默而誌之，謹而行之的聖賢品格。

第二是「學而不厭」的態度，其表現就如孔子自道：「發奮忘食，樂以忘憂，不知老之將至」（《述而》），以及「十室之邑，必有忠信如丘者焉，不如丘之好學也」（《公冶長》）。如此努力向上，好古敏求，就是希望吸取民族智慧，以繼往開來，為民族立命。孔子的胸襟與精神氣象，套用張橫渠所言：「為天地立心，為生民立命，為往聖繼絕學，為萬世開太平」，最為恰切。

第三是「誨人不倦」的精神，這是儒家得以成型發展的重要原因，就師道而言，為人師者其心志必有誨人不倦的教化精神，才堪稱師，否則只屬教書匠，謀生而已，何有於教化？孔子說：「自行束脩（十條乾肉）以上，吾未嘗無誨焉」（《述而》），又說：「有教無類」（《衛靈公》），一方面學生只要行拜師禮，孔子必予教導；另一方面，孔子尊重「人」，只要是人，不分賢愚貴賤，都有受教育的權利。今天的教育精神不也是如此嗎？打倒孔家店，不就是打倒人類的文明嗎？萬世師表，孔子當之無愧。

至於「何有於我哉」與「則吾豈敢」等語，並非矯情，而是謙虛。這是中國傳統文化非常重視的謙德，誠如朱子說：「謙者，有而不居之義」（《周易本義》），真正有學問高品格的人，必知學問無窮而生命有限，故不恥下問者有之，如若「亡而為有，虛而為盈，約而為泰」（《述而》），則下愚而已。

做官與否的態度在「行己有恥」

　　孔子對於出處去就，抱持有能用其才德者則可居位的態度，不然則否。這樣對待名位權力，正是賢者心態的反映。賢者以德居先，以才為輔。在賢人政治的格局中，有兩點須注意，一是在位者能選賢舉能，一是有賢能之士。

　　賢人得位行道則必上有明君，昏君則招聚佞臣讒臣而弄權肆虐。因此管治者具何種德性，看他的左右及所重用的是什麼人，便一清二楚了，這原則放諸四海而皆準。治理國家非一人之事，否則此人最後必成獨夫民賊。一個管治團隊，需要各方面的人才，但賢能之士不足，便需用小人之有才者。古人對於用小人很有分寸，故《易經‧師卦》云：「開國承家，小人勿用。」意思是天子以功封賞，不論是封侯以開國還是任卿大夫以承封邑，都不能給予小人；小人心性反覆，叛服不常。讓小人盤據一方，必釀成禍亂，就現代情況而言，就是不能讓小人居於高位，管治一方，否則必然欺上凌下，逞強貪功，毀敗善政。

　　自以為賢能的人與一般人其實無異，不為所知便怨天尤人。賢能之士則不同，誠如孔子說：「人不知而不慍，不亦君子乎？」（《學而》）孔子正是此語的實踐者，到處碰壁，流離失

所，仍抱持「不患人之不己知，患不知人也」（《學而》）的態度，剛健自強，無所怨尤。孔子有這種只求用世，不慕名利的高尚人格，才能說出「用之則行，舍之則藏」（《述而》）及謹守「天下有道則見，無道則隱」（《泰伯》）的從政原則。

「賢」的政治價值，表現在不同流合污，所以孔子欣賞蘧伯玉（衛國賢大夫），說：「君子哉蘧伯玉！邦有道則仕，邦無道則可卷而懷之。」（《衛靈公》）這也是孟子所說：「古之人得志澤加於民，不得志修身見於世。窮則獨善其身，達則兼善天下」（《孟子‧盡心上》）的意思。孔子說：「邦有道，穀；邦無道，穀，恥也。」（《憲問》）又說：「邦有道，貧且賤焉，恥也；邦無道，富且貴焉，恥也。」（《泰伯》）可見儒家有一道德原則貫穿於出處去就，即「行己有恥」（《子路》），從政者一旦恬不知羞，則弊政叢生矣。

理性的學習態度：多聞多見，擇善而從

孔子重視學習，所以說：「學而時習之，不亦說（悅）乎？」（《學而》）而學習是以理性的態度為之，因而說：「蓋有不知而作之者，我無是也。多聞，擇其善者而從之，多見而識之，知之次也。」又說：「我非生而知之者，好古，敏以求之者也。」（俱見《述而》）在學習的道路上，孔子排掉兩極：一是生而知之，此屬罕有，難以為據；另一是不知而作，虛妄不實，同樣不可接受。常人學習的應有態度是多聞多見，這是掌握知識不偏不倚的最大保證。

從時空角度言之，「聞」除了自身所處環境以外，還包括歷史（過去時空所發生的事情），而「見」則是在自身所處的環境中，就是說現實的與歷史的都要多認識，故孔子說自己好古敏求。多聞多見則有重複有比較，才有發現有體會，此所謂善學。南朝文學批評家劉勰說：「操千曲而後曉聲，觀千劍而後識器」（《文心雕龍‧知音》），反映了古人對於如何才是有效的學習方法是深而明之的，嫻熟學習對象是學習有得的必要條件。

多聞多見避免孤陋寡聞，但不表示雜亂無章。兼收並蓄必須有先後主次，這就需有選擇取捨，故多聞多見是量，擇善而從

是質。「擇其善者」表示有一價值取向，即有利於提升自身道德水平的，有益於他人的，都可為「善」所涵蓋。擇善背後是一套價值信念，其基礎是「仁」，持守於此才能由博反約，精擇所學，孔子以此自謂「吾道一以貫之」（《里仁》）。

孔子說：「生而知之者，上也；學而知之者，次也；困而學之，又其次也；困而不學，民斯為下矣。」（《季氏》）這裏分出四等學習情況，最上的生而知之，屬資稟特優的上智之人，但永遠是極少數；最下的困而不學，屬下愚之人，這類人生性怠墮，因循苟且，心存僥倖，缺乏責任感，故孔子說：「唯上知與下愚不移」（《陽貨》），對人性的了解非常深刻。

就常人而言，絕大多數人屬中材，學而知之是好學的表現，這是讀書為學的正確態度，孔子的好古敏求即屬之。至於困而學之則稍次，書到用時方恨少的慨歎不可免，但能於失去機會後知不足而後發奮自強，則責任心仍在。是故能否減少人生的遺憾，關鍵在好學與否。

（編者據「古道今談」〈多聞多見，擇善而從〉一文補訂）

暴虎馮河與臨事而懼

子謂顏淵曰：「用之則行，舍之則藏，唯我與爾有是夫！」
子路曰：「子行三軍，則誰與？」子曰：「暴虎馮（音憑）河，
死而無悔者，吾不與也。必也臨事而懼，好謀而成者也。」
（《述而》）

孔子有政治抱負，並以修己為從政的基礎。修己表現為
行己有恥，大公無私，如有能用其才智者則努力以赴，治國安
民，但求志有所達，利物濟世而已，不汲汲於名利；不然則人不
知而不慍，退而以詩書禮樂教化學子。這樣「用之則行，舍之則
藏」，須有樂天知命的豁達心態，才能面對名利而進退自如，故
顏淵在陋巷，人不堪其憂，仍不改其樂，如此才能契接孔子「飯
疏食飲水，曲肱而枕之，樂亦在其中」的精神。二人心志相通，
因此孔子對顏淵說：「唯我與爾有是夫！」這是孔子視顏淵為其
思想學問繼承人的重要原因。

子路也是孔子欣賞的早期弟子，但性情過剛，心直口快，
具武人特徵。子路聽了孔子讚賞顏淵，也希望孔子評評自己，
遂從軍事方面請教孔子，假設孔子率領軍隊打仗，則誰能跟從孔
子？子路心想孔子必會欣賞自己，但結果相反。孔子說「暴虎馮

河，死而無悔者，吾不與也。」「暴虎」是徒手打虎，失敗實屬必然；「馮河」是徒步過河，不遇溺乃屬僥倖。這種一任氣性，逞強而不顧後果的妄夫行徑，自然不能一同領軍打仗，否則難免覆滅之禍。

應有的表現是「臨事而懼，好謀而成」。帶兵打仗，須小心謹慎，步步為營；而且先有謀略與部署，才有成功的機會，這是軍事家當有的特質。孔子因材施教，以此喻彼，反映了子路性格上的弱點，則子路必須磨練心態，做到思想細密，行事謹慎，才堪重任。如若持匹夫之勇，橫衝直撞，如何成就大事？保衛國家，須有勇有謀，孔子五十二歲時任魯司寇，適逢齊魯有夾谷之會，孔子因兼攝相禮之事而隨魯定公參與會盟，曾進言「有文事者必有武備，有武事者必有文備」（《史記‧孔子世家》），因謀略得當，最後齊景公無法脅迫魯君，並因失禮而歸還侵魯之地。孔子的政治軍事才能得到了充分表現，而這也是儒家之徒的應然品質。

管治之要：知及仁守，莊重有禮

子曰：「知及之，仁不能守之，雖得之，必失之；知及之，仁能守之，不莊以涖之，則民不敬；知及之，仁能守之，莊以涖之，動之不以禮，未善也。」（《衛靈公》）

孔子對於為官者如何施政有很深的考慮。要獲得最佳的管治效果，不是用什麼政治化妝師、心戰室等可以為功，而是要得到百姓的愛戴。這可從內外兩方面分析，內在方面指道德情志與理性的協調一致，外在方面是態度及禮文要恰當。由此層層疊進，共分三層言之。

第一層的「知及之，仁不能守之」，屬常人之情。常人於處事之要點可全然明白，卻無決心貫徹下去，則事有虎頭蛇尾，而義有始善終惡。如此，政事必初順而終逆，最後歸於失敗。第二層言「知及之，仁能守之，不莊以涖之」，指有意志決斷而行事不莊的人。所謂不莊，即言行粗鄙輕率，這關乎人的教養問題。如此之人在位，縱有惠民德政亦不會獲得百姓敬重。第三層的「知及之，仁能守之，莊以涖之，動之不以禮」，是不明管治之道的人，不知上下有別，今之常言親民而常失言失格者是。在政治範疇裏，位分的觀念特別嚴謹，因為上下失序所引申的問題

可大可小。卿大夫對事情的言行態度不能與君主相同，否則有僭越之嫌；官員與百姓失去上下之別，則侮慢之事必生。「禮」在此所起的是正名作用，當君臣父子各不失度，則政通人和，而管治順矣。

孔子清楚仁禮互註，故言「人而不仁如禮何」時，仁為根本，而本章言智及仁守且臨事以莊，但若不以禮節之即有欠缺，則禮反過來起了輔成仁德的作用。有子對於「禮」有深刻體認，說：「禮之用，和為貴……知和而和，不以禮節之，亦不可行也。」（《學而》）禮文雖用以別異，然其最高精神則在「和」，就是各得其位又能和諧共處。但如為了和諧而和諧，失卻上下之別，也不可行，此論與孔子所言「動之不以禮，未善也」辭異而實同：失上下之節，禍亂萌生矣。

孔子言管治之道由內在的仁智說起，及於外在的言行，內外一貫，名實相副才能得到百姓的擁戴。孔子的政治思想就是如此圓熟。

仁者必有勇，有德者必有言

　　子曰：「有德者必有言，有言者不必有德。仁者必有勇，勇者不必有仁。」（《憲問》）有德行的人必定有垂範之言，而為人所遵從。相反，一個人說出有指導意義的話，卻不必是有德之人。這裏反映了「德」與「言」須分別看待。德性是先決條件，因為能踐行道德才真正體會修德的重要以及德性的可貴。修德者重視誠，誠即无妄不欺，誠於中而形於外，故有德者必有言。「必」是孔子從修德所體會到的生命形態，反映了生命與德性的一體關係。

　　說出可貴之言，除了上述由德性生命的必然表現以外，還可由理性推衍而出。例如人該如何相處才合乎倫理要求，以德性而言，自是父慈子孝，兄友弟恭，夫唱婦隨等，這些人倫價值透出人與人之間相處最為順適的關係。如以理性而言，也可說出互相尊重和睦共處的名言，但背後的考慮是自己不受傷害，這樣就是以功利目的為前提。以利益為前提的言論，不論如何動聽，對於言者是否有德是完全無保證的，所以說「有言者不必有德」。雖然如此，但只要言而合道，則縱使出於盜賊之口，則其言亦須尊重。故孔子說：「君子不以人廢言，不以言舉人。」（《衛靈

公》）至於「仁者必有勇，勇者不必有仁」所指之勇，當然不是暴虎馮河式的匹夫之勇，依憑血氣的小勇，常常表現為魯莽衝動，死而無悔。孔子訓年青人血氣方剛，戒之在鬥（見《季氏》），就因為這是小勇，損德而害義。大勇有如曾子「自反而不縮，雖千萬人吾往矣」的氣概，這種勇配道與義，稱之為浩然之氣。（見《孟子‧公孫丑上》）

「必」表現了修德者踐仁的意志，因此「仁者必有勇」是一實然命題而非應然命題。仁者之勇必然是由道德所撐起來，仁者秉持道德原則，衝破生理心理局限，可以捨生以成仁，不會求生以害仁。「勇者不必有仁」則反映了由氣性或功利目的而來的勇力，如各種挑戰高難度的表現，為金錢而作的亡命之行等等。仁者是富貴不能淫，貧賤不能移，威武不能屈的大丈夫；受利益驅使的勇夫，直是富貴可淫，貧賤可移，威武可屈的小人物而已。

崇德修慝辨惑

樊遲從遊於舞雩（音如，求雨之祭）之下，曰：「敢問崇德，修慝（音剔），辨惑。」子曰：「善哉問！先事後得，非崇德與？攻其惡，無攻人之惡，非修慝與？一朝之忿，忘其身以及其親，非惑與？」（《顏淵》）

孔門師弟探討學問的重心在如何成德，學問的深度也由此而定。孔門弟子中，樊遲未算突出，然修德之心秉持不失，一次跟從孔子在舞雩台下遊覽，請教孔子有關修德的三個方向，一是崇德（提升道德水平）；一是修慝（改正過失錯誤）；一是辨惑（分辨對錯而不入歧途）。孔子認為樊遲的提問很好，遂逐點予以回答。

就提升道德水平而言，孔子說「先事後得」，意思是先把事情做好，至於結果與回報等則非首要的考慮因素，這與老子「功成身退」的思想殊途同歸。以事為先是敬事的表現，也反映了利他的情懷。至於如何避免過錯，孔子說「攻其惡，無攻人之惡」，即努力對治自己的不良思想言行，而不去挑剔譴責他人的缺失不足，這是克己工夫。人的習氣，每多閒談時常說人非；攻己之惡，便是內自省內自訟的實在工夫，這是轉化氣性改掉習氣

的有效做法。

至於辨別似是而非的事情，孔子答以「一朝之忿，忘其身以及其親」，則辨別方法不在於概念上的釐清，而在具體言行方面不任氣性，能以理性作主導。一時的忿怒便不顧一切，自己以及親人皆牽連受禍，這就是迷惑。暴虎馮河式的小勇，正是修德道路上的歧途。一般人口言道德，卻往往依循習氣，即如愛惡，便「愛之欲其生，惡之欲其死，既欲其生，又欲其死」（《顏淵》），這當然是「惑」了。

樊遲性情厚重，誠中人以下不可以語上，故孔子以具體事行為答，教以實際修為工夫，不像對顏淵那樣稍為點染大道。樊遲曾請教孔子有關學習耕田與種菜的事情，結果孔子回答不如老農老圃，其後並批評說「小人哉樊須也」（《子路》），當樊遲心思仍停留在老百姓的生活層次，便無法走修己治人的道路。今次樊遲的提問，孔子很欣賞，反映了樊遲在學習上有所進步，也凸顯了孔門最為重視的是道德的踐行。

看待民意的德性原則

子貢問曰：「鄉人皆好之何如？」子曰：「未可也。」「鄉人皆惡之何如？」子曰：「未可也。不如鄉人之善者好之，其不善者惡之。」（《子路》）我們現在對於社會輿論，特別是所謂的民意，總是不假思索的接受。究竟民意該如何看待？孔子對於民意善惡及取捨有簡截的準則，值得今天所有人參考。公眾人物具有很高或很低的民意支持度，都要仔細觀察，因此孔子說：「眾惡之必察焉，眾好之必察焉」（《衛靈公》），「必察」的原因是這種大眾普遍支持和反對的現象有可能是失實不真的。

以民意取向來評定政治人物的方法是否恰當？子貢當年就受到類似問題的困擾而需向孔子請教。無論是「鄉人皆好之」或「鄉人皆惡之」，孔子俱認為未足以反映實情。此中原因，一方面是被評者有可能是沽名釣譽，博採虛聲之徒，這類人孔子是看得很準的，如因子張之問而區別「聞」與「達」，說「色取仁而行違，居之不疑，在邦必聞，在家必聞」（見《顏淵》）的偽善者，他們很會捉心理用手段，因而得到不少人的稱讚。這類性情品格的小人既不會絕跡，則百姓被誤導而民意被歪曲的情況就無法避免。

另一方面，評價者本身的文化水平和道德水平如何，也是非常重要的因素。孔子說：「鄉人之善者好之，其不善者惡之」，就是從人的文化道德水平來審視民意的得失，這是以理性過濾評價者的情緒作用及刪汰失實民意的好辦法。孔子對人性的深刻洞察，是人的德性品格有別，所作出的評價亦會與之相應。好惡之情如要最大程度反映事物的善惡性質，則人的德性便是最可靠的依憑。

善者的好惡持平而合乎道德要求，不善者反之而背離道德。善與不善的價值既不相容，則善者所好同時就為不善者之所惡。故同一事行不論評價如何，端看善人是否認同而不善之人是否反對，以此決定人事之可否，而不必計較數量的多寡，因為善惡是屬於性質問題而不是數量問題。今天的民意調查採用抽樣的問卷形式，從量化角度處理問題，完全忽略了「人」的因素。這類民意調查，作為參考則可，認真看待則大誤。

有恆為成德之基

子曰：「聖人，吾不得而見之矣；得見君子者，斯可矣。」子曰：「善人，吾不得而見之矣；得見有恆者，斯可矣。亡而為有，虛而為盈，約而為泰，難乎有恆矣！」（《述而》）

「聖人」是道德理想的化身，「聖」是修德的最高境界。「聖人」之位，有德者不自居，故孔子自言「若聖與仁，則吾豈敢？」（《述而》）孔子說沒看見聖人，能看見「君子」便可以了。君子希賢希聖，精進不已，終極目標是聖人。

「善人」本質善良，願意行善。孔子說這類人「不踐跡，亦不入於室」（《先進》）。善人質美而未學，這類人不資前言往行（不踐跡），顯示他們不遵循前賢事蹟，只問心之所安，有好表現而未臻精微，沒有在修德方面努力深入，有善意而缺乏深度，故說「不入於室」。

「君子」與善人同具善質，兩者的區別在於是否具備修德的自覺意識。君子具備文化涵養，故修德有統，善人則文化意識不足，然宅心仁厚，努力為善。孔子說：「善人教民七年，亦可以即戎矣。」又說：「以不教民戰。是謂棄之。」又說：「善人為邦百年，亦可以勝殘去殺矣。」（俱見《子路》）善人為政，則政

策持續，所行為利民善政。善人不忍見人間不幸，故必努力造就安和環境，如此百姓自然歸心。善人為政已足以安邦定國，善政行之七年，百姓歸心，此時可上戰場，報效國家。「不教民」則指未受國家培育之恩的百姓，此實難對國家產生認同，驅使他們作戰，則出戰竟為誰？「棄之」實言讓他們白送死，沒有國家歸屬感的人如何能產生保家衛國的精神？

　　孔子所見，不要說聖人，能看見有君子之行的人便很好了。善人竟也難覓，能看見為善而有恒的人便很好了。至於「亡而為有」（沒有而言有），「虛而為盈」（空空而言滿），「約而為泰」（貧乏充富有）的表現，都源於虛驕心態。此等人必然沽名釣譽，爭強好勝，輸不得也輸不起。所謂庸俗之人，名利所在必爭之，名利俱無必棄之；最終必然善惡不分，唯利是圖。因此，為善不恒，則為庸才俗物；為善有恒，非君子即善人，俱為可敬之人。

內省乃成德之必要工夫

子曰：「見賢思齊焉，見不賢而內自省也。」（《里仁》）司馬牛問君子。子曰：「君子不憂不懼。」曰：「不憂不懼，斯謂之君子已乎？」子曰：「內省不疚，夫何憂何懼？」（《顏淵》）

深厚的道德意識與內省工夫密不可分，缺乏自省能力，則言行縱使合乎道德要求仍是外在規範，屬「他律道德」的層次，真正的道德行為必須是自覺的，發自內心的，稱為「自律道德」，即孟子所說的「由仁義行，非行仁義也」（《孟子‧離婁下》）。

反省能力表現於對照人我的差別。這個差別當然不是今天社會所重的知己知彼，百戰百勝的競爭關係，而是道德修為的比較。自己有優勝者，亦當不恥下問，作謙謙君子，處事戰戰兢兢，臨深履薄；倘若別人德行優於己，便當知所效法，見醜惡事行，便須有警惕，反省自己是否亦如此。見賢思齊，見不賢而內自省，是道德自覺的表現，是保持德性不墜的工夫。

司馬牛問君子之道，孔子答以君子不憂不懼。不憂是指「仰不愧於天，俯不怍於人」而來的坦蕩蕩，否則為物慾牽纏，則早已長戚戚了。不懼之意接近「無欲則剛」。利害得失交纏胸中，自然患得患失，寵辱皆驚。君子的不憂不懼，不能視之為尋常的

氣性反應，不是外在支援或物質條件豐厚所致，而是由內省不疚而來的「仁者不憂」與「勇者不懼」。內省是自我檢討，不疚則無所虧欠。如此便光明正大，夜半敲門也不驚。

孔子觀人於微，言必有中，不是因為刻意審察他人過失，而是有極敏銳的道德感應能力。人一旦起心動念，是善是惡，即露端倪，此於修德君子，直如「銅山西崩，靈鐘東應」（《世說新語‧文學》），馬上感知其人之善惡。孔子說：「已矣乎，吾未見能見其過而內自訟者也。」（《公冶長》）此是感應到人心大多不善而來的感慨。常人反省能力有之，力行不惑則有欠，此中原因，是不能「內自訟」。此較諸「內自省」更為嚴格，自省貴在自知，自訟則自知以外兼有自我剖析與自責，只有這種嚴毅的自我要求，希賢希聖才有實現的一天，不然則仍是騰口說的耳食之徒而已。

聖人如何面對命運

儒家有「天命」之說，作為道德的根源，萬物的原始，以及人異於禽獸的所在；然人之一生，順逆相間，有人一生多順遂，有人終生多潦倒。遭際何以如此而不如彼，這便是命運（氣命）的問題，是自古以來都很受關注的問題。

命運的順逆，不是有主觀意志便能改變，一次孔子弟子伯牛染有惡疾，孔子前往探病，從窗門外伸手進去握伯牛的手，看見伯牛快不行了，哀傷地說：「亡之，命矣夫！斯人也而有斯疾也！斯人也而有斯疾也！」（《雍也》）孔子重複說這樣（願意修德上進）的人竟然罹此惡疾。「命矣夫」一語帶出人生的幾許無奈。

孔子對於自身的出處去就，表現出一種超越的精神和堅定的意志。孔子說：「富而可求也，雖執鞭之士，吾亦為之；如不可求，從吾所好。」（《述而》）金銀錢財如果可以想要就有，那麼就算是拿着皮鞭管理市集秩序的守門卒也願意去當，但如果我所想要的，與實際上能否得到是沒有關係的兩回事，那就遵從自己的意願去做事吧。

孔子面對命運，不因命途多舛而消極退縮，而是努力實踐

命運無法影響的事情，那就是修德。孔子說：「我欲仁，斯仁至矣。」（《述而》），這反映了孔子所言「從吾所好」的方向內容。孔子的人生道路是：「吾十有五而志於學，三十而立，四十而不惑，五十而知天命，六十而耳順，七十而從心所欲不逾矩。」（《為政》）修德向上，知天命，無懼氣命。外在環境不論如何，我只要起心動念為善，心便善了，所以說「我欲仁斯仁至」。外在事行的得失，不在考慮之列，則天清地寧。

孔子德才優於常人，卻要離開父母之邦，流離十四年，空有用世之心，不見容於諸侯。弟子顏淵說：「夫子之道至大，故天下莫能容。雖然，夫子推而行之，不容何病，不容然後見君子！夫道之不修也，是吾醜也。夫道既已大修而不用，是有國者之醜也。不容何病，不容然後見君子！」（《史記‧孔子世家》）有賢人而不用，是有國者的羞恥；不被起用有什麼問題？不被起用才凸顯君子的風骨。這真是儒門獅子吼！儒家之剛健，可以知矣。

以處事態度判別君子與小人

孔子說：「君子易事而難說（同悅，後文亦然）也。說之不以道，不說也；及其使人也，器之。小人難事而易說也。說之雖不以道，說也；及其使人也，求備焉。」（《子路》）

君子與小人德性相違，作風與態度相反。因此孔子用了三個角度來觀察一個人的工作或處事態度，以判斷此人是君子還是小人。第一個角度是共事關係。人與人之間一旦有所合作，則性情能力等便無法隱藏。「易事」指容易與人共事合作，因為君子踐行「己所不欲，勿施於人」的恕道，體諒別人的境況，不強人所難，不推卸責任，更不會利用他人。「難事」指共事合作甚為困難，與小人一起，除非同流合污，否則必定鬧得很不愉快。此因小人常惡口兩舌，愛挑撥離間，破壞人際關係；一旦行事則貪得冒功，出錯則推諉塞責。諸如這般，自古已然，於今為烈。

第二個角度有關滿意喜悅。「難悅」指不容易滿意喜悅，這不是君子要求過高，而是「說之不以道，不說也」，表現出君子之處事有原則不失格，猶如君子之於富貴，不以其道得之則不處；貧賤亦然，不以其道得之則不去。故君子樂而受之的，是履行責任，盡忠職守，好好完成任務等，如此可謂悅之以道。若以

不正方法為之，阿諛奉承，則君子不受亦不悅，然而小人樂而受之。此因君子具有強固的道德原則，而小人則否，故「說之雖不以道，說也」。取悅小人實在是容易，請看送禮請託之事，不就是滿足小人之意嗎？

第三個角度是有關如何用人。君子用人的原則是「器之」，即量才而用，因人之專長而任之以職，則人盡其才，不會錯配，如此便須對下屬有所了解，知其長短優劣，方可「慎辨物居方」（《周易・未濟象傳》）。小人視人如工具，自不屑理會員工的性情與能力，故不欲亦不能量才而用。兼之小人德性有虧，喜歡凌弱小，故對下屬經常頤指氣使，求全責備。此非要求嚴謹，而是濫用權威。故小人而在上位，則不但令下屬產生極大壓力，亦使團隊士氣嚴重受挫。

以此三方面冷眼旁觀自己的上司與同事，則君子小人之判，雖不中亦不遠矣。

如何面對讒言與誹謗

子張問明。子曰：「浸潤之譖（音浸，讒言），膚受之愬（音訴，誣告），不行焉，可謂明也已矣。浸潤之譖，膚受之愬，不行焉，可謂遠也已矣。」（《顏淵》）

「浸潤」意謂如細水長流一般，浸潤之譖是指如細水長流重複不斷入耳的讒言；有謂謊言重複一百次便成事實，便是浸潤之譖的效果。以常人心態言之，讒言聽之再三，很難不生影響；君子則否，不道聽塗說，不人云亦云；對進讒者聽其言而觀其行，聯繫進讒者之品格與日常言行而作判斷。此外，一切流言蜚語，無耳聞目見則存疑，不以之影響自己原有的判斷。有如此表現即稱為「明」，就是見事明白，不受蠱惑。

「膚受」意謂如皮膚感到痛楚般，膚受之愬乃指令自己感到不快的誣告。謗言令人難受，乃心靈受到傷害所致。以平正之心面對誹謗十分不易，常人於此最易受到撥弄，成為他人的鬥爭工具而不自知。君子則不然，面對誣告誹謗，切實反省，有不善則改之，若錯誤糾正而誹謗不止，再反省之，如無過錯，則對謗言置之不理可也，孟子對於類似問題採取放下不爭的態度：「有人於此，其待我以橫逆⋯⋯自反而忠矣，其橫逆由（猶）是

也……此亦妄人也已矣，如此則與禽獸奚擇（區別）哉！於禽獸又何難（責難）焉！是故君子有終身之憂，無一朝之患也。」（《孟子・離婁下》）這就是儒家的處事態度。

誤信讒言與誣告，一則傷害他人，一則損害自己，二者俱對自身的人際關係造成緊張與對立。因此，具有見事明白的素養便十分重要。只有見事明白才能撥開雲霧，看見前路而知所往，這稱之為「遠」。「遠」是由遇事明白而展現出來的豁達。當心境不為外物所惑，則對人對事自然能清明如鏡而燭照遠近，如此才能清明在躬，志氣如神。

面對種種是非而能化險為夷，關乎自身的思想與道德水平。封他人之口既不可能，防惡口兩舌又非外力所能達至，故求人不如求己，明而遠，則遇事通達而穩重。推而廣之，今天媒體的報道手法，與浸潤之譖及膚受之愬何其相似，故盡信其說則謂之不明，而難免下愚之譏。

博學而無所成名

達巷黨人曰:「大哉孔子!博學而無所成名。」子聞之,謂門弟子曰:「吾何執?執御乎?執射乎?吾執御矣。」(《子罕》)

這一章言孔子的大學問。孔子之有大學問,在其當世及後世皆無異議。做學問不難,有大學問則難,同樣的知識,以之下達,則為小人之追名逐利,便為世間一庸才;以之上達,乃有君子之利物濟世,即為人間一菩薩。

達巷黨(以「達」為名的鄉里)人說「大哉孔子」,是盛讚孔子的偉大。由此而知孔子曾有利他之行而為此鄉里之人所傳頌。「博學」指學識淵博,「無所成名」指所有學問範疇皆沒有名聲,但這是對大學問的最佳描述。孔子的學問獲得他人的高度讚賞,有兩重意思,一是學問本身值得尊重,一是淑世精神及不務名利之心獲得敬重。常人有所學即希望有表現而名成利就,這是名利心態的反映。好名非壞事,但脫不了計度之意,只有聖人才不為名聞利養。古今聖人之所以偉大,是其教化可提升人的道德精神,並指點人生方向,而不是教人作專家。

「大哉孔子」之讚,如孔子之讚帝堯:「大哉堯之為君也」(《泰伯》)與《易傳》之讚乾元:「大哉乾元」,都指向大利生

民方面。「博學而無所成名」之意，猶如孔子之極讚泰伯「三以天下讓，民無得而稱焉」（《泰伯》）。至於「吾何執？執御乎？執射乎？吾執御矣」之意，是孔子借物喻志，作馬車夫而不作弓箭手，是因為射箭有求勝之心，雖有鄉射之禮使成君子之爭，然勝者有名，則爭心不止。駕者之間雖有技術良窳之別，然駕術最優者亦須載人與物，載人載物即屬利他之行。人一旦有利他之心，則為學做人，必以利物濟世為宗旨。

聖人教化群黎，不以博學多才臨人，故得到千千萬萬人的崇敬，然無一人視聖人為專家。佛陀、耶穌能稱之為宗教家乎？程伊川說：「蓋大賢以下即論才，大賢以上更不論才」（《二程遺書》卷第十八）即凸顯了本章的精神。今天談孔子者，每每言孔子為偉大的思想家、教育家、政治家……實在是嚴重貶斥孔子而不自知。文化精神的失落，於此可見一斑。

君子行事：合義、循禮、行謙、守信

子曰：「君子義以為質，禮以行之，孫（遜）以出之，信以成之。君子哉！」（《衛靈公》）君子處事，以道德之應然與否為準。孔子提出四個角度來觀察，合乎此即為君子。

「義以為質」指所做之事其性質合於義。一件事情是否合乎道德，須從其性質說起，譬如侵略，無論用什麼冠冕堂皇的理由都是不義的。「義」是指合乎道德的要求。誠如孔子說：「君子喻於義、小人喻於利」（《里仁》），「不義而富且貴，於我如浮雲」（《述而》）。「禮以行之」是在實行之時合乎禮的規範，禮是社會上人人共同遵守的言行範式，事情的表現形式或程序也為禮所包涵，因此越過正常程序便屬失禮，失禮則人所厭棄。

「孫以出之」指主理的事情以謙遜（謙虛、謙恭）態度為之。謙遜之所以是美德，一方面知道自己有所不足，另一方面懂得尊重他人。合人與己而後有此態度。孔子自我表現謙虛，如：「默而識之，學而不厭，誨人不倦，何有於我哉！」（《述而》）謙遜與虛偽矯情不同，這些造作，有心經營，刻意表現，目的是取悅他人，懷有功利目的，與謙遜的性質完全不同。謙德是中國傳統文化的重要德性，《周易・謙彖》有云：「謙，尊而光，卑而不可

逾，君子之終也。」反映了謙德的價值。君子之行必謙遜以出之，代表高尚的人品，就是這種品德，便人所不及。老子所言「後其身而身先」，其義通於謙德，亦只有具備謙德的人，才真正了解道家柔弱勝剛強的實義，否則便只是陰暗的行事手段。

「信以成之」所指為一件事情的完成，其間表現出來的是一個「信」字；信是守諾，是對人與事負責不欺的態度。「信」須以誠敬為之，未有不誠敬而能守信者。今天用各種方法維持信用，如簽訂契約合同，以法律束縛當事人不能失信。大凡信用依靠外力維持，便顯得非常脆弱，因此利之所在，爽約違約之事此起彼落，皆因失去誠敬所致。

要表現君子的德性，從處事而言，就是事情的本質不與道德相違，事情的進行合乎禮的規範，而處事的態度謙恭有加，並以負責不欺的精神貫徹始終。

儒家的啟發式教學

子曰：「不憤不啟，不悱（音匪）不發。舉一隅不以三隅反，則不復也。」（《述而》）

儒家非常重視教育，故《論語》開篇即言：「學而時習之，不亦說乎！」儒家有十分成熟的教育方法，就是啟發式教育。這不是說小童不要背誦，背誦經典是進入人文領域的基本功，也為小童儲備文化與學問的材料，這屬「小學」階段；升進「大學」階段，便實行啟發式教育。

啟發式教育的精神是因材施教，不強迫接受。這裏分為思想、語言、應用三個方面。思想層次是「不憤不啟」。「憤」是心欲求通而未能的狀態，指思考問題時遇到障礙，因不明而生疑惑。教者在其似通不通的階段給予開導，讓學者跨越思考障礙。這種到了思考瓶頸處才予指點的方法，重點在思維方面提升學者的理解能力。

語言層次是「不悱不發」。「悱」是口欲言而未能的情狀，這是對所學似明非明，故表述之時力有不逮。到了無辭以對，欲言又止的地步，教者乃予以提點。這種讓學者先嘗試找尋適當語辭的方法，重點在訓練學者的語言表達能力。當然，透過思想

遇障而施加提點，以及欲語無言時的指導，知識道理明白了，然若止於此，停留在概念上，則只成就孤離的知識道理。知而不行，不算真知。

應用層次是指觸類旁通。「舉一隅不以三隅反，則不復也。」屋有四隅（角），形制皆同，故由一端即可概其餘，以比喻所學所思貴能舉一反三。學者於其所學，如不能以此例彼，則為不通，此或所學過於艱深，或在學者認知能力以外，便須停止講授此等道理，不然浪費學者精神，並益增其反感，此於教育為失敗。

學者因憤悱而獲啟發，遂對人事物理有所把握，然此屬知識傳授一類，能否實踐應用未有保證，舉一反三才能通情達理，並學以致用，誠如荀子《勸學篇》所言：「倫類不通，仁義不一，不足謂善學。」啟發式教育成就善學者，善學則道德仁義一以貫之，此為君子特徵之一。儒家教學，務在培養君子，一則修己，一則治人，此儒家所以成為中國傳統文化之主流，並成為護持人類道德文明與理性表現的恒常力量。

儒家的交友之道

子曰：「三人行，必有我師焉；擇其善者而從之，其不善者而改之。」（《述而》）

修德有二途，除了內省工夫以外，還有外在的觀摩之法，此因他山之石可以攻玉。《禮記・學記》有云：「相觀而善之謂摩」，是就學子的學習態度而言。同學間在學習研討的過程中，互相觀察，取人之長補己之短，稱之為「摩」（切磋琢磨之意）。

孔子對於修德，其中一項要求就是觀摩，即學習他人的優點。「三人行」一語，是孔子變化《易經》的爻辭而來。《損卦》六三爻云：「三人行則損一人」，原本表示爻位之間的關係，但孔子用其辭而變化其義，使之成為修德指引，於此可見孔子泰山巖巖的道德氣象。在嚴毅的道德意識照察之下，「損」自然是道德抉擇的結果。「擇其善者而從之，其不善者而改之」就是觀察他人思想言行而來的道德抉擇。因此，美善的思想心態言行要學習，而醜惡的便應避免。此「三人」可包括任何關係乃至沒有關係的人，只要有修善之心，則處於任何的人際關係中都有擇善而從的道德表現。

朋友既有「益者三友」與「損者三友」之分（見《季氏》），

故擇交異常重要，誠如曾子言：「蓬生麻中，不扶自直，白沙在泥，與之皆黑。」（《大戴禮記‧曾子制言上》）此以自然界之事物，喻環境對人德性的重大影響，非常恰切。環境因素中又以「人」為最重要，故有孟母三遷之事，而孟子亦言：「近朱者赤，近墨者黑。」（《孟子‧滕文公下》）可見古人對於教育成敗的原因有非常深刻的觀察。

人既分君子與小人，其擇交態度亦顯然有別。所謂物以類聚，小人「同」而不「和」，拉幫結派，黨同伐異。君子則不然，「和」而不「同」，以文（「文」以道德為義）會友，以友輔仁。（見《顏淵》）朋友是修德的助緣，是德業互勉的好夥伴。朋友之最則為同心同德的知己，然而千金易得，知己難求，故酒逢知己千杯少，但又君子之交淡如水。朋友之道，莫如《周易‧繫辭上》所云：「二人同心，其利斷金」，美矣哉！其極至乃士為知己者死，朋友之大義偉矣哉！

三類品性詐偽之人，無法施教

子曰：「狂而不直，侗（音同）而不愿，悾悾（音空）而不信，吾不知之矣。」（《泰伯》）

有三類人氣質偏蔽至極，俱為詐偽之表現。此等人品性奇劣，孔子認為難以施教。萬有不齊，此等極詐之人，即是天之棄才，須慎而防之，否則後果堪虞。第一等詐偽品性是「狂而不直」。「狂」本來是一種品德，孔子也非常欣賞，說「不得中行而與之，必也狂狷乎！狂者進取，狷者有所不為也。」（《子路》）因此，「狂」與「狷」雖各走一偏，然皆反映擇善固執的德性；狷者有所不為，狂者則一往直前，義無反顧。但如有人之表現類於「狂者」，出發點卻非「擇善固執」，則必有極不光彩的動機，總之不離損人利己或損人又不利己者是。例如某些政客，為了某些原則而裝作大義凜然，強行出頭以爭取某某權益者皆屬之。他們走上街頭，或於議會中折衝樽俎，表面說為了港人福祉，卻盡死力阻止民生政策的落實，謂之「拉布」，此等人之動機若何，真是司馬昭之心，路人皆知。

另一等詐偽品性為「侗而不愿」。「侗」指童稚，「愿」之意為「善」。童稚無知，喜怒哀樂愛惡懼皆形於色，此謂率真。如

若有人表現一派天真，而其內心卻極之不善，則此等人當屬挑撥離間之能手，如演藝界常有人說話情真意切，卻經常在無意之間中傷他人；政圈中人亦然，批評時政情真意切且愛惡隨之，七情上面，然其動機卻是自利而傷人。

又有一等詐偽品性為「悾悾而不信」。「悾悾」是誠懇的樣子，「信」是言行一致，於己為誠（不欺），於人為信（承諾）。一個人言行平實，形態憨厚，當為可信之人，然若有人表現出忠厚的樣子，卻言而無信，行非所言，則謂之「悾悾而不信」。孔子說：「人而無信，不知其可也。」（《為政》）非常不幸，這種品性又常見於政客之流。在攝錄機前政客一副鞠躬盡瘁的樣子，攝錄機外則是截然相反另一回事了。政客在議會中不惜以今日之我打倒昨日之我，此無他，利益現前故也。

此三種品性政客業已具備，一個社會若由這類天之棄才作主導，便可悲至極。

（編者據「古道今談」〈天之棄才，難以施教〉一文補訂）

君子在人己關係方面的三種表現

子曰：「君子求諸己，小人求諸人。」「君子矜而不爭，群而不黨。」「君子不以言舉人，不以人廢言。」（俱見《衛靈公》）

孔子從人己關係的三個方面區分君子與小人。「君子求諸己」是指為人處事先自我要求，如事情做壞了，先想到的是否自己的能力不夠，經驗不足等等。自我要求的態度是培養責任心的重要方法，就是「躬自厚而薄責於人」（《衛靈公》）的態度，這是一種處事的魄力和承擔能力。與此相反的便是「小人求諸人」，指遇事每每牽涉他人，如追求個人利益之時喜歡請託，使用他人則求全責備，處事有虧便諉過於人。這種不負責任的思想言行，是典型小人的寫照。「求諸人」反映強烈的利己心，也是個人主義的註腳，可悲的是現今社會上充斥着這類人。

君子另一表現是「矜而不爭，群而不黨」。君子有不可犯之尊貴氣象（矜），然泰然自若，不與人爭；修德君子，道德巖巖，故子夏說「君子有三變：望之儼然，即之也溫，聽其言也厲。」（《子張》）其他弟子亦記孔子「溫而厲，威而不猛，恭而安」（《述而》）。這些內容都是孔子性情的寫照。「威而不猛」是有威勢而不兇惡，「溫」是和藹可親，「厲」是一絲不苟；君子

非禮不言，然予人如沐春風之感。「群而不黨」則與「和而不同」之內容相通，此因「和」才能合群，「同」則必然排斥異己，植黨營私。

由於具有和而不同與群而不黨的德性，故君子「不以言舉人，不以人廢言」，不會因一個人說了有深度的話便推薦他，也不會因一個人出了問題而抹殺他的正確言論，此因「有德者必有言，有言者不必有德」（《憲問》）。這是有關「人」與「言」的辯證思維：能說正言不能由此推出其為有德之人，孔子曾經因宰我白天睡覺（原因當不在晝寢，應是因晝寢而影響了其他事情），明白到聽其言必須觀其行。（見《公冶長》）雖雞鳴狗盜之輩，亦有言中其實，一針見血之論。人不論有無德行，俱能說有德之言，只要是德言，便應採納。至其人之可否進用，不經深入觀察則不能草率決定。

從政者的等級劃分

子貢問曰：「何如斯可謂之士矣？」子曰：「行己有恥，使於四方，不辱君命，可謂士矣。」曰：「敢問其次。」曰：「宗族稱孝焉，鄉黨稱弟焉。」曰：「敢問其次。」曰：「言必信，行必果，硜硜（音亨，意為淺陋固執）然小人哉！抑亦可以為次矣。」曰：「今之從政者何如？」子曰：「噫！斗筲之人，何足算也？」（《子路》）子貢為人喜歡尋根究柢，問孔子要怎樣才稱得上「士」（可以當官的讀書人）？孔子於是就「士」的表現分為三等，並且有清晰明確的價值定位。

第一等士人德才兼備。「行己有恥」換一種說法，就是所作所為對得住自己的良知。「恥」指羞恥，表現為內心不舒服不愉快，總有虧欠了別人的不安感受。這種「恥」的感受，就是我們常說的「良知」。「使於四方，不辱君命」指具有政治幹才，出使外邦能維護國家利益。今天如有外交官與外國使節交往，而做出喪權辱國的言行，則可謂之國之匪類。

第二等士人側重修德。「宗族稱孝焉，鄉黨稱弟焉。」這一層次的為官者，雖缺乏外交長才，然注重道德修為，其宗族稱之為孝子，鄉親父老稱其能禮賢下士。德性如此之官員，自能

廉潔自守，感化身邊人物，亦可化民成俗。歷史上稱這類官員為「循吏」。

第三等士人「言必信，行必果」，只執持概念原則，不考慮現實情況，並且不惜扭曲真實情況以遷就概念。為政者當知民情，並且要因時制宜，不能墨守成規，否則便害苦了百姓。施政與社會脫節，則政策不但不利民，反而擾民損民。今天官場上這類人多的是，法律界這一層次的人亦復不少。孔子批評這類只懂照本宣科的人，不論其職位分位如何，皆為淺陋固執的小人。小人做事永遠只為一己之私，凸顯自己，而不是實心實意地照顧大眾福祉。

至於正在當官的人又如何？孔子慨歎說「斗筲之人，何足算也」。斗與筲（竹器），皆為小容器，盛載不多。以此比喻為官者德才俱欠。治理一個地方的人，條件如此不濟，百姓肯定遭殃。地方上因民生問題而引發的動亂，原因鮮有不由這類貪官污吏的胡作非為所致。

孔子的教學態度與教學重點

孔門師弟的精神能一脈相承，最終成就儒家學派，原因之一是教學方向與態度。有一次孔子面對眾弟子說：「二三子以我為隱乎？吾無隱乎爾。吾無行而不與二三子者，是丘也。」（《述而》）「二三子」是孔子對眾弟子的稱呼。弟子認為孔子有些地方有所隱瞞，這章語境似是孔子向弟子交代一些事情。這事可能與孔子見南子有關。

孔子五十五歲時在魯國因無法得位行道而去了衛國。當時衛靈公當政，其夫人南子聲譽不佳，且有淫蕩惡名。由於南子要求所有想見衛靈公的人都要先拜見她，孔子最終與南子見面。子路認為孔子不該與南子相見，而二人相見之時究竟發生了什麼事？這是子路不悅的原因。孔子為此發誓，說若做了不道德的事，上天一定厭棄他。（見《雍也》）在這段期間，孔門弟子大概認為孔子隱瞞了一些事情，這當為本章的背景。

「吾無行而不與二三子」表現了坦誠的師弟關係，也凸顯了孔子的教育精神，只有開誠才有感召感化的力量；無所隱瞞所表現出來的，是仰不愧於天，俯不怍於地的品德，這種光明磊落的精神意態，正是眾多弟子對孔子心悅誠服的重要原因。孔子開誠

的教學態度，配合「文、行、忠、信」（《述而》）的四大教學重點，獲得了顯著的教化效果。「文」是《詩》、《書》等文獻，「行」是行為準則，所指為禮法，屬於行為規範。文與行的關係就是博學於文，約之以禮。「忠」、「信」是德性，忠則盡心而無所欺瞞，信則內外一致而持守諾言。二者俱表現出思言行一致與不欺的美德。

孔子這種教學態度與方向的價值與意義，可由儀封人（衛國儀地的邊防官）與孔子見面後的一席話予以說明：「天下之無道也久矣，天將以夫子為木鐸（古代銅鈴，用於宣教時提醒之用，比喻教育家）。」（《八佾》）儀封人與孔子會面時說了什麼雖然不得而知，但孔子必然言及自己的理想抱負。儀封人讚歎孔子，謂當時各國政治不修已經很久了，上天會以孔子作為天下人的導師。二千年後的今天，回顧孔子的影響，果然如此，儀封人真可謂卓識過人。

貧不諂而安樂，富不驕而好禮

子貢曰：「貧而無諂，富而無驕，如何？」孔子曰：「可也。未若貧而樂，富而好禮者也。」（《學而》）孔子曰：「貧而無怨難，富而無驕易。」（《憲問》）孔子對於貧富與修德之間有很多體會。如何處貧處富最易考驗一個人的道德水平，因此成為儒家評斷一個人的道德定向思維。

「貧而無諂，富而無驕」，是在貧困的時候不對有權勢的人生起諂媚之心，而富有的人不對貧窮的人表現出傲慢的態度。孔子認為這是可取的，但未予積極肯定，因為這兩種態度反映出來的，仍屬修德初階。不諂媚是告訴人自己有人品，不傲慢是表現自己有修養。這一層次的表現，不因自己所處位置而墮入氣性易犯的毛病，這自然也是難得的。

「貧而樂，富而好禮」的態度優於前者，因為貧困而能保持心境喜悅，富有而能時常施禮。悅樂與好禮皆屬精神層次之事，只有重視精神生活的人才會如此。這種表現是孔子所言「古之學者為己」（《憲問》）的「為己」實義，就是提升自己的修養，不以環境而轉移心志，並知道修德才是生命價值之所在。故子貢所言，仍在名位一層，而努力矯正氣性的偏失，只是修德的

開始，所以孔子只「可」子貢之說；至於孔子所言的境界則是名利不入於心，是修德之更上層樓。

「貧而無怨難，富而無驕易。」物質生活愈差，道德力量愈弱，難與易都是對氣性有深切了解而後言的。貧而無怨之所以難，常人對於自己際遇不順，總會怨天尤人，鮮能樂天知命。「無怨」反映貧窮無損於生命的價值，而人生所追求的另有內容，「德之不修，學之不講，聞義不能徙，不善不能改」（《述而》）才真正令人擔憂。生命意義在於表現道德價值，而身軀只是表現生命價值的載體，這裏有所體認，則「朝聞道，夕死可矣」（《里仁》）的意義便顯豁了。富而無驕之所以容易，是因為一個人已經具備豐足的條件時，一切都來得容易，這時候便可有各種大度的表現，附庸風雅當然也少不了；但一個人如果沒有任何生活憑藉，仍能滿足快樂，便是真正以道充身、有德有品的賢士了。

孔子自道一生

子曰：「吾十有五而志于學，三十而立，四十而不惑，五十而知天命，六十而耳順，七十而從心所欲不踰矩。」（《為政》）這是孔子七十歲以後回顧自己一生進德修業的歷程。

孔子十五歲已經立志為學。為學不偏於求知，而以成德為要；由十五歲到三十歲的一段長時間，孔子不但學習六藝，並且探尋隱含於六藝之中的文化傳統及其精神。孔子為學的方向與目標都是成德，這很自然會在禮學上用功。禮作為道德規範，是德性的外顯形式。孔子克己復禮，三十歲之時動作威儀已經符合禮的規範（立於禮），這種符合自然有強制的意味，未至聖域，修德之事都須以克復為之。

孔子四十歲之時能不受外在誘惑，這種定力不止在行事應然與否的問題上有確定不移的見解，更重要的是孔子對道德律的把握，已經由外在的處事準則進而體認到生命內在的道德本質。孔子體認到道德居於人生最重要的位置，因而在行事為人方面遵依道德原則，力行不惑。五十之年是孔子人生的轉捩點。政治上的失意，沒有影響自己的人生原則，反而更了解自己的「天命」所在，由此孕育了深邃的形上思想，領悟到道德大源出於

天，而傳統天命有德的觀點，在孔子心中是確鑿不移的，這顯示了孔子之修德已到達了新境界。

六十之年的孔子，雖然仍流離失所，但修德又到了更高的境界，達到「耳順」的階段，耳順是「聲入心通」（朱熹註語）的意思，就是具有極強的感應與判斷能力，這也是「聖」的內涵。

七十歲的孔子優入聖域，從心所欲不踰矩。「矩」是準繩，是言行的規範，統言之稱為禮。禮文體現仁心德性，是行為的規範，而仁心是決定禮文價值的關鍵。所以，當生命與道德通而為一的時候，起心動念便由仁心（良知）作主，這是孔子從心所欲不踰矩的實義，非謂具體言行無絲毫差忒。

孔子既掌握「周禮」儀文，亦深切體會「周禮」的精神，明白到生命最可貴的是道德價值的體會及發皇，而聖人內涵即由此顯。聖賢教化之所以重要，因為他們是人類的道德楷模；而中華傳統文化重視古聖先賢，故於修德之指導亦燦然明備。

「成人」乃孔門之理想道德人格

　　子路問成人。子曰：「若臧武仲之知，公綽之不欲，卞莊子之勇，冉求之藝，文之以禮樂，亦可以為成人矣。」曰：「今之成人者何必然？見利思義，見危授命，久要不忘平生之言，亦可以為成人矣。」（《憲問》）

　　「成人」（成德之人）在孔門師弟間曾有過討論，是聖人、賢人、君子、善人以外的另一種道德人格。後世較少使用「成人」一詞，但其內涵可以說等同大賢，亦為君子之最。從對「成人」的問答中反映了孔子因材施教的特點。

　　子路氣性剛強，故孔子的回答十分硬朗。「臧武仲之知」指魯人臧武仲知齊侯將敗，故尖刻批評齊侯使其不快而不授己以封邑，這是全身遠害的政治智慧（洞燭先機以及明哲保身的智慧）；「公綽之不欲」指魯大夫孟公綽寡慾，故得優游（不慕名利，知足常樂的德性）；「卞莊子之勇」指魯大夫卞莊子，勇猛過人，敵軍避走（「雖千萬人吾往矣」的強勇）；「冉求之藝」指弟子冉求多才多藝（熟悉射御書數等）。只要能「文之以禮樂」，受禮儀規範，使言行合度，如此便是「成人」道德人格。

　　孔子就子路的性情特質，而言「見利思義，見危授命，久要

不忘平生之言」。見利思義與知恩念恩感恩相通（不寡薄），見
危授命表現為承擔意識；「久要」指曾許下的約定，「平生之言」
指自少以來的諾言。不忘曾許下的所有承諾，便是言而有信。因
此子路要踐行「成人」之道，便須心存感恩，有抱負與承擔，以
及信守承諾便可。

在《說苑‧辨物篇》中，孔子回答顏淵云：「成人之行，達
乎情性之理，通乎物類之辨，知幽明之故，睹遊氣之源，若此
而可謂成人。既知天道，行躬以仁義，飭躬以禮樂。夫仁義禮
樂，成人之行也。窮神知化，德之盛也。」顏淵的智慧最高，
悟性最強，因此孔子所言亦甚富哲理。「成人」是知天道而居仁
由義，不悖風俗禮儀，足為人倫典範者；「成人」達天人合一之
境，宇宙人生之實相了然於心，窮達不論，知足常樂。顏淵為大
賢人物，故「成人」在此已臻聖人之疇。孔門立教重在成德，觀
乎孔子「成人」之教，可以知矣。

道德自制：非禮勿視聽言動

顏淵問仁。子曰：「克己復禮為仁。一日克己復禮，天下歸仁焉。為仁由己，而由人乎哉？」顏淵曰：「請問其目。」子曰：「非禮勿視，非禮勿聽，非禮勿言，非禮勿動。」顏淵曰：「回雖不敏，請事斯語矣。」（《顏淵》）

顏淵悟性最高，也是孔子視為最能承傳儒家思想與價值的弟子。對於顏淵的種種提問，孔子總是在最高層次施以回答。「仁」如何表現，是關乎實踐的問題。孔子先引用古語「克己復禮為仁」，然後逐步推衍其內容。「克己復禮」是兩個相關的修德要求，「克己」所指為克服自己的不良習氣，表現出道德意志和決心，而所對治的自然是不合道德規範的言行，使之合禮，稱之為「復禮」。

「一日克己復禮，天下歸仁焉。」「一日」意為一旦（即有一天）。這是修德可以表現道德力量的重要體會。自己一旦做到克己復禮，便生出足以令天下人改變陋習並持守道德的力量。「天下歸仁」是勉勵語，並非指實。道德意識以及合禮的言行原來是人與人之間最大的感染力。道德是「我欲仁斯仁至」的，是生命價值的所在。「為仁由己，而由人乎哉？」指出克己復禮須自己

一力承擔，力行不惑，不能由他人代辦，反映道德修為是真實不欺，一步一腳印的。

　　至於修為細目，孔子說「非禮勿視，非禮勿聽，非禮勿言，非禮勿動。」這裏便有眾多工夫可做。視聽受外間影響，多屬被動。如有不合禮者則不看不聞，當然包括看見了聽到了卻視而不見，聽而不聞，這種定力反映內在情志的堅定。至於不言不動，則是強大的道德意志所致。人經常失言妄動，是因為氣性偏至、德性有欠。在一個場合，不是自己說話的時候便安靜，也不說有失身份或內容淫亂的話；而不該表現的時候便不妄動，也不會出現有失身份，或淫亂不雅的行為，凡此都需要一份道德自覺，以及高度的自制能力。因此克己工夫是全方位的，而表現合度便須習禮。以此而言，修德實在是對種種生活內容的合禮安排，以及對自身言行的克制能力，而克制能力以及合禮言行，正是衡量一個人修德水平的重要判準。

聽嚴正之言能改，聽悅巧之言能思

子曰：「法語之言，能無從乎？改之為貴。巽與之言，能無說乎？繹之為貴。說而不繹，從而不改，吾末如之何也已矣。」（《子罕》）孔子觀人於微，一個人如何看待嚴正與悅巧之言，反映了一個人的品性與道德修為。

「法語之言」：「法」指合乎規範的內容；「語」（音預）是告訴之意；「言」指說出來的話。全句指以嚴肅合乎正道法則的說話告訴人。「能無從乎？改之為貴」，指聽了這些大道理後，可以不依從嗎？但以改過為貴。因此，修德之要，是聽嚴正之言，不但思想上依從，並且在言行上表現出來。法言是我們修德所當依循的道德原則，而常人的言行多少總有背離道德原則之時，知過改過便是自我糾正的表現。

「巽與之言」：「巽」為恭順，「與」為讚許。所指為順從讚許的說話。「能無說乎？繹之為貴」，常人面對賞心悅耳之言，誰聽了不高興？但以有分辨說話能力為可貴。「繹」原指抽絲，意為清晰地分析。我們如果聽了對自己恭維的話，仍能保持清醒的頭腦，不會沾沾自喜，便很可貴了，而小人雖善於巴結逢迎，亦難達到目的了。

　　　　　　　聖言與人生：鄧立光博士文化專欄集

「說而不繹」：對於討好自己的言論，如果不加分辨，便一股腦兒接受，則這類人必為小人之疇；試看小人的表現：「小人難事而易說也，說之雖不以道，說也。」（《子路》）這就是為什麼小人當道，招聚而來的都是小人，此中物以類聚的原因，是有權勢的小人喜歡別人對自己阿諛奉承，而謀權取位的小人喜歡對別人阿諛奉承，故一拍即合。

「從而不改」：如果聽了大道理，只虛應故事，作表面工夫，在眾目睽睽之下，循規蹈矩，但如心態不變，即是欺人自欺。如是有意為之，則此等必屬城府甚深而手段極陰之人。此等虛浮不實之人倘若一朝得志，則小人之禍難免。

一個人是否有德行，只要看看他用什麼態度對待正言和巧言，便十不離八九了。能改能繹，示此人心志堅定，故能分辨善惡而知所為，可走成德之路。至於不繹不改，則屬小人品性，難以修德上進。面對這類心性的人，聖如孔子也沒有教導的辦法了。

孔子善教與顏淵善學

顏淵喟然歎曰：「仰之彌高，鑽之彌堅；瞻之在前，忽焉在後。夫子循循然善誘人，博我以文，約我以禮，欲罷不能。既竭吾才，如有所立卓爾。雖欲從之，末由也已。」（《子罕》）這是顏淵對受教於孔子的極讚，而孔子教予顏淵者是由外在的知識條理進而至內在的道德精神。

顏淵最為孔子所器重，除了德行最優以外，智慧也最高，聰明如子貢也說：「賜也何敢望回；回也聞一以知十，賜也聞一以知二。」（《公冶長》）這就是何以孔子授予顏淵的多為精神層次的內容，而顏淵所讚又有點不易把握的緣故。「仰之彌高，鑽之彌堅；瞻之在前，忽焉在後。」這是說愈仰望愈高，愈鑽研愈深，而且眼前明白看見的，忽然間去了身後。這種愈高與愈深、前後飄忽不定的形容，如果是就六藝（禮樂射御書數）的具體知識而言皆不如此，然若就精神而言，則可有極高極深與飄忽之感。孔子所講的當屬極高明而道中庸的學問，而後有顏淵如此的讚歎。

「循循善誘」這一教育方法，貫串了孔子教而不倦的精神，是孔子傳道授業的最佳寫照。「博我以文，約我以禮」是孔子的

教育模式以及精神所在。廣泛研讀經典是成就高尚人品的要項之一，然未必能身體力行，因此約之以禮就能將知識運用於生活之中，以行禮的形式表現出來。由博返約，從文到禮，反映了學問須扣緊生命方能彰顯為學的價值。

「欲罷不能」表達了孔子的教而不倦，成德之教本來就是進而無退的，這是孔子培養道德人材的不容已之情。「既竭吾才，如有所立卓爾」表達了顏淵的學而不厭。孔門師弟對教與學的積極投入，受教者能充分發揮其資質潛能，從人性入手來培養道德人品才是根本辦法。由此，凡夫也能脫胎換骨，希賢希聖。顏淵經過孔子這種竭才教育，而產生德有所立而學有所得的強烈感覺。這種感覺實際上是宋明理學陸王一系的教育特點，就是先立其大，故學子於道德多有體認而有道德巖巖的氣象。

「雖欲從之，末由也已」，是顏淵對孔子教導所作的反省與體認，此除了回應開首的四句讚辭，並且表現了儒家高尚的謙德。

孔子對人性的體會

孔子說：「性相近也，習相遠也。」（《陽貨》）又說：「君子有三戒：少之時，血氣未定，戒之在色；及其壯也，血氣方剛，戒之在鬥；及其老也，血氣既衰，戒之在得。」（《季氏》）

這裏所言之「性」，是就與生俱來的所有自然稟賦的總稱，後人稱之為「氣質之性」。人與人之間，生理結構相同，所表現出來的本能也類同，但因形軀的限制，人人對同一事情的反應就有不同，因而只能說相近，這是「性相近」的意義。

人不止於動物，還有文化與文明作生活的指導。文化要經過反覆學習才成為自身言行模式，「習相遠」言由學習而來的文化行為會有很大差距。透過學習，可成就君子；也有讀聖賢之書，然本能過強，不易改易，故待人處事總是損人利己、貪生怕死等等，而落入小人窠臼。

君子作道德修為，是要與自己的本能作對，從少到老，不同時期的生理特徵便有不同的對治方法。「少之時」指青少年及青年的階段，此一時期生理發展邁向成熟，繁衍後代的衝動也最強，這是「血氣未定」的階段，最受不了男女的誘惑，道德修為就要針對這一生理特徵而予以規範，「戒之在色」即不能因本能

衝動而做出有傷風化的事情。

　　人到中年，邁入四五十歲的壯盛時期，此時最大的生理衝動已不是男女問題，而是爭名位，爭地盤。「血氣方剛」所指為爭奪利益而鬥志昂揚，氣盛意滿，「戒之在鬥」就是不要為個人利益而互相鬥爭，所應為者是「人不知而不慍，不亦君子乎」、「不患人之不己知，患不知人也」。試看今天社會上有名有位的壯年人，為了權位私利而彼此鬥爭得難分難解，就知道這一大群人都是本能用事的人形動物。

　　人到了晚年，閱歷已多，但生理機能亦衰退，血氣既衰，便應放下，不要頑固執着。「戒之在得」，就是說老年人不能封閉頑固，倚老賣老。

　　道德問題是針對人性而言的，要人在文化氛圍中生活，不落入動物式的純生理反應和衝動。因此，中國傳統文化對道德有深入體認，對人性必然也有深邃觀察。孔子之言人性是了解中國傳統人性論的重要面向。

以德性分上智與下愚

孔子說：「唯上知（智）與下愚不移。」（《陽貨》）這是很有洞見的人性論命題。「唯」表限制之義，只有「上智」和「下愚」這兩類人不會改變。所謂「上智」是指對善惡具有高度的判斷力和能擇善而從，此誠如孟子所言大舜「聞一善言，見一善行，若決江河，沛然莫之能禦」（《孟子·盡心上》）。「下愚」則善惡不辨，黑白不分，而且冥頑不靈，過而不改。而「移」就性情方面而言，「不移」指性情不改。孔子對於人的血氣之性有深刻了解，因此言君子三戒。孔子的思想學說，其宗旨在於成德，一個人的生命能否表現出光采，氣性不是決定因素。才質再美而德行欠缺，生命便暗淡無光。故孔子說：「如有周公之才之美，使驕且吝，其餘不足觀也已。」（《泰伯》）周公制禮作樂，為周代政治、社會、經濟、文化各方面訂立了規模，其材質之優可以想見，故孔子對周公極度推崇，以至在夢中見到周公。驕傲而且吝嗇，都是品性的缺失。恃才而驕則凌人，恃才而吝則自私。兩者都是道德要對治的內容。人犯了此德性缺失，縱有周公之才也不堪說了。

孔子說：「生而知之者上也，學而知之者次也；困而學之，

又其次也；困而不學，民斯為下矣。」（《季氏》）由此可知，孔子不從天資高低判優劣，而以能否為善去惡定上下。「生而知之者」是資稟極優的人，是天才；但人群之中以中材居多，故須透過學習才能掌握知識，及體認道德的價值意義。中材之中以主動學習為佳，遇到問題才去找解決方法的便差些，至於遇到問題而不思解決的，便屬最下之人了。

子夏資質甚美，有如後世的大學問家，但孔子勉其為「君子儒」，不要當「小人儒」。（見《雍也》）這是勉勵子夏追求知識之外，提升道德才是最重要的事情。「君子儒」與「小人儒」同是儒者，區別在於心態。具有小人心態者，則知識只為滿足其私意的手段；具有君子心態者會用其知識利益一切。由此可知，由道德人品撐起的儒者才是儒家的代表，以知識技術充當的，縱然有儒者之名，亦不過一小人而已。

夫子之言性與天道

　　子貢說：「夫子之文章，可得而聞也；夫子之言性與天道，不可得而聞也。」（《公冶長》）本此可知孔子的學問有兩重境界。詩書六藝的具體知識，當然可得而聞；至於「性與天道」的價值內容非從學習而來，自然不可得而聞。「性」與「天道」連言，反映孔子明白二者之間道德價值方面的內在關係，則此「性」已非血氣之性，而是道德之性（天命之性）。

　　孔子對於道德有深邃體會，進而把握住道德根源，這是孔子晚年道德學問的一大進境。道德根源決不在生命之外，而在生命之中。這種體認甚深甚微，一般人難以理解。孔子說：「中人以上，可以語上也；中人以下，不可以語上也。」（《雍也》）中材以上者（指大賢），修德有成，能尊道貴德，才具有領悟天德的能力，至於中材以下者（下愚），是指對無形價值的一味排斥。

　　這種無形價值，很多時候需要心領神會，語言無法有效說明。孔子與子貢的一次對話反映了對永恒價值的體認。孔子說：「我不想說話了。」子貢回答：「夫子如不說話，則我們弟子有什麼可以傳述呢？」孔子回應：「上天有說過話嗎？看看四季輪轉，百物生長，上天有說過話嗎？」（見《陽貨》）這是有關

天道的對話。四時遞變，百物繁孳，這些表象人所共見，至其背後的天道則默默運化，何嘗有所明示？這是極高明的內容，反映孔子所達至的哲學慧境。

　　孔子的天道思想不是枯坐書齋思考出來的，也不是到處尋幽探秘體會出來的，而是在顛沛流離，九死一生的困境中悟得的。如孔子師弟在匡地被圍，險遭全殲，孔子說：「文王既沒，文不在茲乎？天之將喪斯文也，後死者不得與於斯文也；天之未喪斯文也，匡人其如予何？」（《子罕》）又一次孔子師弟去了宋國，宋司馬桓魋使人在他們休息處拔樹，作為大開殺戒的警告。孔子說：「天生德於予，桓魋其如予何？」（《述而》）這種天命有德的體會，經歷了多少深重的人生磨練。因此，當孔子說「不知命，無以為君子也」（《堯曰》）時，當知「天命」是從生死考驗中體認出來的行事意志及大無畏精神。

不怨天不尤人的聖人品德

一次孔子感慨地說無人了解自己！子貢聽不明白，便問何以這樣說？孔子答道：「不怨天，不尤人，下學而上達。知我者其天乎！」（見《憲問》）這是超凡入聖的道德境界。一般人處事如諸多不順，或受到刁難傷害等等，即難免於怨尤。孔子確知自己得到天命（不知命無以為君子），故行所當行，「居易以俟命」而不「行險以徼幸」。（見《中庸》）體認與篤信天命有德，成就了孔子不怨尤的聖人品格。

孔子多次說到不憂慮別人不了解賞識自己（不患人之不己知、不患莫己知），只憂慮自己不懂得了解欣賞他人（患不知人也），以及自己的才華能力是否足夠（患其不能也）。孔子處事，「不患無位，患所以立；不患莫己知，求為可知也」（《里仁》），從不計較個人的榮辱得失。孔子考慮的重點在自己是否培養了做大事的胸襟能力和責任感；如做足了準備仍不被賞識，而能做到「人不知而不慍」，那就是君子的人品了。（見《學而》）知遇之恩，無人不要，若無此福分而又不生怨尤，就是恕道的表現。

一次公伯寮向季孫說子路壞話（公伯寮與子路同是季孫家臣），子服景伯將此事告訴孔子，並說季孫聽了讒言後對子路起

疑心，而自己有能力使季孫明白真相，以及殺掉公伯寮，陳其屍於市集。孔子聽後，說：「道之將行也與，命也；道之將廢也與，命也。公伯寮其如命何！」（見《憲問》）孔子認為道能行世是天意，不能行世也是天意，區區公伯寮的所作所為能影響到天命嗎？

從這件事可知孔子力行不惑，是因為知道天命有德，天命在己，因而進德修業，下學而上達，努力自我充實，踐行理想。由培養才能，積德累行，樹立人品的下學工夫，以至於為人光明磊落，有不為物傷的瀟灑，及處事具有不執不着的大我精神，都非一般人所可設想與企及，故孔子慨歎無人了解自己。「君子上達」與「小人下達」是善惡二途的明確判分，「上達」就是上達天德，「下學而上達」是道德提升與自我成就的進程，而「知我者其天乎」之語，明確顯示了孔子的聖人氣象，已昭昭乎現於天地之間。

為政謙讓，所行無怨

冉有曰：「夫子為衛君乎？」子貢曰：「諾。吾將問之。」入，曰：「伯夷、叔齊何人也？」曰：「古之賢人也。」曰：「怨乎？」曰：「求仁而得仁，又何怨？」出，曰：「夫子不為也。」（《述而》）

孔子在衛國出仕，遇上衛國內亂。衛靈公太子蒯聵與南子有隙，內鬥而為靈公所逐，靈公另立蒯聵之子輒繼承太子之位。其後靈公薨，輒繼位，出奔於晉的蒯聵，由晉國出兵護送回衛國以爭位。政治波譎雲詭，此宮室爭權之事，站在何方，影響重大，故弟子議論紛紛。冉有問子貢夫子會否助衛出公處理此棘手的政治問題？子貢答應詢問孔子有關情況。

子貢不直接問孔子有關衛國之事，而是借伯夷叔齊兩兄弟之史事，以此例彼。《史記·伯夷列傳》言武王伐紂，以臣弒君，以暴易暴，伯夷叔齊恥之，義不食周粟，出而隱居，遂餓死於首陽山。判定此事實為兩難，武王伐罪，順天應人，生民如解倒懸，而伯夷叔齊從君臣之義言之，維護法統，亦有理據，孔子評伯夷叔齊為古之賢人，認為「求仁而得仁」，即順遂自己的價值觀及行事原則。孔子欣賞這種不依附於現實政治的獨立人格，故說伯夷叔齊對己所行之事無所怨尤。

孔子當然明白子貢提問的用意，而「無怨」之答，表示了自己對當前衛國事情的理解及取向。子貢以此例彼而得到答案，是師弟間心意相通所致。就衛國的現實情況而言，很明顯孔子將離開衛國，不捲入這場政治鬥爭，孔子從政畢竟是求取行道的機會，而非如世人般爭名逐位。從政須知所進退，這反映了一個人的胸襟與涵養，聖賢層次的表現則是謙讓與無怨。

衛國父子爭位，誰是誰非，孔子自有他的判斷，孔子欣賞的是謙讓，所以曰：「泰伯，其可謂至德也已矣。三以天下讓，民無得而稱焉。」（《泰伯》）孔子對於泰伯（泰伯是周族古公亶父的長子）讓位予其弟之事十分欣賞，「民無得而稱焉」是極讚之辭。孔子的政治理想是賢人在位，而賢人不一定有位，堯舜禪讓便為孔子所稱道。選賢舉能，拔才德最優者以管治國家，是賢人政治的精髓所在。

無可無不可與知其不可而為之

逸民：伯夷、叔齊、虞仲、夷逸、朱張、柳下惠、少連。子曰：「不降其志，不辱其身，伯夷、叔齊與？」謂：「柳下惠、少連，降志辱身矣，言中倫，行中慮，其斯而已矣。」謂：「虞仲、夷逸，隱居放言，身中清，廢中權。我則異於是，無可無不可。」（《微子》）

逸民是關切政治而又遠離現實政治的人。孔子所評幾位隱逸之士，其詳不得而知，惟因孔子之評點而略知其立身行事之大原則。孔子因子貢提問，評伯夷、叔齊求仁得仁而無怨，乃有為而發。至於夷齊行誼的價值，乃在「不降其志，不辱其身」，此為絕對堅持大原則的特立獨行。

柳下惠與少連，行事同乎流俗，故不免「降志辱身」，然其「言中倫，行中慮」，所言合乎道理，行事亦不出所慮，堅守立身之道。如此言行，於己不虧，與道家「和光同塵」之旨相合。至於虞仲與夷逸，則是「隱居放（棄置之意）言」，遠離塵俗，不評時政。身心俱隱，不涉俗情，自然「身中清」，而廢棄俗務，亦為行權，以與隱退相應，因而「廢中權」。這是完全退居山林的隱者。

聖言與人生：鄧立光博士文化專欄集

孔子說「我則異於是，無可無不可」，因應時勢，不執守形跡，表現了與逸民不同的價值觀。「可」與「不可」俱為執着，「無」之便化掉一切固執。因此，孔子不像伯夷叔齊那樣與有為之君勢不兩立，也不作柳下惠與少連「和光同塵」之行，更不會效法虞仲、夷逸與世無涉的隱居蟄伏。有隱者桀溺諷喻孔子「與其從辟人之士也，豈若從辟世之士哉？」孔子心情沉重地說：「鳥獸不可與同群，吾非斯人之徒與而誰與？天下有道，丘不與易也。」（《微子》）世道若清明，則我孔丘便不會到處尋覓賢君以行道了。孔子所為者，「不患莫己知，求為可知也」，「危邦不入，亂邦不居」，「苟有用我者，期月而已，三年有成」，用世之心躍然紙上。所以如此者，是孔子哀生民之多艱，而有一顆不容已的救世之心，故處處避開暗主，處處尋覓明君。孔子知其不可而為之的表現，與逸民之行大異其趣，而儒家積極參政的使命感與利他精神亦由此而顯。

儒者與隱士

孔子曰：「見善如不及，見不善如探湯；吾見其人矣，吾聞其語矣。隱居以求其志，行義以達其道；吾聞其語矣，未見其人也。」（《季氏》）

孔子對比了兩類人，一為儒家式人物，一為隱者。儒者「見善如不及，見不善如探湯（熱水）」，這是為善當仁不讓，避惡唯恐不遠，對善與不善有明確的態度，孔子見過這類人，對他們所說的話也有聽聞。另一類人就是隱者，如伯夷叔齊。周武王順天應人，弔民伐罪，成為後來儒家道統代表人物之一，夷齊卻認為武王以暴易暴，叩馬而諫，武王卻以為義人，不殺。然夷齊始終不仕周朝，出隱而餓死，此便是「隱居以求其志，行義以達其道」。

隱者屬狂狷之倫；狂者進取，狷者有所不為。狂狷之人不虧品德，不同乎同流，不合乎污世。孔子敬重這種人品，但始終無法與隱者有一面之誼。伯夷叔齊是周武王時代的人，固然無法得見，其他歷史上有名的隱逸亦只能有所聞，甚至孔子當世的隱者，與孔子擦身而過的，如楚狂接輿亦不可得而見。接輿曾在孔子所坐車廂外唱歌：「鳳兮鳳兮！何德之衰？往者不可諫，來者

猶可追。已而已而！今之從政者殆而！」（《微子》）孔子欲與接輿交談，但接輿卻走而避之。此外如子路落後於孔子車隊，途中問路，遇到一位正在耕作的農夫，並在農夫家住宿一宵，翌日與孔子會合並報告此事，孔子知道農夫是隱者，叫子路回頭再見隱者，但隱者已離開了。（見《微子》）

孔子不排斥隱者，就是他們樹立了崢崢風骨，不浸淫於惡濁的政治環境。孔子說：「齊景公有馬千駟，死之日，民無德而稱焉。伯夷叔齊餓于首陽之下，民到于今稱之，其斯之謂與？」（《季氏》）齊景公有權力有財富，然死後無德可稱，至於伯夷叔齊雖餓死於首陽山，其高風亮節卻傳頌至今。因此人生要務，不在積聚權力財富而為富不仁，而是如《周易・蠱卦》上九所云：「不事王侯，高尚其志。」不為權力而降志辱身，此即行義以達其道。有所為有所不為，堅持原則，進退有道，見善如不及，見不善如探湯，此故人品凜凜然不可侵犯。

不仕無義與行道救世

佛肸（音日）召，子欲往。子路曰：「昔者由也聞諸夫子曰：『親於其身為不善者，君子不入也。』佛肸以中牟畔，子之往也，如之何？」子曰：「然，有是言也。不曰堅乎，磨而不磷（音鄰，磨損之意）；不曰白乎，涅（音聶，染污之意）而不緇（音之，黑色）。吾豈匏（音刨）瓜（指葫蘆瓜）也哉？焉能繫而不食！」（《陽貨》）

孔子在其他諸侯國尋求出仕機會，衛靈公對孔子總是敬而不用，孔子決定離開衛國，前路茫茫之際，有晉國趙氏家臣佛肸派人邀請孔子前去幫忙政事，孔子有動身的意思。子路認為不妥當，遂請示孔子，引昔日孔子的教導：一個統治者其身不正，所行有虧，君子是不會前去幫助他的。佛肸據中牟之地作反，而孔子竟欲前往助之，究竟為了什麼？孔子面對弟子的質問，遂回答說：是的，有說過這樣的話。但不是有「（本質）堅硬的東西磨而不損，（本質）潔白的東西染而不黑」這種講法嗎？我怎麼會像葫蘆瓜一樣只是掛起來而不讓人吃呢？然而孔子最終沒有應佛肸之召。

孔子用世之心如此彰明，此與其年齡已過六十有關，時不

我與矣！然孔子出處去就皆能謹守原則，所以說「篤信好學，守死善道。危邦不入，亂邦不居。天下有道則見，無道則隱。邦有道，貧且賤焉，恥也；邦無道，富且貴焉，恥也。」（《泰伯》）這實在是孔子從政行道的綱領。

子路受教於孔子，亦具備儒者家國天下的使命感。當那些隱者不斷奚落孔子的志業時，子路予以有力的反駁。一句「不仕無義」及「君子之仕也，行其義也」，反映了孔子何以四處奔走而無處容身。「長幼之節，不可廢也；君臣之義，如之何其廢之？」就是一份對人倫的堅持，這是人類社會不下墜為動物世界的關鍵，也是儒者與隱士的根本分別。道家對於現實政治也不完全脫離，故有和光同塵的思想，隱士才走入山林，與世隔絕。至於「道之不行，已知之矣」（俱見《微子》），表現了知其不可而為之的剛健精神，此亦我中華文化精神之犖犖大者。言儒者之氣象，言儒門之宏大，斯其至矣！

向經典學習才有文化涵養

子曰：「小子何莫學乎《詩》？《詩》，可以興，可以觀，可以群，可以怨；邇之事父，遠之事君；多識於鳥獸草木之名。」（《陽貨》）這一章是孔子提點弟子（小子）學習《詩》及說明《詩》的教化效果。《詩》本質上是文學作品，故對性情的培養特別有效。學習經典之所以重要，是因為其中蘊含了豐富的人文內涵，令學者在品格方面得到有效的薰陶。

「興」（音慶），是詩六義（風雅頌賦比興）之一。風雅頌為體裁，賦比興為運用方法。「賦」是直述其事；「比」是以此喻彼，借物言志；「興」是引子，借物以宣洩感觸之情。學《詩》令人懂得借物喻情，優雅大方，改變血氣之性的魯莽（如潑婦罵街）。

「觀」是審視，在《論語》中有其特定涵義，如「觀過，斯知仁矣」（《里仁》），「聽其言而觀其行」（《公冶長》），「雖小道必有可觀者焉」（《子張》），皆有就事行而回溯其原因及發展過程之意，這種回溯把出現此一事行背後的原因都考查了。因此，「觀」表現了理性的認知及判斷能力。《詩》的內容都有理性作判斷，故具備成熟的觀察能力必須由熟讀經典開始。

「群」為合群，指「群而不黨」（《衛靈公》），「和而不同」（《子路》）。讀《詩》以培養正大精神，不作小人血氣之行，故與人結交，欣賞對方優點而放下差異，則人倫之道必能處理得宜。「怨」即刺，指譏諷政治，表達對現實政治的憤懣。《詩》中怨刺詩不少，熟讀之可學會如何面對政治情況。諷刺對於不合理的政治社會現象，俱有特定時效，這類譏諷就如現在媒體評論對弊政的鞭策。

「邇之事父，遠之事君」，是言讀《詩》可培養道德價值（孝忠）。忠孝的本質是「誠」，是對上下等級的尊重，故以誠事父則孝而敬，以誠事君則敬而忠。天在上，地在下，不可倒置，此由理性來肯定，由德性來支持，由感性來充實。讀《詩》可「多識於鳥獸草木之名」，這屬於知識結構，是為學不可或缺的一環。知識是基礎，如何運用知識才重要，因此本章對讀《詩》所獲種種效益的排序，有深意存焉。

君子有所厭惡（一）

　　子貢曰：「君子亦有惡乎？」子曰：「有惡：惡稱人之惡（音善惡之惡，作名詞用。其他皆讀厭惡之惡，作動詞用）者，惡居下流而訕（音汕，毀謗）上者，惡勇而無禮者，惡果敢而窒者。」曰：「賜也亦有惡乎？」「惡徼以為知者，惡不孫（遜）以為勇者，惡訐（音竭）以為直者。」（《陽貨》）

　　君子嚴於律己而不苛責他人，人之不己知，亦不怨天尤人，然而君子有所厭惡。孔子答覆子貢所惡者有四。第一是「稱人之惡」。此「稱」如「驥不稱其力，稱其德也」（《憲問》），又如「宗族稱孝焉，鄉黨稱弟焉」（《子路》），乃稱許之意。稱許別人的惡行與成全別人的惡行同科。現今香港社會亂象紛呈，許多媒體對惡言惡行不但不予導正，並且文過飾非，這就是「稱人之惡」；至於極力慫恿，唯恐天下不亂，就是「成人之惡」了。（見《顏淵》）

　　第二是「居下流（流為衍文，宋後所加）而訕上」。在下位而毀謗上級，其本質為叛逆。孔子嚴分上下，這種執定是人類文明得以發展的重要基礎。君君臣臣、父父子子就是尊重上下之別，使各當其位而克盡其責，只有如此，家庭親族、社會國家才

有和諧的局面。居於下位者對於上級，見其有過，所應為者乃勸諫，若出言毀謗，既失上下之別，亦有害人之心，此所謂臣不臣，子不子，叛亂作反之事皆由此出。

第三是「勇而無禮」。孔子明言「勇而無禮則亂」(《泰伯》)，又說「好勇疾貧，亂也」(《泰伯》)，「好勇不好學，其蔽也亂」(《陽貨》)，所以「勇」是需要規範的。孔子對「勇」有很深的體會，「仁者必有勇，勇者不必有仁」(《憲問》)，而且「君子有勇而無義為亂」(《陽貨》)，可見「勇」只屬氣性表現，不加規範即擾亂秩序，到處衝突。今天香港社會此等事象此起彼落。

第四是「果敢而窒」。剛毅決斷而窒塞不通，即剛愎自用，處事必有偏蔽。常人有於此則蠻不講理，至於領導者與決策者，兼聽則聰，偏聽則蔽，若剛愎自用，則前有西楚霸王項羽，後有明思宗崇禎皇帝，皆以此亡國滅身，可為鑒戒。

君子有所厭惡（二）

修德立足於道德原則，不為鄉愿之油滑，故必有好惡之情，此非小人愛之欲其生，惡之欲其死的一任氣性，而是由道德而來的好惡，唯有仁者能之。（見《里仁》）承前文孔子述說自己最厭惡之四事，本文續說子貢述自己最厭惡之三事。

第一是「徼（音驕）以為知（智）者」。徼即抄襲，此與剽竊、偷盜同質，然偷盜與剽竊者自知為惡，故深匿其事不欲人知，而抄襲則竟有到處張揚者。學術成果之抄襲最為突出，剽竊以外，還有收買，以套取他人的學術成果並據為己有。一些不學無術或不沾筆墨的人，竟然出版學術著作並到處宣耀，這類人士不論居何位分，俱為鄙賤之人。「知」即智慧，是以德性為前提的判別之心，不指小聰明與計度，如「里仁為美，擇不處仁，焉得知？」（《里仁》）至於「知之為知之，不知為不知」（《為政》），「務民之義，敬鬼神而遠之」（《雍也》）等皆屬智慧的表現，有智慧的人必然對道德有所執持。若以利誘把他人努力的成果據為己有，並視為自己智慧的表現，如此缺德，令人厭惡。

第二是「不孫（遜）以為勇者」，這與孔子所言「勇而無禮」有本質之異。「勇」雖屬血氣之性的表現，但不論是當仁不讓的

剛健還是暴虎憑河的逞強，其行為動機必然是一善惡好壞的道德判斷。不遜是一種傲慢，是無視尊卑上下的言行態度；今天那些到處示威抗議，橫衝直撞的人，自謂挑戰不公義，而以市井言行破壞一切；這類行為已不止傲慢，更是叛逆而為害社會，以不遜為勇，令人厭惡。

第三是「訐（音竭）以為直者」。「直」是氣性表現，中無隱曲，外不計度。「直」與「勇」俱屬血氣之性，屬於善的範疇。然須有所規範，不然言行有偏，故云「直而無禮則絞」（《泰伯》），「好直不好學，其蔽也絞」（《陽貨》）。「絞」為乖剌（音辣），不和諧之意。「訐」是揭人陰私，有意加害他人，輕則傷人尊嚴，重則毀人前途。以訐為直，就是以揭人陰私為率直，此與「直」實毫不相干。如此以惡為善，蠱惑人心，欺人欺天，令人厭惡。

對待政治領導人的心態言行

儒家自孔子以來便不脫離政治，此由儒家修齊治平的文化理想所決定。儒家強調修己安人，內聖外王，因此介入政治實為必然。面對政治人物特別是領導人，該採取什麼態度才算合度與得體，是需要注意的。因此，事君的原則有二，一是盡禮，一是不欺而可犯。孔子說「事君盡禮，人以為諂也。」（《八佾》）即知盡禮以恭敬為基。孔子盡臣子之禮，淺人以為諂媚君上。諂媚與盡禮貌似而實異，盡禮有上下尊卑而以禮儀分別之，諂媚則是阿諛奉承，唯唯諾諾。此外，孔子說：「勿欺也，而犯之」（《憲問》），雖是回答子路之問，因材施教，但指出了原則。在事君問題上，子路性情剛烈，故孔子勉其可犯顏直諫，據理力爭，而不可欺君。所謂欺君，是臣子中懷奸詐，不以實告，其後果自然是誤國誤民。以不欺為前提的犯顏直諫，是誠意正心的自然發展。

一次孔子上朝，魯定公問孔子是否有一句說話而興邦或喪邦？孔子回答：「言不可以若是其幾也。人之言曰：『為君難，為臣不易。』如知為君之難也，不幾乎一言而興邦乎？」（《子路》）從對答內容及用語，反映了孔子面對國君而無絲毫諂媚之意。孔

子直言「一言興邦」之說不反映真實情況，並引「為君難，為臣不易」一語以引導定公，謂如知道當一國之君會面對很多困難，其結果便與一言興邦差不多了。這樣的回答不亢不卑，既提升定公的認識，也不「欺」不「犯」。如是阿諛奉承，則不論定公所言為何，一概以取悅君上為事。

　　至於無德無能而居高位之輩，所謂肉食者鄙，孔子以「鄙夫」稱之，以誌厭惡之意。面對這類庸才，孔子既不討好也不排斥。孔子說：「有鄙夫問於我，空空如也。我叩其兩端而竭焉。」（《子罕》）鄙夫所言自無好事，故孔子不直答以免墮入其窠臼，於是採取反詰方法，就此等庸劣之言，問其所以如此說的原因，以及想獲取什麼結果，一層一層，抽絲剝繭，不欺而犯，讓鄙夫自知錯誤，這也是一種引導。按此，對於有領導分位者盡禮並導正其錯誤，是對自身所處制度的尊重，與阿諛奉承無關。

以直報怨，以德報德

　　有人請教孔子：「以德報怨，何如？」孔子回答說：「何以報德？以直報怨，以德報德。」（見《憲問》）這裏有三種態度：第一是以德報怨，第二是以直報怨，第三是以德報德。就以德報怨而言，老子曾說「大小多少，報怨以德」（《道德經》六十三章），意思是無論事情的性質與影響如何，一律以德報怨。這是就國際問題而言，是外交態度，要照顧當下及未來的發展，故國與國之間不怨怨相報，而是以德報怨，主動化解怨仇，才能成就大事，就如歐洲諸國在二戰後對德國不用以德報怨的態度，歐盟便沒有可能成立。

　　就人際關係而言，老子說：「和大怨，必有餘怨，安可以為善？」（《道德經》七十九章）「和大怨」鄰於「以德報怨」，「必有餘怨」顯示無法妥善解決問題。孔子就「以德報怨」之說反問「何以報德」？帶出了價值判斷以及理性原則，即公平與否和合理與否的問題。恩與怨是兩極，感受亦完全相反，如以同一種心態回應，只反映受者事理不明，善惡不分而已。此外，行惡者如心性駁雜不純，報之以德只會強化其惡念，並起了鼓勵壞人作惡的嚴重後果。

「以直報怨」，直故不隱不曲，是則為是，非則為非。就人性而言，有一等人性情陰暗，專以損人為事，對這類人用感化方式是無效的，只有以「直」待之，暴露其陰險，才能令其有所收斂。人格與國格相類，德國侵略他國，知錯能改，真誠懺悔；日本則拒不認錯，並用歪理開脫。對有國格者可以德報怨，但對喪失國格者則必須以直報怨，才符合各方的利益。

「以德報德」反映了德性的感通，以及理性的充分表現。施德者必出於善感，報之以德即是善應。行善者雖或不望報，但以德報德總是令人心安。能否妥善處理人際關係，考驗一個人的社交能力，也檢測一個人的道德水平。如果待人處事愛之欲其生，惡之欲其死，則此人必定是任情縱慾的庸劣之輩。孔子之教不但指出為人處事背後的價值觀，而且是合乎人之常情的處事原則。對於人倫關係的論述，還是儒家最為平實，這也說明何以道佛二教皆以儒家思想為其入世準則。

父子相隱而直在其中的意義

葉（音涉）公語（音預，告訴）孔子曰：「吾黨有直躬者，其父攘羊，而子證之。」孔子曰：「吾黨之直者異於是：父為子隱，子為父隱，直在其中矣。」（《子路》）

楚國邊地長官葉公，與從北方而來的孔子談到地方風俗時，說當地百姓有言行直率的（「直躬」是對這類人的統稱，非人名），如父親偷了別家的羊，作為兒子的會跑出去揭發。對葉公而言，這種超越父子親情的「直」是值得推舉的，以法為尚，表面上好似有利於管治，但像直躬一類的人，為直而直，致父子反目，摧折天倫莫甚於此。孝道丟失，天下人必走向涼薄無情，社會安得不動盪？父慈子孝，天倫如此，不假人為，而道德價值亦由此出。《孝經》云：「教以孝，所以敬天下之為人父者也。」又云：「君子之事親孝，故忠可移於君。」故培養德性，孝敬為先，嚴上下之分，尊老幼之別，善惡是非之判遂因此而出。

孔子對直躬一類的言行不以為然，說魯國鄉里所表現出來的「直」，是父親為兒子隱瞞，反之亦然，而「直」就在「隱」的行為中表現出來。孔子的想法自然不會如字面之義，否則背離理性原則，非聖人之思。學者對《論語》此章每每不得其解，

致使儒家為人所詬病。今以儒家之理性精神視之，則孔子此言實縫合了法律與道德的衝突。孔子此處言「直」，乃為成就孝道與法制互融的高尚思想。父為子隱出於慈心，子女有錯不忍公諸於眾，然其間必有責備，望其自新。子為父隱出於孝心，《孝經》云：「父有爭（諍）子，則身不陷於不義。故當不義，則子不可以不爭於父，臣不可以不爭於君，故當不義則爭之。從父之令，又焉得為孝乎？」諍（音「曾」之去聲）是直言勸諫。父有犯法之行，所謂不義則諍，隱匿則為不孝；為人子女者不忍公諸於眾，然其間必有勸諫，勸諫在家內，不外揚。

因此，由家人對犯事者直言規勸，讓其知錯改過，如干犯各種罪行則鼓勵其自首以洗心革面，家人則在背後支持。如父親偷羊一事，最終是作案者自首，而非家人出來頂證，這才是父子相隱而直在其中的真義。

直道而行得其所譽

子曰：「吾之於人也，誰毀誰譽？如有所譽者，其有所試矣。斯民也，三代之所以直道而行也。」（《衛靈公》）

孔子不作毀譽之事，故云「吾之於人也，誰毀誰譽？」毀意在損人而譽則在揚善，俱屬過當之舉。人云亦云，道聽途說，沒有真憑實據而妄加論斷為毀，那是敗德的表現，因此孔子說「道聽而塗說，德之棄也」（《陽貨》）。孔子對於不利於己的人與事從不抱怨，甚至威脅到生命安危的，也不怨天尤人，而是反省自己的德性，如在匡地被圍困，九死一生，孔子卻說「天之未喪斯文也，匡人其如予何？」（《子罕》）在宋國遭到追殺，孔子亦只說「天生德於予，桓魋其如予何？」（《述而》）至於一些確實於德有虧的人也不肆意攻擊，如孔子不喜歡孺悲，一次孺悲求見，孔子以有疾推卻，當傳話者踏出廳堂，孔子便鼓瑟詠歌，讓孺悲聽到歌聲而明白孔子的實意是拒絕接見。（見《陽貨》）這是婉轉而明白的向孺悲表示了態度。又如弟子冉求為統治者斂財，孔子直言「非吾徒也。小子鳴鼓而攻之可也。」（《先進》）這是有事實為依憑的責難而不是毀。

孔子說「如有所譽者，其有所試矣。」這是說如果對他人有

　　　　聖言與人生：鄧立光博士文化專欄集

所讚譽，則此人必定有所表現，有事實內容作為判斷基礎的。孔子讚譽過很多人，都用這一原則處理。「斯民也，三代之所以直道而行也。」這是說被稱讚的人都有一種道德表現，就是直道而行。直道而行是指言行合乎道德之應然，沒有隱曲不能見光的內容。魯國微生高素有直名，但有人向他借醋，他自己沒有，遂向鄰居借醋再予他人，這種表現不直，因此孔子說：「孰謂微生高直？或乞醯（音希）焉，乞諸其鄰而與之。」（《公冶長》）自己沒有醋而不說，至少心態上不可取；向鄰人借醋再借予人，則是施恩討好的不良行為。

　　孔子評價他人，必有根據而不任意氣，不會肆意褒貶。評價一個人雖有很多因素，但道德表現最為重要。「直」反映了處事磊落大方，也是道德水平的體現。直道而行，至少心地光明，不入城府陰深之途，而這也是夏商周三代道德高尚的原因。

為政與行仁

子張（姓顓〔音專〕孫名師）問仁於孔子。孔子曰：「能行五者於天下為仁矣。」「請問之。」曰：「恭、寬、信、敏、惠。恭則不侮，寬則得眾，信則人任焉，敏則有功，惠則足以使人。」（《陽貨》）

子張有抱負而偏激，故孔子說：「師也辟（偏也）」、「師也過（過當）」。（俱見《先進》）同學對其評價亦不佳，曾子說：「堂堂乎張也，難與並為仁矣。」子游亦說：「吾友張也為難能也，然而未仁。」（俱見《子張》）行而未仁，處事即有遺漏，施政便有偏差。故孔子所答，一則就子張之品性因材施教，一則為子張他日從政而補偏救弊。

子張問仁，孔子的回答，體現了內聖外王的政治思想，即修己與治人，行仁與從政合而為一。恭、寬、信、敏、惠乃為仁當有之五項，用於從政則是：「恭則不侮」，指士言行態度恭敬莊重便不會出現欺侮之事；「寬則得眾」，指為人寬宏大量便會得到他人的支持；「信則人任」，指行事言而有信便會得到任用；「敏則有功」，指處事勤快便有成效；「惠則足以使人」，指能施惠於人便能使喚人。此五項明示修德除提升德性以外，還須努力

於外在的事功，才是為仁之方。

　　對於從政，孔子以「尊五美，屏四惡」教導子張。「五美」第一是「惠而不費」，指施政方針對應於百姓有利的方向便不會浪費；第二是「勞而不怨」，指使喚配合百姓的勞逸情況便不會招怨；第三是「欲而不貪」，指政令讓百姓得其所需便貪念不起；第四是「泰而不驕」，指理政不以事之大小多寡作衡量，一律盡心盡力，不敢怠慢；第五是「威而不猛」，指衣冠儀容與身份相稱，莊嚴有威，使人望而起敬。至於「四惡」，第一是不行教化，然百姓犯法捉了便殺（稱為虐）；第二是不予告誡便求有成（稱為暴）；第三是發令遲而限期完成（稱為賊，即害人之意）；第四是須給人財物的，卻斤斤計較（稱為有司，表示謹小慎微之意）。（見《堯曰》）孔子勉子張從政「居之無倦，行之以忠」（《顏淵》），盡心盡力，有始有終，內外如一。若能如此，則「尊五美，屏四惡」，又何難哉！

從奪、亂、覆看政治隆污

子曰：「惡紫之奪朱也，惡鄭聲之亂雅樂也，惡利口之覆邦家者。」（《陽貨》）

孔子所惡，必有不德之事。從個人修德言之，孔子「惡稱人之惡者，惡居下流而訕上者，惡勇而無禮者，惡果敢而窒者。」（《陽貨》）本章乃從政治角度而言。「奪」、「亂」、「覆」的使用，反映了政治隆污的關鍵，一為出現僭越，二為不依祖制法度，三為朝中小人用事。魯國的政治現實正是如此，也是孔子體會最深的。「惡」字的使用表示了孔子對朝綱混亂的深惡痛絕之情。「惡紫之奪朱」，紫為間色，朱為正色，奪則有強行取代之意。在封建制度下，宗室之嫡系為正，庶出則為旁枝。魯國政事由庶出的季氏把持而不由嫡傳的魯侯，就是僭越的現象，這是以紫奪朱所要表達的實意。

「惡鄭聲之亂雅樂」，這不是說用當時的靡靡之音（鄭聲）改變雅樂的表現形式與內容，而是排斥雅樂與政治的慣常聯繫。魯定公流連聲色，荒廢政事，使魯國失去中興機會。人君失政是本句所要表達的實意。

「惡利口之覆邦家者」，就「利口」所指，乃言者顛倒黑

　　　　　　　聖言與人生：鄧立光博士文化專欄集

白，混淆是非。一次孔子批評子路之用子羔為費邑長官只會害苦子羔。子路反駁說：「有民人焉，有社稷焉，何必讀書，然後為學？」孔子聽後，說「是故惡夫佞者。」（見《先進》）強詞奪理，似是而非，就是「佞」，就是「利口」。子路乃賢者，逞一時口舌，已有傷於德，如若小人則必言行相配以售其奸，故孔子說「巧言令色，鮮矣仁。」（《學而》）又說「巧言、令色、足恭，左丘明恥之，丘亦恥之。」（《公冶長》）「覆」所指涉，顯然為朝中佞臣，此等人即所謂亂臣賊子。

孔子作《春秋》，用周天子紀年，對周代的封建制度絕對忠誠。《春秋》之作，筆則筆，削則削，游夏之徒不能贊一辭。如此一字嚴於斧鉞之誅，就是要亂臣賊子知所畏懼；而孔子在這一政治框架下遊走於諸侯國以求進用，不論為官於魯於齊於衛於楚，皆屬忠於周室。現今有一等人努力背離自己國家，一心求用於外國，此與孔子之周遊列國，是風馬牛不相及的兩回事。

唯女子與小人為難養

子曰：「唯女子與小人為難養也，近之則不孫，遠之則怨。」（《陽貨》）

這一章歷來受到誤解，從字面意義認定孔子有性別歧視。孔子把女子與小人放在一起，自非尋常語言。「養」以教導指導為義。孔子於教學，未聞有女弟子，而於弟子亦不會直呼為小人。因此本章當有為而發，背後當有所指，於此忽略而直解字面之義，則與斷章取義同科，既無助於了解原文，亦會產生極大誤會。

本章對所論不直言，便知有所忌諱。先說「女子」，歷朝女禍，就孔子所知如夏桀寵妃妹喜、商紂寵妃妲己，皆紅顏禍水，亡人家國者；至於所見則是衛靈公夫人南子。孔子既得靈公敬重，君夫人南子亦求見，故有「子見南子」一節，後人紛紛在男女關係上揣摩，實在不必。孔子謹禮，連稱謂亦十分重視，如：「邦君之妻，君稱之曰夫人，夫人自稱曰小童，邦人稱之曰君夫人，稱諸異邦曰寡小君，異邦人稱之亦曰君夫人。」（《季氏》）因為謹禮，所以對干政女性不直呼其姓名，而只言「女子」。孔子最初認為衛國是可以發揮政治理想的地方，卻目睹衛

聖言與人生：鄧立光博士文化專欄集

國之君夫人南子干政而走向分裂的局面。這令孔子近距離觀察到女性干政的危害。

「近之則不孫，遠之則怨。」遠與近表示應接的態度，「近」則親，可參機要；「遠」則疏，以禮待之。君子而得知遇如諸葛亮，則必鞠躬盡瘁，死而後已。如若以禮待之，陽尊陰卑，則為人臣者亦當事君以忠，小人才會在得寵之時傲慢無禮，不予重用時滿口怨言。干政女性與小人同類，因為他們具有雙重身份。男性見用必因德才，女性得寵必以姿色，然女性責在持家，不在從政，故有涉政，即為干政。君夫人之於國君，一為人妻，一為人臣。女性處此政治框架中，賢淑者固如《詩大序》所云具后妃之德，正夫婦之道；德薄者必恃寵生嬌，近之不遜，遠之則怨。女性依夫妻關係，容易涉政，故歷朝統治者俱有明訓，後宮之母后娘娘等不得干政，都是對夫妻與君臣關係重疊的危險有所體會使然。「女子」就是德薄而干政之女性，今世有一江青足以當之。

色厲內荏與鄉愿

子曰：「色厲而內荏（音飲），譬諸小人，其猶穿窬（音預）之盜也與？」子曰：「鄉愿（音願），德之賊也。」（俱見《陽貨》）孔子對兩類小人的品性有所評點。第一類是「色厲內荏」之徒。這類人外表十分嚴肅，但內心卻十分虛弱（荏）。孔子以小人為喻，這類人的內心有如盜賊，常有破牆（穿窬）入屋偷竊他人財物的歹心，就是內心常懷鬼胎，總想作偷偷摸摸的事。這類人表面一派威嚴，背後卻作奸犯科，在今天我們見得最多的是那些當官的人，只看內地那些此起彼落被揭發出來的貪瀆官員便知。觀人於微是有方法的，就是孔子所說的「視其所以，觀其所由，察其所安。人焉廋（隱瞞）哉？人焉廋哉？」（《為政》）先看這人的所為（所以），再細看其行事方法（所由），並審察其安心於什麼（所安）。這樣的逐步深入，一個人的底蘊還瞞得住嗎？

君子的形態該當如何？子夏說：「君子有三變：望之儼然，即之也溫，聽其言也厲。」（《子張》）君子的儀容，從感覺上由遠而近產生三種體認，遠望時形態莊重，接觸時感到和藹可親，聽其說話時卻又義正辭嚴，一絲不苟。子夏雖不指名，但顯然是在形容孔子。

另一類孔子所批評的品性是「鄉愿」（所謂好好先生）。這類人不分是非善惡，只懂明哲保身。孟子對鄉愿剖擊得很精彩：「言不顧行，行不顧言⋯⋯閹然媚於世也者，是鄉愿也。」「非之無舉也，刺之無刺也。同乎流俗，合乎污世。居之似忠信，行之似廉潔。眾皆悅之，自以為是，而不可與入堯舜之道，故曰：德之賊也。」（俱見《孟子・盡心下》）這類風派人物，最佳寫照是日常在電視機前看到的政客嘴臉。這種只會媚俗的小人，是道德的最大破壞者。他們連偽君子也談不上，就像變色龍，為了個人名利，八面玲瓏，但言不顧行，行不顧言。難怪香港的社會風氣已惡化至沉淪的地步。

　　這類人雖苟且媚俗，假裝好人，處處為人着想，然相由心生。要為這類人下一定案，亦不難，孟子說：「聽其言也，觀其眸子，人焉廋哉！」（《孟子・離婁上》）定觀其眼神，則善惡無所遁形矣。

君子居夷，何陋之有

　　子欲居九夷。或曰：「陋，如之何？」子曰：「君子居之，何陋之有？」（《子罕》）

　　這一章言及君子德性與文化主體性的作用。孔子希望居於九夷（古代居於東方的九種夷族），但夷族的文化形態與諸夏（泛指中原）迥然不同。居九夷與隱居之義有別。隱居是對政治環境的絕望，故隱者居於山林而為避世之人，孔子則是對華夏當前之政治環境深致不滿而非絕望，觀乎孔子對隱居的評價：「鳥獸不可與同群，吾非斯人之徒與而誰與。天下有道，丘不與易也」（《微子》），即知孔子並非真欲遷居夷地，而是對華夏政治秩序失望的短暫消極想法。孔子嚴夷夏之防，對管仲之相齊桓公，九合諸侯，一匡天下，極讚云「微管仲，吾其被髮左衽矣」（《憲問》），即顯示孔子絕不會移居夷狄之地。

　　有人以為孔子真要移居異邦，故謂夷俗卑陋，該如何面對？孔子順勢回答：「君子居之，何陋之有？」因為君子代表理想的道德品格，「居處恭，執事敬，與人忠。雖之夷狄，不可棄也。」（《子路》）德性愈純粹則感通力量愈大，故君子之厚德可以化民成俗。生活態度謙恭，處事態度用敬，與人相處忠誠，都

是修德的標準與要求，舉凡是人便須如此，不因人種與文化而有分別，故殊風異俗不是個人德性高低厚薄的原因。「雖之夷狄，不可棄也」一語是對「人」作為道德主體的深切體會。

　　從文化層面言之，孔子認為周公之制禮作樂，華夏文化已發展至前所未有的高度、深度、廣度，因此說「周監於二代，郁郁乎文哉，吾從周。」（《八佾》）故「君子居之，何陋之有」一語蘊含孔子用夏變夷的深意。孔子說：「夷狄之有君，不如諸夏之亡也。」（《八佾》）夷狄雖有君主，但禮數不備，而諸夏雖有政治動亂，但上下尊卑還是有法可依，不致陷入大亂。就當前諸夏的政治積弊而言，孔子說：「齊一變至於魯，魯一變至於道」（《雍也》），「道」所指為華夏文化的最高精神價值。由齊而魯而道，是由世俗之逐利逐漸向崇德方向提升的過程，孔子是對華夏文化精神體會與了解之最深者。

君子知天命與俟氣命

　　孔子在五十之年而知天命（見《為政》），這也是孔子生命顛沛流離的時期。孔子對「天命」的執認，應是在生命受到嚴重威脅時的體認，如五十五歲時由衛國去陳國途中，被匡地民眾誤以為是陽虎而遭圍困，孔子感慨地說：「文王既沒，文不在茲乎？天之將喪斯文也，後死者不得與於斯文也；天之未喪斯文也，匡人其如予何？」（《子罕》）到了六十之年，一次經過宋國，宋司馬桓魋欲殺孔子。孔子說：「天生德於予，桓魋其如予何？」（《述而》）孔子面對兩次災厄時的精神與心境，與一般人的惶恐反應完全不同，這是非常剛健的精神狀態。所謂「知天命」就是孔子完全明白自己此生的使命，而且是用生命印證出來的。

　　「天命」顯示為人的道德意志，故孔子說：「不知命（指天命），無以為君子也。」（《堯曰》）又說：「君子有三畏：畏天命，畏大人，畏聖人之言。小人不知天命而不畏也，狎大人，侮聖人之言。」（《季氏》）天命是道德根源故可敬畏，大人居上位且德高望重故可敬畏，聖人之言正大無歪、導人於正故可敬畏。小人德薄，於天命無所體認而不知敬畏，故對有德之人不但

不尊重，更有褻瀆之心；對正大道理不是諸多諷譏，就是顛倒是非，以蠱惑人心。

《中庸》云：「上不怨天，下不尤人，故君子居易以俟命，小人行險以徼幸。子曰：『射有似乎君子；失諸正鵠，反求諸其身。』」知天命而後可以居易俟命（氣命）。「居易」是言做好本分，因為是分內事，所以說「易」；「俟命」即待命；對自己所應做的事情高度負責，事情如有錯失，不怨天尤人，如射箭不中的，則要自我檢討何以失誤，而非找理由開脫或諉過於人。小人則總是賭徒心態，鋌而走險，冀僥倖於萬一。

有一段故事反映了孔子待命的思想。公伯寮在季孫面前誹謗子路，子服景伯將此事告訴孔子並謂能幹掉公伯寮。孔子說：「道之將行也與，命也；道之將廢也與，命也。公伯寮其如命何！」（《憲問》）道之行與廢，事情好與壞都是命。「居易以俟命」是儒家看待氣命的基本態度。

君子之犯錯與改正

「人孰無過？過而能改，善莫大焉。」（《左傳‧宣公二年》）這是修德的重要原則，知過改過，入聖之基；遷善改過是面對自己與他人最負責任的表現。孔子說：「過而不改，是謂過矣。」（《衛靈公》）這有兩層意思，一是有過失而只作口頭承諾，未有具體行動去改正，言而不行是為不改；另一是文過飾非，毫無悔過之心，此乃缺乏羞恥之心所致。今天有粗言鄙語辱警者，面對確鑿證據之錄影片段，仍斷然否認，此等「人」真是孟子所說「無羞惡之心非人也」（《孟子‧公孫丑上》）。孔子說：「德之不修，學之不講，聞義不能徙，不善不能改，是吾憂也。」（《述而》）不修德為自棄，不講學為自賤，不徙義為沉淪，不改過為怙惡。四者有一於此，即能衝破道德之底線，故孔子之憂道出了人類道德與社會良知的關切點。有一分道德自覺即有一分自我要求，「過則勿憚改」（《學而》）是克己復禮的表現，是堂堂正正為人的立足點。

建立正面的人生觀屬最重要，也是修德的根本入手之法。因此立志是第一步，孔子說：「苟志於仁矣，無惡也。」（《里仁》）一個人思想言行不違逆仁德之心，便可免入惡途，此誠

「君子而不仁者有矣夫，未有小人而仁者也」（《憲問》）之意。其次是論學取友，孔子說：「主忠信，無友不如己者。」（《學而》）朋輩影響極大，近朱者赤，近墨者黑，不可不慎，故須友直友諒友多聞。（見《季氏》）在現實生活中，當用「多聞闕疑，慎言其餘」，「多見闕殆，慎行其餘」的態度，則可以「言寡尤，行寡悔」。（見《為政》）

子貢說：「君子之過也，如日月之食焉：過也，人皆見之；更也，人皆仰之。」（《子張》）這是修德者之生活情況，雖然為君子，但過失難免，君子所可貴者是心地光明磊落，處事不欺暗室，故有巨大的人格魅力。然而有一點須注意，犯大錯是君子須努力避免的，特別是有政治位分的人，「紂之不善，不如是之甚也。是以君子惡居下流，天下之惡皆歸焉」（《子張》），故開誠布公，兼聽則聰，永遠是減少犯錯的良方。

孔子評價管仲

　　子路曰：「桓公殺公子糾，召忽死之，管仲不死。」曰：「未仁乎？」子曰：「桓公九合諸侯，不以兵車，管仲之力也。如其仁，如其仁。」（《憲問》）子貢曰：「管仲非仁者與？桓公殺公子糾，不能死，又相之。」子曰：「管仲相桓公，霸諸侯，一匡天下，民到于今受其賜。微管仲，吾其被髮左衽矣。豈若匹夫匹婦之為諒也，自經於溝瀆而莫之知也？」（《憲問》）孔門師徒對評價管仲的討論，可作為今天我們評價政治人物的參考。

　　齊國公子小白與公子糾爭位，結果小白勝利，是為桓公。公子糾被害，召忽自殺，管仲不死而被囚。其後管仲得鮑叔牙的推薦而相桓公，使桓公成為春秋五霸之首。子路和子貢對管仲的批評類同，從個人的出處去就而言，着重過失，這也是一般人的見解，孔子卻有不同的觀點，以管仲相桓公的政治功業立說。桓公稱霸，九合諸侯，不用軍事手段，完全是管仲的功勞，故讚美管仲遵從仁心（如其仁）。桓公成霸而天下安定，百餘年來百姓仍能好好地生活，如果沒有管仲，我們大家恐怕已受外族統治而同化於外族了。能建立如此豐功偉業的人物，怎會如小人物一般只講小恩小惠，在河溝中自殺了事而無人知曉？

孔子評價管仲，着眼於政治表現，以能否利國安民為好壞得失的標準。至於盡忠與否的問題，因桓公與公子糾俱可為齊國領袖，故不存在今天所謂投敵的問題。管仲與桓公俱以國家為重，不糾纏於私人恩怨，後世唐太宗與魏徵之事亦類同。玄武門之變，李建成、李元吉被殺，原本輔助建成的魏徵，其後全心全意輔助唐太宗，成為一代諫臣，亦為貞觀之治的功臣，獲得後人的尊崇。

另一方面，孔子批評管仲乃小器之人，難以成君子。私人生活竟有三個處所（三歸），而管家各管一事（官事不攝），如此不知節儉。又模倣君上立屏風及置酒台，如此不分尊卑，無禮至極。（見《八佾》）今天香港人對於政治人物，如能「好而知其惡，惡而知其美」（《大學》），以政績與品格論人，而非以意識形態分敵我，或可避免社會步入黑暗與衰敗。

因循損益之道

　　子張問：「十世可知也？」子曰：「殷因於夏禮，所損益可知也；周因於殷禮，所損益可知也。其或繼周者，雖百世可知也。」（《為政》）

　　三十年為一世，「十世」不必指實三百年，可指很長的時間。子張問「十世可知也」，是言能否預見長遠的政治文化發展情況？孔子答以因循損益之道，「殷因於夏禮，所損益可知也；周因於殷禮，所損益可知也。」夏禮與殷禮是就夏商二代的整個制度儀文而言。「因」（依循）指夏商周三代的制度儀文具有延續性，不是更端別起。一種制度儀文能長期施行，必有其利國利民的優點而不可廢止，故後代須繼續遵行，所以「因」有其必然性。

　　民族由生存奮鬥所累積而成的經驗內容稱為文化，因此文化能護持民族成長，但不同時代各有形勢，故「損」其不合時宜，而「益」時代之所需，「損益」是因應時代而出現的變化調節。周代禮樂制度繼承了夏殷二代而有所損益，更能符合人生的需要，故孔子說：「周監於二代，郁郁乎文哉！吾從周。」（《八佾》）

　　孔子認同身處的華夏文化，體會到自己文化的優點，但亦清

楚政治缺失，「其或繼周者，雖百世可知也」一語，是孔子考察三代制度儀文而產生的洞見。孔子說：「天下無道，則禮樂征伐自諸侯出。自諸侯出，蓋十世希不失矣；自大夫出，五世希不失矣；陪臣執國命，三世希不失矣。」（《季氏》）諸侯僭越，少有過十代而不失政權；執政大夫僭越，少有過五代而不失政權；陪臣掌握國政，少有過三代而不失政權。這是孔子對春秋時代政治變遷的思考，突出了當時僭越的嚴重。到了秦朝由封建制度發展出中央集權制度，而二千多年來中國政治儀文的發展，都不離因循與損益的方向，中華民族因此能在漫長的歲月中安身立命。

民初以來全盤西化，打倒傳統，中華民族為此吃盡苦頭，到頭來還是要實實在在地復興傳統文化。能復興則存，不復興則亡，這是今天中華民族發出的最強音。我們將用儒家因循損益的智慧，承續自己的優良傳統，發展出適應時代的中華文化，以利國安民，並造福全人類。

己所不欲勿施於人為恕

　　恕道是君子的修為重點。孔子對子貢說自己為學做人是「一以貫之」（《衛靈公》），也對曾子說過「吾道一以貫之」，而曾子則理解為「夫子之道，忠恕而已」（《里仁》）。朱子解釋說：「盡己之謂忠，推己之謂恕」（《論語集註》），忠恕是修德者自勉及示人的兩個方面。先談「恕」，「恕」是彰顯德性高低的重要判準。

　　子貢問孔子是否有一個字（所含藏的意義）可以讓人終身踐行？孔子回答說：「其恕乎！己所不欲，勿施於人。」（《衛靈公》）孔子提出「恕」字及其表現形態，這是對子貢因材施教，對子貢性情的補偏救蔽。當子貢說：「我不欲人之加諸我也，吾亦欲無加諸人。」孔子即回應「賜也，非爾所及也」（《公冶長》），說明子貢對於恕道仍有未達。「己所不欲，勿施於人」是真正的普世真理。自己不想要的就不要強加於人，這是推己及人，體諒別人的表現。如果人人能行恕道，人間即是樂土。恕的精神不但消極的體諒人，還有積極的幫助人，如「己欲達而達人，己欲立而立人」（《雍也》）。這種與眾同樂的境界，就是菩薩利他精神的反映。由此而出現「君子成人之美，不成人之惡」

（《顏淵》）的道德原則。

　　孟子說：「強恕而行，求仁莫近焉。」（《孟子‧盡心上》）表現仁德，莫如用恕，恕則有容人之量。能行恕道，便不會怨天尤人，而可以曲肱枕之，樂在其中。子貢才高而少包容，說話流於尖刻，一次在孔子面前「方（謗也）人」，孔子聽了之後，說「賜也賢乎哉？夫我則不暇。」（《憲問》）含蓄地批評子貢是否已達到賢德的地步？我孔丘則沒有這種閒情去褒貶別人。有時間也會努力修德，何至於處處用神譏諷他人，說人過惡？就行事而言，人誰無過？過而能改，善莫大焉。若一群人一起共事，此時如出現差池，則過失誰負？孔子說：「躬自厚而薄責於人，則遠怨矣」（《衛靈公》），這是律己以嚴，待人以寬的意思。一同共事，一旦有失，厚責自己，薄責他人，這不但表現出恕道精神，而且能夠避免怨恨的出現。

為政以忠，孝慈則忠

朱子說「盡己之謂忠」，「忠」是盡一己之所能，沒有絲毫隱瞞。「忠」通常用於政治，「忠」能否體現出來，是政治良窳的關鍵。政事可由君與臣兩方面言之，故魯定公問孔子：「君使臣，臣事君，如之何？」孔子回答說：「君使臣以禮，臣事君以忠。」（《八佾》）君臣之位雖有上下之別，但政事必須君臣合作才能產生良好的管治效果。人君委派任務於臣下，必須以「禮」為規範；禮以別異，重上下尊卑，故「君使臣以禮」乃指守上下層級，不會逾越。「禮」又為制度儀文（包括百官職掌）之指稱，故君使臣須符合相關禮節，並且不能紊亂臣下之職權，否則便是失禮。

就臣一方而言，屬於士人從政的層次。從政該以何種態度為之？孔子答覆子張從政之問，說「居之無倦，行之以忠」（《顏淵》），指居官不能有怠倦苟且之意，而處理政事必須有公忠體國之心。「忠」如此重要，則這一德性如何培養？魯哀公時的正卿季康子便問孔子：「使民敬忠以勸，如之何？」要百姓有敬、忠、勸勉的美德，當然關涉到管治的問題。孔子回答說：「臨之以莊則敬，孝慈則忠，舉善而教不能則勸。」（《為政》）孔子扣

緊為政者的表現發議，謂治民須端莊自持則百姓知敬，有敬老慈幼之行則人懷忠愛之心，任用善人而教導能力不足者，則人懷希望而生奮發之心。這是上有好者，下必有甚焉的政治真理。

身教之為可能，因人心有感通的特質。有子說：「其為人也孝弟而好犯上者，鮮矣；不好犯上而好作亂者，未之有也。君子務本，本立而道生。孝弟也者，其為仁之本與！」（《學而》）行孝於父母，行悌於兄弟姊妹，皆表現出天倫之親愛關懷而不假造作。行孝悌者皆能體會上下尊卑的有序，《易傳》云「天尊地卑，乾坤定矣；卑高以陳，貴賤位矣」即是此意。孝子尊敬居於上位之人，而關懷處於下位之人。德性如此，干犯君上之事已屬稀有，更為嚴重的作亂自必不會發生。因此能行孝悌者乃可以忠，此亦推己及人之意，《中庸》云：「忠恕違（離也）道不遠，施諸己而不願，亦勿施於人」，誠哉斯言。

治世以正名為先

　　齊景公問政於孔子。孔子對曰:「君君,臣臣,父父,子子。」(《顏淵》)子路曰:「衛君待子而為政,子將奚先?」子曰:「必也正名乎!」(《子路》)

　　孔子的正名思想針對當時的政治現實而發。「天下無道,則禮樂征伐自諸侯出。自諸侯出,蓋十世希不失矣;自大夫出,五世希不失矣;陪臣執國命,三世希不失矣。」(《季氏》)在這樣一個普遍僭越的時代,孔子「正名」之議確實切中要害,因而齊景公說:「善哉!信如君不君,臣不臣,父不父,子不子,雖有粟,吾得而食諸?」(《顏淵》)君臣各自的權責要清楚,父子各自的位分要端正,這是從結果上言的,如此才表示政治架構健全、倫理關係正常。

　　至於「正名」與管治的關係則由子路所引發。衛國由衛靈公驅逐太子而立孫子繼位,引發後來衛出公與其父的爭位。子路任職於衛,自然不願碰衛國這個「傷疤」,故對於孔子之言「正名」予以反駁否定。孔子回應說:「名不正,則言不順;言不順,則事不成;事不成,則禮樂不興;禮樂不興,則刑罰不中;刑罰不中,則民無所錯手足。」(《子路》)名位要得其正,權責才能落

實，否則名不正則言不順，權威既失，則政令難行，或遇陽奉陰違，或有公然反抗，社會上種種制度（即「禮樂」所指）無法產生應有的作用，致悖禮犯義者眾。刑罰沒有準則，故對與錯、可與禁亦無法釐清，百姓動輒得咎，難以生活，如此衰世景象，其根源就是沒有「正名」。君臣、父子、兄弟、夫婦、朋友之五倫，有關於政治者佔其一，《大學》八條目之「格物、致知、誠意、正心、修身、齊家、治國、平天下」，就是內聖外王的一貫程序，而關鍵在於修身。修身者德行有加，移孝作忠，一旦有位，自然盡性致命，歷代忠臣孝子皆然。孔子以五倫關係加入「正名」的要求，而成就重要的中國傳統政治思想。從齊景公問政於孔子，到衛出公（衛靈公之孫）欲延納孔子為政，其間相差超過二十五年（孔子於公元前 517 年往齊，而衛出公在公元前 492 年在位），可見正名思想屬於孔子的基本見解。

修德而失禮則蔽生

子曰：「由也：女聞六言六蔽矣乎？」對曰：「未也。」「居！吾語女。好仁不好學，其蔽也愚；好知不好學，其蔽也蕩；好信不好學，其蔽也賊；好直不好學，其蔽也絞；好勇不好學，其蔽也亂；好剛不好學，其蔽也狂。」（《陽貨》）

孔子問子路有否聽聞「六言六蔽」之說，子路避席，站起來回答說未聽過。孔子告訴子路坐下再予以教導。「六言」在這裏指六種德性；「六蔽」為六種失德之行。德行轉為惡行，原因在於過與不及。要善行不變質，關鍵在於好學。「好學」不是對文獻的博聞強記，非指學習之事，而是對道德價值與其體現的追求，此為儒家言「學」的真義。好學指學「禮」以求言行無過與不及，這就是「禮」的功用，因此孔子說「勇而無禮則亂，直而無禮則絞」（《泰伯》），又說「好直不好學，其蔽也絞；好勇不好學，其蔽也亂」。

「好仁不好學，其蔽也愚」：喜歡行仁而不好好學禮，其弊害在於愚昧。此因有仁心而不知表現的分寸，縱能不受欺騙，亦定然是非不明，善惡難辨；「好知（智）不好學，其蔽也蕩」：喜歡表現智慧而不好好學禮，不能引導智慧入於當行之事，其弊

害在放蕩恣肆;「好信不好學,其蔽也賊」:喜歡誠信而不好好學禮,使信任無所節制與不辨好壞,其弊害是偏執沉迷,傷害自己;「好直不好學,其蔽也絞」:喜歡率直而不好好學禮,不講求分寸,其弊害是語言尖刻;「好勇不好學,其蔽也亂」:喜歡勇敢而不好好學禮,講求勇敢的適用範圍,其弊害是犯上作亂;「好剛不好學,其蔽也狂」:喜歡剛強而不好好學禮,不知尊卑不知分寸,其弊害在於怠慢驕恣。

　　禮的特質在於別異,再協調彼此之間的差異,相互尊重而成就「和」,故有子言:「禮之用,和為貴。」(《學而》)「和而不同」就是懂得欣賞差異,這是理性的表現,而「禮」就是理性的表現形式。故學禮必須把握其背後的理性精神,如孔子入太廟而每事問是禮,(見《八佾》)因其表現出理性精神。修德如失去理性精神的節度,則所產生的流弊與惡行同科,此不可不知。

謙讓之道：不自誇不居功

　　謙德的表現如謙恭、謙虛、謙和、謙厚等等。今天社會上人權意識高漲，愈來愈少人實踐謙讓之德，然而傳統的理想政治人格，必以謙德為其內涵。三代以還，謙德成為統治者的最高德性，《尚書‧大禹謨》「滿招損，謙受益」之語成為儒道二家共尊的德性，如《周易‧繫辭》云：「德言盛，禮言恭。謙也者，致恭以存其位者也。」老子云：「持而盈之，不如其已。揣而梲（銳）之，不可長保。金玉滿堂，莫之能守。富貴而驕，自遺其咎。功遂身退，天之道。」（《道德經》九章）

　　孔子自身便具有謙讓之德，因而說：「出則事公卿，入則事父兄，喪事不敢不勉，不為酒困，何有於我哉？」（《子罕》）又說：「默而識之，學而不厭，誨人不倦，何有於我哉？」又說：「若聖與仁，則吾豈敢？抑為之不厭，誨人不倦，則可謂云爾已矣。」弟子公西華回答說：「正唯弟子不能學也。」（俱見《述而》）這裏所言「何有於我哉」與「則吾豈敢」，不是客套或虛偽，而是「有而不居」（朱熹語）的謙德表現，因此才有公西華「正唯弟子不能學也」的回應。

　　謙讓之德用諸政治，帝王可保其位，臣子可保其身。孔子

讀《易》至於「損」、「益」二卦，而論古帝王的功業，堯知「允恭」、「虛靜」故能隆其德保其位，昆吾因自臧自滿而惡名昭彰且招敗。（見《說苑・敬慎》）對於臣子有如此德性者亦予以讚賞，如陳述魯國大夫孟之反（名側）的事蹟，就是表揚能行謙德的人物。孔子說：「孟之反不伐，奔而殿，將入門，策其馬曰：『非敢後也，馬不進也。』」（《雍也》）齊魯大戰，魯國不敵敗走（奔），孟之反殿後掩護，魯軍得免受追殺。快入城門時，孟之反鞭打坐騎，說自己不敢斷後，只是坐騎不肯走而已。這是不居功的明顯例子。

謙讓之所以難以實行，是因為要放下對名利的執着。只有認識到生命的價值是自身德性的發皇，而非外在名利的堆疊，而且知解以外，並要身體力行，努力做去，才能養成這種德性。古今中外的偉人，其所成就的偉業，都滲出不計世俗名利的謙德。

內省不疚，何憂何懼

司馬牛問君子。子曰：「君子不憂不懼。」曰：「不憂不懼，斯謂之君子已乎？」子曰：「內省不疚，夫何憂何懼？」（《顏淵》）

孔子以「不憂不懼」回答司馬牛君子之問，此當關涉到司馬牛的家庭背景。司馬牛因有兄長桓魋（音頹，即司馬向魋）而憂懼。桓魋積極參與政治，處處樹敵，後來對路過宋國的孔子師徒用拔樹方法施以恐嚇可見一斑。司馬牛為孔子弟子自是在其兄長作出此劣行之前。這也說明司馬牛何以總是終日憂愁。

憂從中出，懼自外入，不憂不懼即是不為俗事牽纏而坦然面對生活。司馬牛問這樣就能成就君子的德位嗎？孔子便點出「內省不疚」這一儒家的修德法門。孔子說：「見賢思齊焉，見不賢而內自省也。」（《里仁》）內自省是深切的自我道德檢查，曾子也說：「吾日三省吾身」（《學而》），以此作為進德修業的基礎。內心沒有憂懼，是思言行都通過了自我的道德要求所致。孔子說：「仁者不憂，知者不惑，勇者不懼」（《憲問》），仁知勇都是道德位格，反映了君子的剛健精神特質，故《易傳》云：「天行健，君子以自強不息。」司馬牛對於自己家族的問題，始終憂心忡忡，如帶上憂愁問子夏「人皆有兄弟，我獨亡」（《顏

淵》）。可知孔子所言內省不疚則不憂不懼，要實行起來是多麼不容易，而真能踐行者便產生頂天立地的精神狀態。

一次司馬牛向孔子請教「仁」的問題。孔子答以「仁者，其言也訒（音孕，難言之狀）。」司馬牛的學習特點喜歡反問，如問君子，對孔子的答語反問「不憂不懼，斯謂之君子已乎？」這裏又反問：「其言也訒，斯謂之仁已乎？」孔子回答說：「為之難，言之得無訒乎？」（見《顏淵》）這就揭示了司馬牛的性情弱點。君子要內外統一，言行相須，如此則實踐「仁」不太容易，言「仁」不是該慎重一點嗎？孔子說：「敏於事而慎於言」（《學而》），「剛毅木訥近仁」（《子路》），這都是說道德問題不徒口說，身體力行才重要，做不到的便不要輕率謂可做到，這是儒家修德的重要原則之一。

小人小知，君子大受

子曰：「君子不可小知而可大受也，小人不可大受而可小知也。」（《衛靈公》）本章區分君子小人的才德，凸顯兩類品格的人之處事特點，可作為判分與任用賢與不肖的參考。

「小知」與「大受」：「大」與「小」是就事情的價值意義而言，日常生活之瑣碎事，乃至工作之要求等俱屬「小」的範疇；而影響重大的如教化治民、安邦定國、外交關係等乃「大」之所指。「知」有見知於人的意思，「小知」的意義便是小事能幹而為人所認識與欣賞，「大受」指有能力肩負重責大任。

「君子不可小知而可大受」：言君子在處理小事方面不一定突出，細事未必可觀。就像找數學家去處理商舖的日常出納，則其表現不一定比一普通小職員好，但若請他擔任教育職位，負責數學課程的設計等，則為此數學家力所優為，可造福廣大學子。如君子小知，則必然是伯樂不在，抱負難伸之象。

「小人不可大受而可小知」：言小人不能處在高層次的崗位，而可以任小事。以個人利益為大的人，自然不會有利他思想，起心動念必圖己私，做事有報酬則盡力為之，此於小事上能有所表現。如小人大受，於做官便是「言必信，行必果」的硜硜

小人，（見《子路》）在高位則必如孟子所說的「是播其惡於眾也。」（《孟子‧離婁上》）

君子與小人的人生走向殊途異轍，孔子說：「君子喻於義，小人喻於利。」（《里仁》）君子與小人的精神差異處，是胸中存道義或心眼只見利。孔子又說：「君子上達，小人下達」（《憲問》），一上一下，反映君子處事以修德成仁為依歸，而小人任事以追名逐利為目的。道德的人生，必有強烈的利他情懷，故關涉社會大眾福祉的問題，是君子傾其精神心血之所在；利慾的人生，必事事計較得失。由君子與小人的處事態度，便出現孔子所言的情況：「君子易事而難說（悅，後同）也。說之不以道，不說也；及其使人也，器之。小人難事而易說也。說之不以道，說也；及其使人也，求備焉。」（《子路》）上司有因材授職者，有求全責備者，則願當下屬者任誰都知所抉擇。

為政以德，無為而治

　　孔老時代學術門戶未分，大家都在夏商周三代的文化傳統中吸取養分以形成各自的思想重心。「無為之治」是上古時代的重要政治思想，也是孔老推崇的最高治道。在孔子，無為之治必須有為政以德的核心成分，在老子則是無為而無不為，行不言（不下政令）之教，此即孔老二人無為思想的分野處。

　　老子沒指具體推行無為之治的「聖人」為誰，孔子則明言堯舜禹。孔子說：「無為而治者，其舜也與？夫何為哉，恭己正南面而已矣。」（《衛靈公》）又說帝舜「有天下也而不與焉！」（《泰伯》）舜行「無為」之政而天下治，「恭己」是自身言行表現出恭敬不苟；「正南面」指端正君位，就是君君臣臣，各安其位，君使臣以禮，臣事君以忠。能「正」便不會發生僭越之事。孔子說：「為政以德；譬如北辰，居其所而眾星共之。」（《為政》）北極星有其他星體圍繞，這一天體現象與儒家的理想政治格局相應，人君安居其所而大臣盡忠職守，這是「為政以德」的效果，也是政治人物德性的表現。

　　孔子說：「大哉堯之為君也，巍巍乎唯天為大，唯堯則之。蕩蕩乎民無能名焉，巍巍乎其有成功也，煥乎其有文章。」（《泰

伯》）天高高在上，廣大無邊，帝堯為政效法上天而百姓無以名之，此誠老子所言「太上下知有之」而已。老百姓日出而作，日入而息，生活恬靜安閒，誰去理會統治者為誰？這是非常成功的治道，表現為家給人足，路不拾遺，夜不閉戶。但由此最高治道而來的管治效果，其中便有燦爛的禮樂制度在運作，而老子所言的小國寡民，則只描寫百姓的質樸生活。

夏禹同樣「有天下而不與」，孔子說：「禹，吾無間然矣。菲飲食而致孝乎鬼神，惡衣服而致美乎黻冕，卑宮室而盡力乎溝洫。禹，吾無間然矣。」（《泰伯》）兩稱「禹，吾無間然矣」，則孔子對夏禹不但無所非議，並表達了極度欣賞之情。夏禹治身謹嚴而推利於國家，如自奉儉約而盡心於祭典，所穿衣服陳破而祭禮服飾極為講究，居室簡陋而盡力於農耕水利。這是夏禹無為之治的特點，也是人君德性的重要表現。

孔子顏淵的師弟情誼

　　顏淵（名回，字子淵）是孔子最得意的門生，與孔子的道德學問最為相應，也是孔門德行科的代表。顏回入門不久，師弟之間心意未通，孔子對顏回力行不惑的為學態度了解不足，因而說：「吾與回言終日，不違如愚。退而省其私，亦足以發，回也不愚。」（《為政》）孔子察覺到顏淵身體力行，並對所學之道理有所闡發。孔子所言「不愚」是對顏淵人品及學問的絕對肯定。師弟間的了解多了，孔子說：「語之而不惰者，其回也與！」（《子罕》）「不惰」即保持不失，持敬才能如此，這是修德不墜的關鍵。

　　天不造美，顏淵壽短，年僅四十。門人記載：「顏淵死，子哭之慟（悲痛欲絕，痛哭流涕）。從者曰：『子慟矣！』曰：『有慟乎？非夫人之為慟而誰為？』」（《先進》）可見顏淵逝世對孔子打擊之大。孔子悲歎道：「噫！天喪予！天喪予！」（《先進》）「予」指孔子所行之道，可知孔子視顏淵為自己德業的傳人。在往後的日子中，孔子經常提起顏回。一次與子貢談話，說：「女（汝）與回也孰愈？」對曰：「賜也何敢望回？回也聞一以知十，賜也聞一以知二。」子曰：「弗如也，吾與女（汝）弗如也。」（《公

冶長》）「聞一以知十」喻認識透徹，融匯貫通。「弗如也」透顯出極濃重的懷緬之情。孔子回答魯哀公之問，說：「有顏回者好學，不遷怒，不貳過。不幸短命死矣，今也則亡，未聞好學者也。」（《雍也》）答季康子之問亦然。（見《先進》）「學」指修德之事，是克己復禮，是不遷怒不貳過的嚴格道德表現。

　　長年追隨孔子，顏淵的學問道德人品已成為孔子思想學說的最佳典範，因此孔子稱美顏淵之賢，溢於言表，如：「回也，其心三月不違仁，其餘則日月至焉而已矣。」（《雍也》）又如：「賢哉，回也！一簞食，一瓢飲，在陋巷，人不堪其憂，回也不改其樂。賢哉，回也！」（《雍也》）顏淵對孔子的教導默誌心通，對於知識與道理，總是思索如何身體力行，這是知識學問與生命貫通的表現，是知行相須與知行合一的範例。後人經常孔顏並舉，良有以也。

君子之思

　　孔子言「學」必有「思」。學與思合則雙美，離則兩傷，因為道德抉擇與表現都因「思」而成。孔子說：「學而不思則罔，思而不學則殆。」（《為政》）學問如沒有道德以貞定方向，則缺乏定準，終至徒勞無功（罔之所指）；有道德美意而沒有學問以乘載之，則疑惑不定，不知分寸（殆之所指）。「思」在孔子而言，其重點不在一般得失計算，而是思量義理以及如何成就道德人生。不思則必然導致墮落，故孔子說：「飽食終日，無所用心，難矣哉！不有博弈者乎？為之，猶賢乎已。」（《陽貨》）指出不思則難以成才，就算是擲骰子（博）下圍棋（弈）等玩意也較諸不思為好，時常動腦筋使頭腦清醒，是保持道德觸覺的有效辦法。

　　孔子說君子有九思：「視思明，聽思聰，色思溫，貌思恭，言思忠，事思敬，疑思問，忿思難，見得思義。」（《季氏》）「視思明，聽思聰」是對眼之所見，耳之所聽要明白清楚。這裏的耳聰目明，不止聽覺和視覺機敏明利，不止從生理上言之，而是不誤看不偏聽，因為耳所聞目所見是判斷事情得失正誤的基礎。由此而引申出以道德為基礎的非禮勿視與非禮勿聽。「色思溫，貌

思恭」是神色思以溫和，容貌思以恭敬。神思溫和，容貌恭敬才能彰顯莊重，所謂「君子不重則不威，學則不固」（《學而》）是也。「言思忠，事思敬」是說話思以忠實不欺，處事思以敬慎不苟。否則為人行事言而無信，實在寸步難行。「疑思問」是有疑則思以問之，以求明白，此即《中庸》學問思辨行之義。「忿思難」是忿怒之時思及魯莽行事的禍害（災難）。「見得思義」是面對好處利益時思及是否己所應得者。「思」不止理性思考，而且是對德性的體會與把握。

在孔子的教導下，有子張所說的：「士見危致命，見得思義，祭思敬，喪思哀，其可已矣。」（《子張》）亦有子夏之言：「博學而篤志，切問而近思，仁在其中矣。」（《子張》）這表現了孔門的學脈。學思並重，本旨是《中庸》所云：「尊德性而道問學」，如此才能扭轉物化人生，端正生命的大根大本。

儒家之道統思想

　　唐代韓愈「非三代兩漢之書不敢觀，非聖人之志不敢存」（《原道》），故對儒家精神把握甚深，儒家道統之說即由其開端。《堯曰》一篇寄寓了孔子的政治理想。孔子祖述堯舜禹之德政，除以大愛無私的「無為之治」讚賞之，並引述文獻，昭告後人。帝堯訓告於舜，謂其有得於天命，須持守中道，無過不及（天之曆數在爾躬，允執其中），若然生民受苦，便政權不保（四海困窮，天祿永終）。其後帝舜亦如此訓告禹。三位仁君皆禪讓天下，成就中國政治公天下最光輝的一頁。

　　禹建立的夏朝過去了，商朝成立，成湯在驅逐夏桀後祭天，說自身失德不牽連天下諸侯方國，如諸侯方國犯了罪則由天子承擔（朕躬有罪，無以萬方；萬方有罪，罪在朕躬）。這是何等寬弘的精神與氣度。商朝又過去了，周武王翦商，謂商紂雖有同聲同氣之至親，但不如周室之有仁德者相輔。百姓如有責難（過），由天子承擔（雖有周親，不如仁人，百姓有過，在予一人）。這種政治領袖對國家民族的一力承擔，正是中國傳統政治重視聖賢人物的表現。

　　夏商周三代以後，有聖人繼起，則其管治規模，必如孔子

所言，制度上統一度量衡（謹權量，審法度），以利民生；官職與責任名實相副（修廢官），循名責實，不敢苟且，故國家施政暢順無阻（四方之政行焉）。凝聚民心方面則重新確認過氣的政治力量，起用社會上隱沒不彰而德才兼備的人（興滅國，繼絕世，舉逸民），如此則「天下之民歸心焉」。民生方面，重視百姓、糧食、喪禮、祭祀（所重民食喪祭），而為政「寬則得眾，信則民任焉，敏則有功，公則說（悅）」。以上乃孔子為新王立法之本。

道統之傳，堯、舜、禹、湯、文、武，周公、孔子、孟子先後相繼。孟子以後，千年不彰，韓愈出而提點，宋儒實予承接，下至於今，新儒再予提撕。今天重新確立儒家道統，「為天地立心，為生民立命，為往聖繼絕學，為萬世開太平」之民族精神可得以光暢，民族生命力可再度發皇。

（編者據「古道今談」〈君王任賢善聽，凝聚天下民心〉一文補訂）

行善容易，中庸為難

「中庸」在孔子為極高修養境界的表現。就字義言之，「中庸」一詞指寓於日用彞倫平和不激的態度（何晏《論語集解》云：「庸，常也，中和可常行之道。」朱子《中庸章句》云：「中者，不偏不倚、無過不及之名。庸，平常也。」）。從先秦典籍考其實義，「中庸」當為道德意識之一種，表視為影響道德行為的綜合判斷能力，與孝弟忠信禮義廉恥等八德之有其特殊對象（如父慈子孝）不同，是對自身所處環境所作最恰切的反應，就是不偏不倚，無過不及。

孔子說：「中庸之為德也，其至矣乎！民鮮久矣。」（《雍也》）一般人亦罕能表現中庸之德，因為「中庸」這種道德意識不易培養。《禮記・中庸》有孔子言「中庸」的重要紀錄，其中孔子說很多自以為有智慧的人行中庸之道，結果短短一個月的時間也守不住（人皆曰「予知」，擇乎中庸而不能期月守也）。孔子又說可以治理天下國家使其行均平之政，可以推辭名利所在的爵祿，可以踏上毀身害性的刀刃，卻不能好好地踐行「中庸」（天下國家可均也，爵祿可辭也，白刃可蹈也，中庸不可能也）。

「中庸」之德不但踐行十分困難，持守也絕對不易，此因能

行「中庸」之德者須具特高之道德水平，故孔子說：「回之為人也，擇乎中庸，得一善則拳拳服膺而弗失之矣。」又說：「君子依乎中庸，遯世不見知而不悔，唯聖者能之。」得一善而服膺不失，遯世不見知亦無悔，此是聖賢人物中庸之德的表現。

孔子說：「君子中庸，小人反中庸。君子之中庸也，君子而時中；小人之中庸也，小人而無忌憚也。」中庸之為德保障道德行為恰如其分，無過不及。「時中」之義當有取於《易》理。易卦有應時之爻，如《師卦》五陰一陽，九二陽爻為卦主，其餘群陰趨而赴之。「時中」之中指執其兩端而用其中，如此則須行權，否則便成固執。行事不拘一格，因時順勢而不失其度，此固非有深厚內修之功者實不易為，故小人行之即演為肆無忌憚，害人害己。以此而知，能行「中庸」之道者非賢即聖，而媚俗圓滑之徒不預焉。

知命知禮知言而為君子

孔子曰：「不知命，無以為君子也；不知禮，無以立也；不知言，無以知人也。」（《堯曰》）這是《論語》的最後一章，儒家後學用以統攝孔子的整體思想，知命知禮知言是有志為君子者須努力達致的工夫與結果。

儒家言「命」，不是隨順流俗而言「氣命」，氣命可以預測，即大眾所關心的命運。《中庸》云：「君子居易以俟命」，指君子對於自身的吉凶禍福處之泰然，表現出一種道德精神的狀態。試看孔子富貴於我如浮雲的襟懷，與顏淵在陋巷不改其樂的意趣，便知道儒家處理名利得失的態度。「俟命」是「待命」，一切降臨身上的事情何以如彼不如此即謂之「命」，故仍不出氣命範疇，於此常人不免趨吉避凶，而君子則順受其正。儒家言知命不是說預知自身之吉凶禍福，而是指由道德踐履而生的對自身利他使命所具有的強烈承擔與責任感，孔子說：「君子德行焉求福，故祭祀而寡也，仁義焉求吉，故卜筮而希也。」（帛書《易傳‧要》）此言修德行仁替代求神問卜，對自身所處種種順逆坦然接受，如此即是「知命」。

「禮」是國家的典章制度以至個人出處進退與行住坐臥的規

矩。孔子三十而立於禮，言行須本於禮而後有法度。小人悖禮犯義，就是不知禮。此外如君子之踐仁盡性，須恭行禮義以為規範，所以知禮才有所立。禮文如徒具形式，則難免「人而不仁如禮何」之歎。

孔子六十之年所至的「耳順」（朱子謂「聲入心通」）境界即可「知言」。言為心聲，故判斷他人言語而不受惑，非有甚強之道德感悟力不可。反面言之，如《論語》開篇第一章云：「人不知而不慍，不亦君子乎？」（《學而》）自己不被認知而不生慍怒，當非指一般人之相處，而是有位者之是否賞識自己。「知人」從大處言指對他人思想、言行、性情的了解和欣賞，衛靈公之於孔子，便是不知而不能用，故「知人」與否對人之進退順逆有莫大關係。孔子說：「不患人之不己知，患不知人也」（《學而》），其關鍵就在於是否「知言」，能則「危邦不入，亂邦不居」（《泰伯》），不立乎巖牆之下，然後可以有所作為。

「政」之要義

儒家思想積極入世，故儒家人物必然與政治關係密切，對於「政」有清晰認識。一次冉有退朝回來遲了，孔子問原因。冉有回答因為處理政務。孔子即時糾正，謂之為「事」，說：「其事也。如有政，雖不吾以（用也），吾其與聞之。」（見《子路》）這裏孔子清楚判分「政」與「事」，明確規定「政」屬公而「事」屬私。冉有在季康子官邸談事，是季氏自己的私事。

當時孔子在魯國以退休大夫的身份尊為「國老」，定時上朝聽政，所以說自己雖然不是當官，仍然可以有所聽聞。如此則「政」屬國家層面的事，關涉全體人民，故性質屬公；「事」則為個人的事情，與國家無涉。孔子清楚認識政治的公與私，不因為參與者是政治人物而蒙混。這裏可以看出，公私之判是為政者的基本認知。

有人對於孔子沒有汲汲為官而感到奇怪，便問孔子何以不為政？孔子引用《尚書·君陳》「孝乎惟孝，友于兄弟」二句，說明「孝順」與「友愛」的德性如影響了政治，便已達到為政目的，不必具體出仕才算為政，所謂：「施於有政，是亦為政，奚其為為政？」（《為政》）。這表達了「政」的另一重要含義：

非政治人物的思想言行如對社會產生影響，便可視之為為政，則「政」不專屬於政治人物可知。

由於「政」面向國家民族，影響重大，而統治者又具有很大的影響力，故端正自身便十分重要。孔子答覆季康子問政，說：「政者，正也；子帥以正，孰敢不正？」季氏另一次問政云：「如殺無道，以就有道，何如？」孔子則說：「子為政，焉用殺？子欲善而民善矣。君子之德風，小人之德草，草上之風必偃。」（俱見《顏淵》）《大學》之「八條目」（格致誠正修齊治平）即以修身為關鍵，因而說：「自天子以至於庶人，壹是皆以修身為本。」

為政以德，因為「其身正，不令而行；其身不正，雖令不從。」「苟正其身矣，於從政乎何有？不能正其身，如正人何？」（俱見《子路》）由此而有傳統政治與道德關係的著名陳述：「道之以政，齊之以刑，民免而無恥；道之以德，齊之以禮，有恥且格。」（《為政》）今天的政治正是人民免於刑罰而不知羞恥，百姓缺乏人文教養，德無所加，禮無所施，故人心浮躁，社會動盪便難乎免矣。

（編者據「古道今談」〈道德行為，影響社會〉一文補訂）

正名乃善政之基

「正名」是孔子的重要政治思想，這在孔子年青時已經定型。大約在孔子三十五六歲之時，孔子離開了動盪的魯國，北往齊國發展，《顏淵》篇載孔子曾與齊景公會面論政，大概就是在這一期間。當時景公問政而孔子回答說：君要成其為君，臣要成其為臣，父要成其為父，子要成其為子（君君、臣臣、父父、子子），景公對此十分欣賞並認同，說如確實出現這種失位的情況，則縱使有糧粟，我又如何能吃得到呢？（善哉！信如君不君，臣不臣，父不父，子不子，雖有粟，吾得而食諸？）孔子看到當世政治的大弊在上下失序，臣子僭越，故「正名」之論述緊扣諸侯的僭越而言，君臣父子各安其位就是對病之方。從職責而言，反面說便是「不在其位，不謀其政」（《憲問》），這其實是孔子「正名」思想的最佳註腳。

孔子到了晚年，正名思想依然無變，而子路卻不大認同。《子路》篇載子路問孔子，如得到衛君邀請為政，會先做什麼？孔子答以「正名」為先。沒想到招來子路極度無禮的批評，說有這樣的事嗎？老師怎麼會如此迂腐，有什麼好改正的（「有是哉，子之迂也！奚其正？」）。子路當然知道衛國政治不靖，是

由於君位的繼承出了問題，「正名」就會碰觸此一問題（韓非所言「人主之逆鱗」），這真是不識時務，自找麻煩，甚至自尋死路。因此說孔子迂腐。

孔子反批評子路，也說得非常不客氣：「野哉，由也！君子於其所不知，蓋闕如也。」並對「正名」作了較詳細的闡明：「名不正則言不順，言不順則事不成，事不成則禮樂不興，禮樂不興則刑罰不中，刑罰不中則民無所錯手足。」「名」不是一般名稱，而是指政治分位，「言」非語言之謂，乃指政令。為人臣子如果僭越，則其所出政令會受到抵制，則所推行之事便難以有成。如此則禮樂等規範人倫的儀制與教化都起不了作用，刑罰便無法正確實施，致使百姓動輒得咎，不知如何是好。最後孔子說：「故君子名之必可言也，言之必可行也。君子於其言，無所苟而已矣。」這既是說君子應然之言行，同時也在教誨子路。

孔子晚年所體會之天道

　　孔子對自己一生使命的執持，表現在中年時期一次因匡人圍攻而說的話：「文王既沒，文不在茲乎？天之將喪斯文也，後死者不得與於斯文也；天之未喪斯文也，匡人其如予何？」（《子罕》）以此知道孔子必然走出傳揚文化這一步，而孔子對後世影響最大的也是在令人安身立命的精神價值方面而非一時的現實事功。

　　孔子重回自己父母之邦（魯國）之時已經六十七歲高齡，得到「國老」的身份，在現實政治上已難施抱負。生活安閒了，也沒有太多的政治紛擾，在生命的餘暉中，孔子把精神放到整理典籍以及傳揚文化精神方面，《易》與《春秋》都是孔子晚年用心用力的所在。《周易》是言德說道之書，以生生不息變化不窮謂之「易」（此「易」為「道」的意思），孔子研究《周易》，手不釋卷，帛書《易傳・要》謂孔子讀《易》到了「居則在席，行則在囊」的地步，如此自然獲得深邃的人生體會，所以說：「加我數年，五十以學《易》，可以無大過矣。」（《述而》）

　　孔子漸漸把興趣轉移到更深沉的哲理慧思。有一次孔子表示不想說話了（予欲無言），子貢聽後隨即回應說老師如果不說

話，則我們這班學生〔不能得到老師的教導，〕還有什麼可以傳述呢？（子如不言，則小子何述焉？）孔子回覆說：「天何言哉？四時行焉，百物生焉，天何言哉？」（《陽貨》）四時周行，百物繁生，而天無一言。要成就事情，努力去做就是了，至於道德生命的內在體認就更難以言詮，因此子貢說：「夫子之文章，可得而聞也；夫子之言性與天道，不可得而聞也。」（《公冶長》）

　　一次魯哀公問孔子天道何以崇高（敢問君子何貴乎天道也？），孔子的回答深切著明：「貴其不已，如日月東西，相從不已也，是天道也；不閉其久，是天道也；無為而物成，是天道也；已成而明，是天道也。」（見《禮記・哀公問》）天道是一恒有力量，貴在生生不已，永不停息，並且生長發育萬物，顯現萬物之德性，這就是天道崇高可貴之處。孔子所言者已然是一種宇宙本質性的體認。

入太廟每事問，禮也

子入太廟，每事問。或曰：「孰謂鄹人之子知禮乎？入太廟，每事問。」子聞之，曰：「是禮也。」（《八佾》）孔子進入太廟之後事事都問的表現，惹來批評，有人說誰謂那個叔梁紇的兒子（即鄹人之子，鄹音周，地在山東曲阜）懂禮呢？其後孔子聽到這個劣評，便說這樣做才合禮。

魯國太廟以周公旦為太祖，周公之子伯禽受封而為魯開國之主。由於周公與周室的深厚關係，因此周室特准魯國太廟形制與周室相同。到了孔子之時，魯立國雖然已數百年，但宗廟禮制仍然代代相傳，《左傳》載韓宣子於魯昭公二年（前 540 年）來訪魯國，觀書於太史氏而云周禮盡在魯矣。於此可知魯國對周禮保存得很好。孔子入太廟每事問，是因為太廟保留了非常豐富的禮樂資料，而這些都是在其他地方不易看見的。

孔子有機會進入魯國太廟，當然不是今天旅遊參觀的那種，而是參與祭祀。祭禮是繁複的，每個環節及其中之動作威儀俱有含意，一般傳習已久，變成虛應故事，只有有深度的人才會探究禮儀背後的精神。孔子年輕時熱衷於「周禮」的威儀之則及背後的人文精神，最後西往周室（洛陽），問禮於老聃（老子）。

「好學」人多言之，「好問」人所忽略。「問」是進德修業的門戶，故孔門言教必學與問兼言。「問」須先理解，不知不明才問，故《中庸》有言「博學之審問之」，而孔子讚美帝舜亦言「舜其大知也與！舜好問以好察邇言」（《中庸》）。孔子在回答子貢之問衛國大夫孔圉（音雨）諡號為「文」的意義時說：「敏而好學，不恥下問，是以謂之文也。」（《公冶長》）諡號是朝廷頒贈逝世官員的稱號，尚書類文獻《逸周書‧諡法解》有云：「學勤好問曰文」，此即為孔子言「文」的出處。

入太廟每事問反映孔子好學，以不知則問為禮，是以禮制的價值來回應淺人，反映了孔子不是虛應故事的形式主義者，並顯示孔子具有哲學心靈，因此能有「人而不仁如禮何」的洞見。孔子成為周禮大家，一方面與其生長於魯國有關，另一方面則是入太廟每事問的精神與態度使然。

孔子之言性與天道

子貢曰：「夫子之文章，可得而聞也；夫子之言性與天道，不可得而聞也。」（《公冶長》）

這一章是孔門心性之學的開端。「夫子之文章」不是指孔子的著作，「文章」與《論語·泰伯》所云：「巍巍乎其有成功也，煥乎其有文章」及《禮記·大傳》：「考文章，改正朔」中的「文章」同義，指禮樂制度儀文方面的知識，朱子解釋「文章」為禮樂法度是準確的。

孔子以《詩》、《書》設教，晚年更加入《易》與《春秋》，對上古知識既專且博，試看孔子的好學好古便知。孔子自稱：「十室之邑，必有忠信如丘者焉，不如丘之好學也。」（《公冶長》）又稱「我非生而知之者，好古，敏以求之者也。」（《述而》）孔子對古代（夏商周三代）文化制度的研習，是「述而不作」（《述而》），是指所言有據，不顯擺聰明，或無中生有，所以說：「蓋有不知而作之者，我無是也。」（《述而》）孔門弟子尋常聽聞的「文章」就是三代的制度儀文。

「夫子之言性與天道，不可得而聞也」一語，是子貢慨歎不能汲取更多這方面的內容，與「夫子不言則小子何述焉」同一

種心情。孔子對心性的體會當由三方面內容匯合而成，一是對「仁」的體認，二是對天道的體認，三是對天命的體認。「仁」為道德本心，是人的價值根本，孔子以安不安來指點「仁」的發用，在批評宰我喪期一年之議便云「女（汝）安則為之」。人之立身行事須遵從仁心所向，而在為人行事的過程中體會到「天命」的存在，「天生德於予，桓魋其如予何」就是強烈感知天命的表現。

對天道的體認，如向魯哀公所言的天道價值，也有向子貢所示的天道不言。這種對天道發育萬物的深沉體認，當然與孔子晚年專攻《周易》有關。孔子讀《易》不但提升自身的哲思，同時也提升《易》的地位，使《易》成為「六經」之首的《易經》，並開出孔門的義理易學。至於天道之生化萬物，人自在其中，則與仁心天命必有關聯。其後子思（孔子之孫）便明確提出「天命之謂性，率性之謂道，修道之謂教」（《中庸》）的心性之說而照耀千古。

自古皆有死，民無信不立

子貢問政。子曰：「足食，足兵，民信之矣。」子貢曰：「必不得已而去，於斯三者何先？」曰：「去兵。」子貢曰：「必不得已而去，於斯二者何先？」曰：「去食。自古皆有死，民無信不立。」（《顏淵》）

子貢請教孔子有關國家存亡的政治問題，孔子從內外兩方面言之。外者是足食足兵，內者是民信。任何國家，如果出現饑荒則民不聊生，持續如此則社會大亂，觀古今民變，糧食足夠與否是重要原因。這是民眾能否存活下去的基礎，是任何國家民族都不能忽略的第一大問題。

另一是保家衛國的問題。一個國家如果軍備不足以保衛自己的領土人民則必然是弱國，弱國不但無外交，而且常遭外國欺凌。鴉片戰爭就是清朝兵力不如人而致敗，往後的洋務運動就是要強兵護國。可以說清中葉以來一百多年的中國都在面對軍力不如人的局面。

百姓歸心是另一國家能屹立不倒的重要原因。一個國家能得到人民的支持便能生存，否則便會消亡。近者如國共內戰，民心傾向對戰爭結果產生重要影響。民心順逆是十分主要的管治

信號，當然這與時下流行的抽樣問卷的民意調查是兩回事。後者是就某些問題通過一些技巧獲得小部分人的意見，然後概乎言之民意如何，這類民調雖花樣百出，而無一反映民心趨向，只有類似如十年一次的人口普查才足以知民心，但這樣勞師動眾大可不必。從社會的穩定程度便足以推知民心所向了，不須事事量化。

就三個護國條件言之，子貢欲知最重要的一項。孔子順其所問，剔去「足兵」，再剔去「足食」，保留百姓歸心這一項。「足兵」一項最輕，一方面是依仗大國的保護仍可生存，這類情況古今俱有，古有春秋五霸，今有美國與其同盟國，即是大國護持小國的政治形態。孔子剔除「足食」一項，說「自古皆有死，民無信不立。」在國家能否存在這一問題上，民心所向則中國有可歌可泣的八年抗戰，民心思變則政權必亡，前蘇聯一夜之間土崩瓦解，民心悖離是直接原因，經濟困頓，民生凋敝是重要助緣。因此，護持國家三要素，依次為民心、糧食、武器。

孔子之好古敏求

　　子曰：「我非生而知之者，好古，敏以求之者也。」（《述而》）這一章反映孔子之有淵博學問，以及成就博學的門路。

　　孔子自稱非天資極高，悟性極強，這是謙虛，不是客套。孔子又說：「若聖與仁，則吾豈敢？抑為之不厭，誨人不倦，則可謂云爾已矣。」（《述而》）「為之不厭」就是好學。孔子自言「十室之邑，必有忠信如丘者焉，不如丘之好學也。」（《公冶長》）達巷黨人讚「大哉孔子，博學而無所成名」（《子罕》），很明顯孔子的學問屬於鴻儒級別。現實生活中孔子因家道衰落，身世寒微，故能多鄙事。涉及多方面的生活範疇，故對生活有很大的感觸，這是孔子學問具有強大生命力的原因之一。

　　好學是成就學問的重要途徑，也是孔子生命的特質。這種為學的積極態度具體反映為「君子食無求飽，居無求安，敏於事而慎於言，就有道而正焉」（《學而》）。一心放在道德人品的追求上，輕物質生活而重為人行事，做事快捷妥當而避免輕諾失信，並多向賢人請益。

　　好學言態度，博學涉範圍，然所好者何？博在何方？孔子說：「信而好古」（《述而》），便是就內容而言。「信」所表達的

是一種尊重，事事疑惑則入極端，如民初的疑古派，對中國歷史所載之人事，能疑則疑，實厚誣古人，迷亂人心，所幸近數十年來有大量的出土文物，把疑古派的觀點送入字紙籮。「好古」是因為歷史文獻積澱了豐富的民族智慧，故唐太宗謂：「以古為鑒，可知興替。」（《新唐書·魏徵傳》）

孔子的超常智慧，就在信而好古的指導方向下逐步開展。孔子說：「夏禮吾能言之，杞不足徵也；殷禮吾能言之，宋不足徵也。文獻不足故也，足則吾能徵之矣。」（《八佾》）孔子能說夏殷兩代的禮文，但夏禹後代的杞國及商湯後裔的宋國都不足以引證，因為這兩國的文獻和賢人都不足夠。這反映孔子追求學問的認真。「好古」本身不是目的，成就個人的文化精神與文化內涵才是真意所在。吸收古人的智慧，我們自己的識見才變得深邃，才能照見當前社會人心的善惡得失，而能為社會指點出光明大道。

成事不說，既往不咎

哀公問社於宰我。宰我對曰：「夏后氏以松，殷人以柏，周人以栗，曰：使民戰栗。」子聞之，曰：「成事不說，遂事不諫，既往不咎。」（《八佾》）

「社」是土地神的牌位，猶如今天所說的「土地」、「地主」。魯哀公問宰我有關「地主」採用什麼木料製作。宰我回答夏代用松樹，商代用柏樹，周朝則用栗樹，目的是「使民戰栗」，具有威嚇意味。其後孔子知道了宰我的答語，表示不同意，說一件事過去了完成了（成事、遂事、既往者）便放下，不再評說、不再論辯、不再追究罪責。這是對於歷史問題、政治問題的一種態度。

歷史與政治都是關涉眾人之事，因此看待歷史政治的態度與個人的修身立德有差異。就個人的出處去就而言，端正其始非常重要，所以《大學》有言修身齊家治國平天下，方向有差，後果堪虞，誠如建築大廈，地基須九十度垂直，否則樓宇愈高，倒塌危機愈大而最終不免倒塌。因此舉凡治理人群之事必選賢舉能，這是中國傳統政治表現出來的理性原則。

政治無十全十美，甚或有嚴重不足。中國歷代政治匯成一

部治亂興衰史，足以反映此中情況。此因涉及公眾利益，便不是「我欲仁斯仁至」那麼隨心所欲，因此孔子有「中庸」為難之歎！在治人過程中能照顧到大多數人的利益已經很好了，全民受益，從來都只是理想。因此子貢問：「如有博施於民而能濟眾，何如？可謂仁乎？」孔子說：「何事於仁！必也聖乎！堯舜其猶病諸！」該如何做呢？「夫仁者，己欲立而立人，己欲達而達人。能近取譬，可謂仁之方也已。」（見《雍也》）這是指為政治人能做到老吾老以及人之老，幼吾幼以及人之幼便可以了。推己及人則施政必仁，然不謂因此即人人受惠。

政治失誤既不可免，則我們面對歷史所載的治亂情實，便不是拿來審判，而是吸取教訓，避免日後重蹈覆轍，這是唐太宗所言「以銅為鑒，可以正衣冠；以人為鑒，可以知得失；以史為鑒，可以知興替」的真義。以此，近世以來的重大政治事件，我們該做的是不讓那些成事條件出現，而非做判官，窮追猛打，一洩心中之憤。

均與安兼修文德則國治

　　孔子晚年有一篇治國大文章（《季氏》開篇），闡發了顛撲不破的政治真理。當時魯國的實際掌權者季康子想討伐顓臾（音專如）這個魯國附庸，而冉有和子路則幫助季氏，並為此事向孔子報告。孔子知道後對冉有嚴加責備。孔子先說明顓臾的歷史，原來顓臾是周天子分封在魯國的東蒙之地，負責祭祀土地（昔者先王以為東蒙主），是魯國的附庸（在邦域之中矣，是社稷之臣），為什麼要討伐呢？

　　冉有說是季康子的想法，他們二人都不願。孔子即予嚴厲批評，先引用前代史官周任之言「陳力就列，不能者止」（要表現能力則接受官職，如無能力則不擔任官職），繼言對於統治者「危而不持，顛而不扶」，那麼二子之輔助季氏竟有何用？並以譬喻謂老虎犀牛逃出獸籠，龜板玉器在匣子內破碎，究竟是誰的過失？冉有仍為出兵之事強辯，說顓臾城牆堅固又接近季氏的私邑「費」（音秘），現在不攻取顓臾，將來必成子孫的禍患。孔子駁斥道：君子最痛恨的是那些一心要謀取私人利益的，卻假惺惺說不是自己想要，找尋種種藉口作為掩飾的行為。

　　孔子繼而說出應然的治國之道：「丘也聞有國有家者，不患

寡而患不均，不患貧而患不安。蓋均無貧，和無寡，安無傾。夫如是，故遠人不服，則修文德以來之。既來之，則安之。」這就是儒家的政治理想。治國不憂慮多寡問題但憂慮均平與否，不憂慮貧約但憂慮人心不安。能均平則無所謂貧（貧富相對，彼此相當則無貧富之念），能上下和諧便無所謂多與寡（沒有所謂階層階級對立，便無多數與少數之別），民心安定則無傾覆之患。國家能如此，若遠方之人不服，便修禮樂文教使他們歸心，並使其心安定不移。

最後孔子為當前的魯國政治下結論：「今由與求也相夫子，遠人不服而不能來也，邦分崩離析而不能守也，而謀動干戈於邦內。吾恐季孫之憂不在顓臾而在蕭（同肅）牆之內也。」最後一句點出季氏的真正意圖是與魯君作權力鬥爭，真是十目所視十手所指，其嚴乎！小人雖極力掩其不善而著其善，亦難逃聖人法眼。

歲寒然後知松柏之後凋

　　孔子說：「歲寒然後知松柏之後凋也。」（《子罕》）這是理想政治人格的寫照。才與德雖然同樣重要，但德為首出是應然的，故孔子說：「驥不稱其力，稱其德也。」（《憲問》）「德」用以對治氣性，表現利他精神，能以小我成全大我，願意先公而後私。如以利益為首出，不離個人的利害計較，則不論如何言善行善，總歸為孟子所言帶有功利性質的「行仁義」（《孟子·離婁下》），斷不會出現捨生取義的大仁大勇。

　　值得尊敬的政治人物，除了出使外國能不辱君命，保護國家尊嚴和利益之外，能殺身成仁以護持國族者，最值得肯定。這些氣節之士稱之為忠烈，是民族精神的中流砥柱。氣節自持，是孔子對從政者的重大道德要求。孔子說：「志士仁人，無求生以害仁，有殺身以成仁。」（《衛靈公》）當一個政權面臨崩解，作為國家大臣當如何自處？自殺殉國？不屈被殺？變節降敵？孔子欣賞殺身成仁的志士仁人，殺身成仁是「三軍可奪帥也，匹夫不可奪志也」（《子罕》）的表現，是德性重於形軀生命的明證，是仁者必有勇的註腳。

　　有志從政者，修己治人，化民成俗，乃分所應為。就修己

　　　　　　　　聖言與人生：鄧立光博士文化專欄集

而言，價值原則與道德判斷為首要，而此又密切關聯於具體的政治作為，修己成功則能身體力行。孔子以齊景公和伯夷叔齊作了對比，說「齊景公有馬千駟，死之日，民無德而稱焉。伯夷叔齊餓于首陽之下，民到于今稱之。其斯之謂與？」（《季氏》）齊景公貴為一國之君，有賢不能用，如早年對身處齊國的孔子，本有任用之意，然舉棋不定，最後竟以自己年老為由而不用（見《微子》），難怪齊國力雖強（有馬千駟，即一千輛戰車），然於化民無功，故百姓在其身後無德可稱，乏善可陳。伯夷叔齊為商末周初的隱士，到孔子之時仍受人們稱道。孔子說：「不降其志，不辱其身，伯夷叔齊與！」（《微子》）又說：「伯夷叔齊不念舊惡，怨是用希」（《公冶長》），無怨無尤，求仁得仁，乃「古之賢人」（《述而》），孔子的肯定和讚賞，就是對氣節的歌頌，對歲寒松柏的推崇。

氣性雖有偏至，不與行惡同科

子曰：「古者民有三疾，今也或是之亡也。古之狂也肆，今之狂也蕩；古之矜也廉，今之矜也忿戾；古之愚也直，今之愚也詐而已矣。」（《陽貨》）性情是氣質的表現形態，人的氣質通常都有偏向，鮮能大中至正，故希賢希聖從一個側面視之則是性情逐漸轉向中正平和。孔子言氣性的三種毛病（三疾）：狂、矜、愚，不必實言古今之別，而是作一對比以言人心善惡的趨向。

「狂」如果是純粹氣性的表現，則其形態為「肆」。孔子說「狂者進取」（《子路》），則狂者是擇善固執且力行不惑的人，具有強烈進取心，然過於堅持而導致不受規範與約束，如此則稱為放肆。至於一任氣性，悖禮犯義，予取予奪，無所不為，傷風敗俗，則是放蕩不羈。現代人的「狂」就是瘋狂，顛倒黑白，無理取鬧，肆意為非。

「矜」是端莊正直，不苟且，不附和，然不與人爭強，故孔子說：「君子矜而不爭」（《衛靈公》）。矜莊的人表現剛直（廉），而「忿戾」就是野蠻善怒，極難相處。現代人的「矜」更是惡形惡相，且逢人挑撥，混淆是非，假公濟私，以顛倒為事，以攻訐為能。

「愚」不是愚昧無知，而是指性情戇直。孔子評價弟子高柴（子羔）為愚（見《先進》），是指性情單純率直，不知世情而已。孔子評甯武子「邦有道則知（智），邦無道則愚。其知（智）可及也，其愚不可及也。」（《公冶長》）這裏所言的「愚」，是面對惡劣政治環境所用的態度，目的是全身保性。至於存心欺騙，以謀取個人利益為事者，則是偽詐的行為。

子貢對這類是非錯置的行為十分厭惡，說：「惡徼（音驕，抄襲）以為知者，惡不孫（遜）以為勇者，惡訐（音竭）以為直者」（《陽貨》），以抄襲所得視為己出，以傲慢叛逆視為勇敢，以揭人陰私視為率直，這是以惡為善，以醜為美的行徑。孔子之言可改寫為「以蕩為狂，以忿戾為矜，以詐為愚」。這種種行為表面類似而實意相反，皆人心墮落所致。一種行為是否為道德所容，端視其起心動念以及立意是否由道德心的驅使而定。

諂媚無勇與行道

子曰：「非其鬼而祭之，諂也；見義不為，無勇也。」（《為政》）孔子以兩種截然不同的為人處事，表達出同一種心態。

就祭祀而言，如曾子所說：「慎終追遠，民德歸厚矣」（《學而》），慎終指喪禮送死之事，追遠是歲時祭祀之事。所祭祀者是自家先祖（人死為鬼），故為人子女所祭者為其家族之歷代祖先。「非其鬼而祭之」即沒有親故關係而予以祭祀，此必非恭敬之心使然，而是有所祈求，故孔子以一「諂」字評之。諂媚一般指涉人際交往的態度，取悅於人必有所求，就是利用他人以獲得利益。祭祀其他鬼靈為不當所為，其目的不離個人利益。今天求財者什麼都可拜，若所求不得則棄之如敝屣，就是諂媚的表現。以此心態待人，則是「巧言令色足恭」（《公冶長》），阿諛奉承的態度非常可恥，亦令人厭惡，原因就如孔子所說：「巧言令色，鮮矣仁。」（《學而》）用心一旦「鮮矣仁」，則不論事人還是事鬼，都屬諂媚。

「勇」不離仁。就人事言之，孔子說：「仁者必有勇，勇者不必有仁」（《憲問》），故「志士仁人，無求生以害仁，有殺身以成仁」（《衛靈公》）就是仁者必有勇的註腳。「勇」從其最深處

言，是由衷而出的一種行為動力，它要求生命主體去維護或完成道德上應然的事情，能如此為勇，否則為無勇。故「見義不為」無論基於什麼原因，其根本都離不開趨利避害的心態。小人之心，有損於己則一切不為，有利可圖則什麼都可，就是這種心態的驅使，故非其鬼而祭之，但見義卻不為。

人生處世，順逆有命。小人庸濫，無所不至。君子則不然，上不怨天，下不尤人，不憂不懼，居易以俟命，如此「不忮不求，何用不臧？」（《詩經・邶風》）既不嫉妒（忮），又不貪求，行事怎麼會不善？賢者深知人生所事在求道行道，而「道也者，不可須臾離〔音利，喪失〕也，可離非道也。」（《禮記・中庸》）故有道之人，「力惡其不出於身也，不必為己」（《禮記・禮運》）。孔子說：「人能弘道，非道弘人」（《衛靈公》），實一語中的，行道不在多言，端在力行不惑。

禮之本與僭越

林放問禮之本。子曰：「大哉問！禮，與其奢也，寧儉；喪，與其易也，寧戚。」（《八佾》）

魯人林放請教孔子有關禮的本質問題。孔子認為林放提問得很好。禮的本質是「稱情而立文」（《禮記·三年問》），故禮儀度數在於對人情的恰當反映。禮數必須由衷而出，如果所執禮儀奢侈而無心，則寧可有心而儉約。喪禮與其事事周到而無動於衷，則寧可憂戚而從儉，因為禮數本質是反映人心所需，故禮適中便可以，過猶不及。遵行禮儀或有所增刪，以內心之誠為最終依據。只有禮儀的形式而缺乏內在相應之情，這樣的禮是沒有意義的。至於僭越之悖禮犯義，則是野心所造成的惡行。

一次魯國實際掌權者季康子要登上泰山祭祀神明（稱為「旅」），但祭祀山川神祇只有天子及諸侯可以，卿大夫沒有資格。當時冉有輔助季康子，孔子問冉有是否不能糾正阻止？冉有明確說不能。孔子師弟都知道季康子是野心家，無法用禮阻止或限制其僭越之行，故孔子轉移焦點說：林放明白禮的本質，知道行禮須情實相應，名實相副，泰山神祇難道會不如林放，不知道禮的根本意義而接受僭越的祭祀嗎？（嗚呼！曾〔音增，竟也乃

也〕謂泰山不如林放乎?〔《八佾》〕)僭越之禮其過程無論如何莊嚴正規,儀式如何隆重,神靈都不會庇祐。

此外,季康子舉行慶典,竟然在自己的庭院中跳起屬於天子的「八佾」(音日,樂舞一行為佾,八佾即八行而每行八人)舞。孔子知道此事後,批評季康子「是可忍(忍心)也,孰不可忍也?」(《八佾》)季氏為卿,樂舞只能用四佾,而今竟忍心破壞如此重要的禮法,則還有什麼是他不能忍心做的?此外仲孫、叔孫、季孫三家的宗廟,又在祭祀完畢撤除祭品時唱頌屬天子專用的《雍》詩,故孔子引《詩經・雍》:「相維辟公,天子穆穆」(意思是諸侯助祭,天子嚴肅主祭)以言「奚取於三家之堂」(《八佾》),諷刺三家以卿的身份而僭用天子禮儀。《中庸》言:「君子素其位而行(即行事與處境相應),不願乎其外」,就是針對僭越而發的為政態度。

儒家的用人之道

　　周公謂魯公曰:「君子不施(通「弛」)其親,不使大臣怨乎不以(用也),故舊無大故則不棄也,無求備於一人。」(《微子》)這是周公訓誡兒子伯禽的資料,距今已有三千年了。周朝之有天下,全賴重視人才以及懂得團結之道。團結就是力量,團結的基礎便要講究。如何用人是一門學問。

　　周公之時「君子」是指統治者,不是有德者之稱。親族是有血緣婚姻關係的,居統治之位的人不疏遠(弛)自己的親族,反映其人有親疏尊卑之念,這樣才能護持人倫,使禮義有所施。禮以別異,義則為宜,故上下有序。大臣如因任職而生怨,則管治會出現穩定與否的問題。大臣為統治者治國之股肱,如因任職之事生怨,反映大臣之用不得其長,是人君不能人盡其才之過。至於老舊臣子如果沒有大過失便不要排斥放棄,這是保留人才的辦法之一。他們的豐富閱歷能解決治國難題,老成人不僅是人才而且是國寶。人不會十全十美,因此用人須用其所長,不能求全責備,否則只會壓垮人才。

　　周公訓勉伯禽,是因為伯禽要成為魯公,管治新建立的魯國,故要懂得團結,珍惜及任用人才。講述這段古語,表示孔子

對人才的重要性有很深的體會，得人才就能得天下。《論語》又記載孔子講述周初歷史，引用周武王言有治國之臣十人後，便感慨地說「才難」（獲得人才十分困難），並讚美武王之於商紂以強事弱的做法為至德之舉。（見《泰伯》）而這與任用人才密切相關。

一般人處事的成敗也與用人有關，而自身的態度如何是人才得失的關鍵。孔子說：「君子易事而難說（悅，後同）也，說之不以道，不說也；及其使人也，器之。小人難事而易說也，說之不以道，說也；及其使人也，求備焉。」（《子路》）孔子之時「君子」指有道德的人，「小人」則反是；君子與小人的用人態度相反。君子使人任事是量才而用，這樣能使事情得以順利完成，又能成就所用之人，這是儒家的用人之道，完全繼承了周公的思想；小人之用人必求全責備，然此成就不了人，也成就不了事。

（編者據「古道今談」〈量才而用，用人之道〉一文補訂）

大臣、具臣、僭越、正名

　　季子然問：「仲由、冉求可謂大臣與？」子曰：「吾以子為異之問？曾由與求之問。所謂大臣者，以道事君，不可則止。今由與求也，可謂具臣矣。」曰：「然則從之者與？」子曰：「弒父與君，亦不從也。」（《先進》）

　　季子然是魯國季氏的子弟，問孔子有關子路和冉求二人能否稱得上大臣？孔子以為季子然會問其他事情，卻問子路和冉有的表現，故有點愕然。子路和冉求當時效力於季康子，是季康子家臣。季子然之問當與二人之輔助季氏有關。孔子的回答帶出了「正名」的深意。

　　孔子說「大臣」的政治素質是「以道事君，不可則止」。這就是不依附權勢，努力維持綱紀，並且有明確的是非原則，違反了大原則便辭官不幹。由此評價子路冉有只是「具臣」，「具臣」之義為備臣子之數（陪臣亦是臣）。季子然追問這是否一切依從君上的意思？孔子說「弒父與君亦不從也」，語帶雙關。一方面子路和冉有很多時候雖依從季康子的意思執行政策，但另一方面知道君臣上下之義，決不會作大逆不道的事。

　　孔子和季子然的對答含藏正名與僭越的另一層深義，而且

雙方的立場壁壘分明。孔子自是信守君臣父子上下的秩序，由其教導出來的弟子當然不會欺君犯上。季子然的提問則反映了季氏家族思想言行的僭越。子路和冉有分明是季氏家臣，怎可視之為大臣？對魯君而言，卿大夫的家臣只是陪臣。季康子是魯國的執政，是卿大夫的階位，若以大臣言之，則季康子是大臣，孔子也是大臣，而子路冉有只是陪臣，不直接通君上，君上指魯國國君。孔子怎會不知這些政治關係？故孔子說明大臣的政治品格，繼後子路冉有只具備臣子資格，不落入季子然的僭越陷阱，而季子然仍沿同一思路，問二人是否依從國君，孔子答以「弒父與君亦不從也」，連消帶打，除明言孔門師徒遵守上下之道，亦暗示季子然要搞清楚君臣上下之義，不要僭越。故弒父與君不從一語，即表現出正名思想，季康子若有不臣之心，子路冉有是絕對不從的。這反映了魯君與季康子緊張的君臣關係，亦展示了儒家的從政風骨。

先行其言而後從之

　　言行一致是對君子的要求。言行相應則謂之信，「信」是誠敬自持，屬德行之大者。孔子說：「人而無信，不知其可也？大車無輗，小車無軏，其何以行之哉？」（《為政》）「信」的重要由此可知。一個人不講信用，真不知此人還可以做什麼？「信」猶如牛車之「輗」（音危）、馬車之「軏」（音月），都指拘繫於牛馬身上的橫木活塞，沒有輗軏便不能套緊牛馬以拉動車輛。無信猶如缺輗軏，是極大的失德，因此孔子說：「古者言之不出，恥躬之不逮也。」（《里仁》）就是不輕諾，說了做不到是非常羞恥的事。

　　孔子說：「君子欲訥於言而敏於行。」（《里仁》）君子是有積極作為而說話謹慎的人。有次子貢問作為君子的應然表現，孔子便因材施教，說：「先行其言而後從之。」（《為政》）子貢口才了得，是孔門語言科的代表、春秋末期傑出的外交家。孔子誡子貢先有所實踐然後才說，可知言行一致是重要的道德原則，一般人高談闊論，往往言不顧行，信口開河，這是修德的大忌。言行是否一致不能單靠說話下定論，孔子即因宰我的言行不一而說：「始吾於人也，聽其言而信其行；今吾於人也，聽其言而觀

其行。」（《公冶長》）

孔子深知言行可以作偽，一類是外表嚴厲，裝模作樣，一派正經，而內心虛怯，有見不得光的陰暗面。這類人就如同穿牆和爬牆入屋爆竊的盜賊，內心鬼鬼祟祟，時常懷着傷人取利之心。《陽貨》：「色厲而內荏，譬諸小人，其猶穿窬之盜也與？」另一類是說話討論非常誠懇，這一點較諸色厲內荏為佳，是要讚許的。然看深一步，這種誠懇是君子內外一致的表現呢？還是只有外在的莊重呢？《先進》：「論篤是與。君子者乎？色莊者乎？」因此聽其言而觀其行的檢查工夫是必須的。

《尚書・說命》有云：「非知之艱，行之維艱」，說話易而實行難，由此而有知行合一這中國傳統文化重要的修身指標，也是做人處事的根本表現，《禮記・中庸》謂：「言顧行，行顧言」，就形象地表達了知與行這一價值原則在生活上是如何的表現出來。

（編者據「古道今談」〈先有實踐再說話，言行一致屬原則〉一文補訂）

博學於文，約之以禮

孔子說：「君子博學於文，約之以禮，亦可以弗畔矣夫！」（《雍也》）「文」所指為培養一個人德性及才幹的基本學習內容，即《詩》、《書》、《禮》、《樂》並典章制度等，就此而言，孔子讚美周代「郁郁乎文哉」（《八佾》），是指周代的文化教育等禮樂制度燦然大備。

「禮」是言行準則及交往規範。孔子提出廣泛學習而由「禮」來約束個人言行。學問知識和道德實踐之間沒有必然關係，但學問知識是成就道德人品的基礎，反映學「文」有助道德的提升，孔子即以「文、行、忠、信」（《述而》）四個內容為教化重點。然而「文」不等於道德本身，所以孔子說：「行有餘力，則以學文」，而所行是「入則孝，出則弟（悌），謹而信，汎愛眾而親仁」（《學而》）等道德表現。

孔子以此法教導弟子。顏淵說：「夫子循循然善誘人，博我以文，約我以禮，欲罷不能。既竭吾才，如有所立卓爾。」（《子罕》）「博」是廣泛之意，其廣泛程度如何與受教者的才德相關。「既竭吾才」是指竭盡了自己的本事；「如有所立卓爾」這一氣象因「約我以禮」而生。這種由資料的學習轉化為道德的表現，

就是博文約禮的過程和效果。此外，這一學習過程令人「欲罷不能」，是因為學以致用，於德性生命有所提升而然。

博文約禮所以能「弗畔」（不違反道德要求），關鍵在「約」（指接受規範不越法度），所以孔子說：「以約失之者鮮矣」（《里仁》）。「約」有培養道德情操的出色效果，因為思想認知層次的充實只表示對道德有所了解並且有踐行之意而已，一旦踐行便有過與不及的情況，要避免過與不及而得其中，便要用禮來規範。

顏淵「如有所立卓爾」的精神狀態就是一種道德氣象。當行禮不止於動作威儀，而是貫注了一個人的精神、正氣、學養等，則此時之「禮」完全是個人德性的外顯，而給予他人的觀感，便有如子夏所說「望之儼然，即之也溫，聽其言也厲」（《子張》）的剛健特質。

（編者據「古道今談」〈博學於文，約之以禮〉一文補訂）

人能弘道，非道弘人

　　孔子說：「人能弘道，非道弘人」（《衛靈公》），把人與道德的關係釐清了並給予定位，這是儒家對人類文化的一大貢獻。「人能弘道」表達了「人」具有踐行道德的能力，所謂「我欲仁，斯仁至」（《述而》）即是，道德實義是要在生活行事中表現出來的。「非道弘人」言種種外在價值如果不與人的生命相關，只在口頭上大談道德而不身體力行，那麼對道德縱使有再精彩的論述，也與個人的修德無關。

　　所謂弘道，如孔子所說：「君子成人之美，不成人之惡；小人反是。」（《顏淵》）成人之美與不成人之惡須具有高尚人品才能貫徹，這是「己欲立而立人，己欲達而達人」（《雍也》）的表現，是君子一體之仁的境界。一般人受氣性所限，貪嗔癡慢等人性缺點處處流瀉，是無法貫徹這一點的。至於小人則只會成人之惡與不成人之美，如助紂為虐，黨同伐異，兩舌惡口，中傷嫁禍，妒人成功，樂見人敗。今天社會充斥這類小人，但見有人上進出頭，便不惜一切，瘋狂抹黑，不拉倒不罷休。一個社會的墮落，反映在這類小人的肆無忌憚。

　　孔子說：「古之學者為己，今之學者為人」（《憲問》），與

　　　　　聖言與人生：鄧立光博士文化專欄集

「人能弘道」相應。「為己」之學用在提升自己的修養，修德是向內的，內省才能體道。如此才明白利他的價值意義，才真正樂於助人。「為人」之學用於拿取資格，確認身份，故不免向外炫耀，沽名釣譽，博採虛聲。孔子說：「君子求諸己，小人求諸人」（《衛靈公》），君子所着力者既然是求諸己，因此處事只問自己是否已盡責任，決不諉過於人；一旦內省不疚，自然產生不憂不惑不懼的內在安定。這是內在人品的樹立，由此而有「不患人之不己知，患其不能也」（《憲問》）的上進不懈。內在價值建立了，才能不受外界的影響，因此孔子飯疏食飲水，曲肱而枕之仍樂在其中，（見《述而》）而顏淵能一簞食一瓢飲，在陋巷，人不堪其憂而不改其樂。（見《雍也》）有這樣淡泊名利之心，才能肩負弘道之責。

（編者據「古道今談」〈人能弘道，非道弘人〉一文補訂）

君子謀道不謀食，憂道不憂貧

孔子說：「君子謀道不謀食。耕也餒在其中矣，學也祿在其中矣。君子憂道不憂貧。」（《衛靈公》）這是君子踐仁特徵之一。君子的人生道路不落庸俗，不為名利所纏，否則必成「下達」之小人。

「耕也餒在其中矣，學也祿在其中矣。」農耕靠天象四時，故須種植三年而備一年之荒。農夫着眼於存活問題，能照顧好自己一家與按時繳納賦稅，即盡了國民責任。「祿在其中」是指居官，有了官職才有責任和權力實現安民理想，治理人群引導社會。因此「學也祿在其中」一則表明任官者有安定生活，免除謀生的壓力；再則表示有行道的平台，有機會好好發展。

「謀道不謀食」與「憂道不憂貧」，表現了君子的生命特質，即在於實踐道德價值。君子用心所在是正道如何推行，而擔憂的是正道之受壓抑與排斥；至於個人的榮辱得失非所措意。子貢說：「貧而無諂，富而無驕，何如？」孔子回答說：「可也；未若貧而樂，富而好禮者也。」（《學而》）孔子的境界就是樂天知命，因此能「曲肱而枕之，樂亦在其中」；顏淵簞食瓢飲，在陋巷而不改其樂亦然。（見《雍也》）有孔顏這種處貧態度才真可

以謀道憂道。

　　人生內容不離富貴貧賤。君子之所以為君子，是心中有仁，修德有誠，沒有一刻違背仁心的要求，不因環境的艱困而改變心志。所以孔子說：「富與貴是人之所欲也，不以其道得之，不處也。貧與賤是人之所惡也，不以其道得之，不去也。」（《里仁》）處貧不就忍受力而言，而是指超越物質生活的精神。能處貧自然能處窮。貧窮雖然經常連用，但貧是生活拮据，窮是處境困難。孔子與弟子途經陳國往楚國去，因有軍事阻滯而受阻，眾弟子因糧絕飢餓而病倒，子路抱怨說：「君子也有窮困的時候嗎？」孔子回答說：「君子固窮，小人窮斯濫矣。」（《衛靈公》）表示君子雖窮困而固守原則，小人窮困便無所不為。「固窮」是堅定的心志與深邃的道德意識所致，也是君子人品的極佳寫照。君子以處貧固窮之心行道，自然有「知其不可而為之者」（《憲問》）的強毅。

居敬行簡以臨民

　　《雍也》篇記載了一則有關政令繁簡的討論，仲弓（冉雍）問孔子有關魯人子桑伯子的情況。據劉向《說苑·修文篇》記載：「孔子見子桑伯子，子桑伯子不衣冠而處（家居生活）。」子桑伯子在日常生活中時常不穿衣帽，這猶如有人不論在什麼場合，都經常穿汗衫短褲，這種情況今天雖然可以用人權自由等理由來開脫，但衣着得體始終是修養的問題，「不衣冠而處」在今天尚且不適宜，何況在古代講究禮儀的社會，這關係到對人對事對己是否有所敬的問題。然而孔子對子桑伯子的整體評價是：「可也簡」，表示認可，而「簡」則不煩，指政令簡要，如此則不擾民，這是孔子認可子桑伯子的根本原因。

　　仲弓就孔子的評價分兩個方向回應，「居敬而行簡以臨其民，不亦可乎？」如果為官者在日常生活中以「敬」為首出，而管治老百姓則政令從簡，所謂自處以敬，臨民以簡，則是可以的。另一方面，「居簡而行簡，無乃大（太）簡乎？」如果為官者的私人生活太隨便，而於管治百姓出令簡要，如此則自處與臨民皆簡，那豈不是太苟簡了一點嗎？由此而言，行事簡捷，施政簡要背後的精神必須是道德的，而最簡單的檢驗方法便是看一個

人的生活態度能否持敬。「敬」之所以重要，是因為這是一個人內在的道德精神對自我思想行為的規範約束，由居敬而表現出來的言行都是負責任的，然若苟簡生活處事，則所作所為俱沒有責任上的保障。

孔子同意仲弓的觀點，說：「雍之言然」（仲弓的說話是對的）。孔子並非不知道修身為從政之基，而是側重說明為官者當以生民為念，而施政良窳，判斷標準之一是「簡政」，這與老子「貴言」的意思相合。「言」指政令，以政令為貴，故不輕出政令，因政令多必擾民，政令繁必成「苛政」，而苛政猛於虎，苛政不但擾民，抑且害民。仲弓居敬行簡之說，正是儒門政治思想之正論，格致誠正則禮義充身而有敬，賢能政治而後可能。居簡行簡則質重少文，人文思想無法開展，禮樂不易範身，適成荀子所批墨子學說「大儉約而僈差等」（太注重儉約而輕慢了上下尊卑）的精神。

聖人之德性與才能

孔子得到當世敬重，除了道德充身以外，也以多才多藝著稱。《子罕》篇記載太宰對孔子的欣賞，就因為孔子的多才多藝，而德才之辨亦由此而生。太宰問子貢：「夫子聖者與？何其多能也？」孔子是聖人了吧？否則怎會有這麼多才能？這一問反映了孔子博學多才，同時暴露了自己對「聖人」內涵的體會有偏。子貢的回答很有分寸：「固天縱（上天所任）之將（大）聖，又多能也。」說孔子是上天所允許的大聖人，又有很多才能，把修德而成的「聖」位，與由氣稟材質而來的才能分開。二者有關而非直接關連。儒家對於「德」與「才」的分別有清楚認識。

孔子知悉此事後便說：「太宰知我乎！吾少也賤，故多能鄙事。君子多乎哉？不多也。」表達了對德才的體認，與子貢所言的實質意義相同。孔子說太宰不了解自己，繼而解釋多能是因少時身份地位低下，故懂得很多下層的工作，而這些在成德道路上不是必須的，因此設問君子的才藝是否需要很多，而斷然說不必多。

孔子這一觀點是一貫的，如樊遲向孔子請教種田種菜，孔子即批評說：「小人哉樊須也。上好禮則民莫敢不敬，上好義則

民莫敢不服，上好信則民莫敢不用情。夫如是則四方之民襁負其子而至矣，焉用稼？」（《子路》）孔子不反對才藝，但禮義忠信等才是君子應當用力之處，而且無一息或懈。君子成德的道路漫長，而修己治人的學問非一蹴而就，必須念茲在茲地實踐。

《禮記・學記》有言成學過程：「一年視離經辨志，三年視敬業樂群，五年視博習親師，七年視論學取友，謂之小成；九年知類通達，強立而不反，謂之大成。夫然後足以化民易俗，近者說（悅）服，而遠者懷之，此大學之道也。」這是當官者的成學過程，除了有系統地學習文獻，還要在學習態度、與人相處、交友原則、受教於師的程度、研討問題的能力等予以考核，再高一層是學以致用，原則一貫，立場堅定。通過長時間一連串的考核，才能培養出好長官，使所治地方的百姓安居樂業。由此可見傳統文化對培養為官者的嚴格道德要求，這是賢人政治得以成功的重要原因。

（編者據「古道今談」〈嚴格道德要求，政治才能成功〉一文補訂）

孔子問政五德：溫良恭儉讓

　　《學而》篇記載了一則弟子討論孔子入國問政的事情。孔子每到一個國家，都知道該國的政情。有些弟子對此感到奇怪。子禽（陳亢）便問子貢：「夫子至於是邦也，必聞其政，求之與？抑與之與？」孔子能夠了解各國的政情，究竟是主動求問，還是有人主動告訴孔子？

　　這裏可注意的，第一是孔子十分關心政治，這也是儒家的老傳統，修己治人是中國傳統讀書人的基本人生態度，問政而後知治道得失，管治才能最大程度避免過失。今天專研中國傳統學問的人士基本上已遠離政治，這實在是失去文化根本的表現。其次是問政的態度。子貢的回答清楚說明了這一點：「夫子溫、良、恭、儉、讓以得之。」孔子入國用溫、良、恭、儉、讓的態度問政。「溫」是態度溫和，「良」是用心良善，「恭」是待人有敬，「儉」是交往有節，「讓」是相處謙讓。這五種態度當非子貢一時的衝口而出，子貢擅長於外交，掌握各國政治情態是其特長，因此子貢所說是從其生命最強項之觀察而得的結果。子貢繼言：「夫子之求之也，其諸異乎人之求之與？」指出孔子問政與一般人的做法有別，是由於心態與原則不同，而且孔子是主動求

知的。

　　問政五德是「修己」用於「治人」的結果。詢問別人事情，能用溫和、善良、恭敬、節制、謙讓的態度，則此人內心必然是講求道德的。溫和善良讓別人容易接受自己，恭敬則保存了別人的尊嚴，節制與謙讓屬於為人設想的表現，令對方不感受壓力。能用五德即可言「誠摯」，能用此態度問政則對方不論什麼位分，都會真實以告。

　　孔子之問政五德，自是大賢以上的行為，所以子貢會說孔子之求知與他人殊。入國問政非以個人出處去就為事，而以人溺己溺的態度，知無不言而又能己所不欲不施於人，人之有技若己有之，如此賢德之人問政，誰能不盡心以告。具備此五德者，今天在政壇學界已難找到個別例子，然某些佛教團體之利樂有情，其志工（義工）確實能表現問政五德，故能到處救災又能得到當地政府的支持與尊重，這是問政五德感動人心所致。

為政以德與無為之治

　　孔子的政治理想，是以德治為中心的無為之治。孔子說：「為政以德，譬如北辰，居其所而眾星共之。」（《為政》）君臣關係猶如居中之北斗星而被其他星宿圍繞，這是「無為之治」的政治架構。

　　「政」的意思是處理眾人之事，使由不正而歸於正，故孔子對季康子說：「政者正也。子帥以正，孰敢不正？」（《顏淵》）孔子所言「為政以德」，是以「德」作為「政」的根本，就是整個政體以實踐道德為目的。北斗星被眾星宿圍繞的形態本有多種體會，但孔子說：「巍巍乎！舜禹之有天下也而不與焉！」（《泰伯》）表示天子雖然富有四海，但具體治理國家之責還是由臣下擔負，自己不對政府施以掣肘與干擾。出現這樣的政治格局，人君必須明明德，只代表一個政權，居於指導國家方向之位，而尊重臣下所負責的政務。所以孔子說：「無為而治者，其舜也與？夫何為哉？恭己正南面而已矣。」（《衛靈公》）「恭己」表現人君努力修德，「正南面」指自身起示範作用，上有好者下必有甚焉，這是政治真理。孔子說「子帥以正，孰敢不正」，就是要點撥季康子，讓他知道作為統治者的影響。

老子與孔子的「無為之治」並無二致，表述形式不同而已。孔子由無為之治展開對德政的進一步闡述：「道之以政，齊之以刑，民免而無恥；道之以德，齊之以禮，有恥且格。」（《為政》）《禮記・緇衣》亦有相類記載：「夫民教之以德，齊之以禮，則民有格（糾正）心；教之以政，齊之以刑，則民有遯（欺瞞）心。」治理國家如果只強調政刑，則百姓雖可不抵觸律例，卻無從培養其道德感情，就很容易失去是非善惡的價值判斷，做事只問有否干犯刑律，不理會言行是否有虧於道德，積漸而生欺瞞之心，墮入無恥之途。如若強調道德情操與禮義教化，則能培養百姓的羞恥感，並能產生有過則改之心而克己復禮，如此人民才可有高文化水平，而社會才可出良風美俗。然而眼下社會，是非不分，黑白顛倒，人心乖離，風氣漓薄至人禽不辨，豈非一斷於刑法而入斷潢絕港之苦果乎！

（編者據「古道今談」〈為政以德，無為之治〉一文補訂）

君子之德風，小人之德草

孔子是政治人才，安於教學而不居官治人。有人因此感到奇怪而問孔子，孔子的回答帶出「為政」要義。《為政》篇載有人問孔子為什麼不出仕？（子奚不為政？）孔子的回答是「《書》云：『孝乎惟孝，友于兄弟。』施於有政，是亦為政，奚其為為政？」

從政是施展抱負的上佳平台，然若從政之門尚未打開，便汲汲於尋找為官門徑，則不免營營役役。孔子沒有對自己的際遇說什麼，只引用《尚書·君陳》「孝乎惟孝，友于兄弟」二句，以說明「為政」的本質。孝友等德性如果在政治施為中表現出來，這就是為政的要項，達到了為政的目的，何必一定要出仕才算為政？因此孔子設塾授徒，發揚道德精神，使弟子自覺地作道德修養工夫，如此便屬於為政的本質。孝友等天倫之愛落實到政治施為，就已經是為政了。就算真正出仕，也只是為政以德，故重點在導之以德，齊之以禮。

《顏淵》篇載季康子詢問孔子為政之道：「如殺無道以就有道，何如？」這是高壓式的管治。「殺」能獲得一時苟安，卻帶來長遠禍患。《老子》有云：「民不畏死，奈何以死懼之？」「夫代司殺者殺，是謂代大匠斲。夫代大匠斲者，希有不傷其手

矣。」「殺」是刑獄官員的職權，不是居上位者的責任。為政在指導方向，不在執行刑罰。而且社會上如果百姓到了不畏懼死亡之時，殺戮顯然無法獲得震懾的效果。今天所見的恐怖襲擊，兇手抱必死之心犯案，故案情特別兇殘。因此以殺作為安邦定國的手段只會適得其反。

孔子對季康子的想法予以批駁，說：「子為政焉用殺？子欲善而民善矣。君子之德風，小人之德草，草上之風必偃。」為政不以殺，感化才是為政正軌，此深懂為政之道者之見。「子欲善而民善」表示孔子了解上行下效的政治作用。「君子之德風，小人之德草，草上之風必偃」一語，形象地表現了為政者的要務是宣化，而百姓之常態是接受政府的指導，這是政府與百姓之間的正常關係。為政者身教重於言教，政府的職能是領導社會前進，而前進的動力是表現道德作為，這稱作德治。

不恒其德，或承之羞

　　意志、恒心、毅力是做事有成、修德有成的重要原因。孔子說：「十室之邑，必有忠信如丘者焉，不如丘之好學也。」（《公冶長》）好學是恒心毅力所致，學而時習之也是恒心毅力的表現。孔子化用《尚書‧旅獒》的「為山九仞，功虧一簣」而言：「譬如為山，未成一簣，止，吾止也。譬如平地，雖覆一簣，進，吾往也。」（《子罕》）堆土為山，只差最後一筐土而停下，那是我自己放棄的，不要把責任推諉於人。在平地上堆上第一筐土，如有繼續，那是我的意志使然，不是外間的誘惑所致。為人處事無論是處於起步還是快到終點，意志恒心毅力必須貫徹始終，否則如孟子所言：「掘井九仞而不及泉，猶為棄井也。」（《孟子‧盡心上》）

　　意志恒心毅力是君子的性格優點，孔子說：「回也其心三月不違仁，其餘則日月至焉而已矣。」（《雍也》）三月不違仁是守仁工夫，修德持之以恒，即表現為一息不懈的「誠」，表現為「君子無終食之間違仁，造次必於是，顛沛必於是」（《里仁》），這就是意志恒心毅力的表現。至於冉求說：「非不說子之道，力不足也」，分明是不願踐行道德的逃避之言，在決心恒心方面出了

聖言與人生：鄧立光博士文化專欄集

問題。孔子遂說：「力不足者，中道而廢。今女（汝）畫。」（見《雍也》）自畫就是與意志恒心毅力對着幹，是失德的開始。

　　恒與人的德性相關。孔子說：「亡而為有，虛而為盈，約而為泰，難乎有恒矣！」（《述而》）三種虛偽行徑是表裏不一，中心無誠的表現，與「恒」的精神相違，說明恒心與德行的相互關係。《子路》篇載孔子肯定當時南方人的熟語「人而無恒，不可以作巫醫」（《禮記・緇衣》同一記載則作「不可以為卜筮」），並引用《恒卦》九三爻辭「不恒其德，或承之羞」，表示德性不純，則善惡交陳，而羞辱乃至。此中「恒」的意義相當於誠。巫醫靈驗在於與神交流，如若內心欠誠則難感格上天，因而孔子說「不占而已矣」。依《禮記》所言則是無恒德之人不能占筮，以其不能感格上天，也不能請人問卜，以其中心無誠，鬼神弗祐故也。

務民之義，敬鬼神而遠之

　　《八佾》篇記載了孔子對祭祀的態度，並強調主祭者在祭禮中的作用。孔子說：「祭如在，祭神如神在。」前者指在宗族的祭祀過程中，心中始終默念先人在眼前出現受享，這是一種心理狀態，也是對先人的敬重。後者則是祖先以外的帝神，在舉行祭典時，主祭者觀想神靈降臨受享，這表達了祭祀行為的要求。如果祭祀只是形式，沒有實質內容，則不需有這個精神狀態，心無雜念即可。

　　孔子繼言：「吾不與祭，如不祭。」主祭者如不履行職責而讓別人擔任，則整個祭祀就如同沒有舉行一樣。「主祭」這一位分不能替代，因為祭祀中請神、迎神、降神、送神的過程維繫於主祭人。以此，祭祀如果只是儀式，沒有宗教意義，則找他人充當亦無不可。此語的言外之音是諸侯卿大夫等不親臨主祭是破壞祭禮的行為。

　　就管治社會而言，祭禮是必須的，但不能藉此引出鬼神之種種怪奇以擾亂人心，故孔子「不語怪、力、亂、神」（《述而》），然而祭祀的良好作用是「慎終追遠，民德歸厚」（《學而》），故孔子答樊遲問知（智）而說：「務民之義，敬鬼神而遠

　　　　　　　聖言與人生：鄧立光博士文化專欄集

之，可謂知矣。」（《雍也》）管治百姓以安民心為重，祭禮上敬重神靈，而日常生活不言鬼神，這是多麼深邃的管治智慧。

《八佾》記載孔子與衛國大臣王孫賈見面，王孫賈問孔子：「與其媚於奧，寧媚於灶」這句俗語是什麼意思？「奧」指屋內西南角，奧神主道德，所謂君子無愧於屋漏即是不欺暗室。「灶」是廚房灶神，主飲食。此俗語所喻為與其空任理想，不如幹實事有效。王孫賈對此當然知道，只是借此提醒孔子，在衛國要出仕投靠人，要找有實力的，暗指他自已。此因孔子與南子見面而招致王孫賈的誤會。孔子回答說：「不然，獲罪於天，無所禱也。」就字面言之，如果自己德行有虧，那麼向任何神靈禱告都無補於事。實意是針對王孫賈的用心。「不然」一語斬釘截鐵，消解王孫賈的邪念。孔子此言明白表示自己不會討好任何人，以抵銷「媚」字之意，媚則不正，且心術有歪，故孔子的答語光明磊落。

文質彬彬，然後君子

　　文質問題是研判人德性水平的一個準則。孔子說：「質勝文則野，文勝質則史。文質彬彬，然後君子。」（《雍也》）「質」指一個人的品質，包括人性中的生物本能以及仁心這一道德根源，籠統地說就是由性情所發的言行。「文」是文飾，質勝文則少修飾，如鄉巴人純樸率直，然予人粗野之感，所以說「質勝文則野」；「文勝質則史」是文飾過分，本質不彰，太講究外在儀節而落入「史」（辭多則史，浮誇失實之意）的弊病。孔子對於文質關係有深入體認，由此觀察君子之言行該有「文質彬彬」的特質。彬彬者文與質相配恰當之謂。

　　「文質彬彬」之中，「質」的具體表現指言行發乎至誠，沒有虛偽欺詐隱瞞等失德之行；「文」乃因言行與他人相關而有所修飾，而此等修飾即是禮儀等規範。君子言行既要有誠又要有禮。很多人討論文質問題都會有所偏重，認為只要有「質」即可，而忽視了「文」的重要，如《顏淵》篇記載衛國大夫棘子成說：「君子質而已矣，何以文為？」即招子貢反對，說：「惜乎，夫子（指棘子成）之說君子也，駟不及舌。」指出這樣說「君子」實在偏頗，而且一旦說出來，便四馬（駟）難追，對說話者造成

傷害，如此不知修德之要項，很是可惜。子貢用比喻說：「文猶質也，質猶文也，虎豹之鞟猶犬羊之鞟。」言文與質同樣重要，且彼此相輔相成。只強調「質」就好像去了毛的虎豹之皮（鞟），與去了毛的犬羊之皮，有什麼分別呢？

子貢的文質觀點源自孔子之言「文質彬彬然後君子」，這是對道德內外交修的要求。《左傳・襄公二十五年》載孔子引用古《志》：「言以足志，文以足言。不言誰知其志？言而無文，行而不遠。」一個人的心志，要用言語才能充分彰顯，而言語的功能要有文飾才能充分發揮。至理名言若質樸粗鄙便無法傳諸久遠。「文」在這裏指修辭文彩，使意義表達得更好；在文質之說中，「文」指禮儀，用以使「質」表現得恰到好處。當然，如果只重「文」而忽略「質」，就會出現「人而不仁如禮何」（《八佾》）的偽君子。

文化發展，因革損益

　　孔子說：「夏禮吾能言之，杞不足徵也；殷禮吾能言之，宋不足徵也；文獻不足故也，足則吾能徵之矣。」（《八佾》）所謂「文」指文字紀錄，所謂「獻」指賢人或其言行紀錄如《論語》。有關夏禹後代的杞國和商湯後代的宋國，都因「文獻」不足的緣故而無法好好印證夏殷兩朝的制度。這一方面反映了孔子的博學，另一方面反映有關夏禮殷禮的內容還得向孔子請益。

　　孔子又說：「周監於二代，郁郁乎文哉，吾從周。」（《八佾》）孔子的文化思想具有動態發展的一面，周代的禮樂是從夏殷二代的因革損益而來，而文化內涵更為豐富，就是說周文化對人生各方面都照顧得更好，所以孔子選擇了周文化作為華夏文明的最佳代表。有關因革損益的問題，孔子看得很準。有一次子張問一個時代的文化制度，經過了十世的長時間，是否還可以知道呢？孔子回答：「殷因於夏禮，所損益可知也；周因於殷禮，所損益可知也。其或繼周者，雖百世可知也。」（《為政》）

　　文化制度有因革，一方面就其延續性而言，另一方面就其因應時代的需要而言。文化是在不斷變化發展中形成的，不會平地起土堆，一下子變出來。所以用夏商周三代的禮制變革，便可

知道所損所益的內容及方向了。文化發展以往是這樣的情形，今後都會是這樣的情況。具體制度儀文經過長時間的因革損益，可能面目全非，但總有軌跡可尋，孔子言「可知」是就原則而言。

　　此外，百世可知的深義是說文化精神。文化護持民族成長發展，文化內涵則是一民族在生存奮鬥中累積下來的生存指導原則。由對這文化的反省而煥發出來的精神，即體現了這民族獨特的文化心靈，這正是民族生存發展的關鍵所在。今天我們談復興傳統文化，不是一味復古，而是返本開新。華夏文化在古代沒有中斷，至民初才被刻意打倒。現在我們須要因革損益，在崩壞的大樓中重建現代化大廈，故任重而道遠。

（編者據「古道今談」〈文化發展，因革損益〉一文補訂）

言語與德性的關係

孔子說：「辭達而已矣」（《衛靈公》），「達」即清楚說出想要表達的內容，這是說話本身的基本要求。就說話背後的含義，儒家的體認甚多。言語在儒家不止於說話溝通，而且反映一個人的道德水平。因此孔子說：「巧言令色，鮮矣仁。」（《學而》）巧言是取悅他人的說話，令色即取悅他人而給出的諂媚面色。這些表現背後都有利用他人或討利益的動機，自然是最差的言行。

有德之人對於說話所持的態度必然是謹而慎之，唯恐言行不一，故孔子說：「古者言之不出，恥躬之不逮也」（《里仁》），「君子恥其言而過其行」（《憲問》），因此要「敏於事而慎於言」（《學而》）。言行之間是否一致，是檢驗一個人道德水平的最佳方法。言行是否一致帶出信用問題，有子說：「信近於義，言可復也。」（《學而》）謂「信」接近於行義。言而有信，則所言可以實踐（言可復），而孔子卻又說：「言必信，行必果，硜硜然小人哉！」（《子路》）因此只有「信」仍不足夠，還須深化，就是言以行義，義為處事得宜，無過不及；行義是為其所當為。一個「當」字即表示了道德的判斷。孟子說：「大人者，言不必信，

行不必果，惟義所在」（《孟子・離婁下》），明白說出「義」才是言行是否合乎道德的保證。

　　言語能反映人的德性，然而「德」與「言」不一定完全對應，所以孔子說：「有德者必有言，有言者不必有德。」（《憲問》）這裏「必」反映了德性為前提，有道德的人一定有善言，但能口出善言者不一定有道德，因此孔子說：「君子不以言舉人，不以人廢言。」（《衛靈公》）善言的內涵自是有補於修德，不因人之為小人而否定其所說之善言，也不因某人口出善言而推舉他，這表示「善言」有其客觀的自存價值，也充分體現了儒家的理性思想。此外，「言」之於人際關係，孔子說：「可與言而不與言，失人；不可與言而與之言，失言。知（智）者不失人，亦不失言。」（《衛靈公》）該說而不說，不該說而說，乃欠「義」使然，只有仁義充身的智者才會不失人亦不失言。

第三章
文化與人生

2020 年 9 月至 2022 年 6 月間，鄧立光博士曾於《文匯報‧品德學堂》發表
「古道今談」專欄若干，以《論語》等儒家文獻，鑒古通今，闡論當今制度、
思想、價值觀等不同文化專題。考其內容，頗與「《論語》與人生」文章相
類。為省篇幅，謹去其重複者，或節取之以補訂舊篇，詳參本書附錄存目。

繼承文化發展，積累生活智慧

中國是一個文明古國，通常我們說中華五千年文化，但從
中原的出土文物來測定，中華文化超過一萬年！在這條歷史長河
中，中華民族是怎樣走過來的呢？世界上的四大文明古國，只有
中國能存續至今，這不是偶然巧合的事情。是什麼令我們民族能
經歷各種各樣的天災人禍，今天依然屹立於世界之林，並且能指
導人類的生存和發展？這就值得我們去理解和思考了。

過去幾千年我們祖先所經歷過的制度，所表現出的文化
內容，能護持民族生存發展，經得起考驗的，我們稱之為「古

道」。中華古道主要是由儒釋道三家所代表的三個向度。中國傳統文化博大精深，除了儒家和道家兩個土生的文化體系之外，還有來自印度的佛家。這三家的思想深深影響着中華民族的性格，形成我們的民族性，而這亦反映在當今中國對內和對外的發展方向。因此我們對傳統文化及其精神價值的了解愈多，對今天國家的種種表現所得到的了解便愈深。

本欄會對儒釋道三家的重要思想有所闡述，這種闡述以傳統用語言之稱為義理，以現在的學術劃分，屬於哲學的範疇。義理之學是中國傳統學問的重要組成部分，特色是從哲理的角度，一層一層解構價值觀。中國傳統的義理之學，最著名的是宋明理學，因此本欄以理學的思想維度開展論述。

這些在古代實踐過的制度、思想、價值觀等等文化內容，從價值層面而言，有些是萬古常新的，從實踐方式而言，則因時制宜，不主故常。古人對此有清晰的了解，如孔子說：「殷因於夏禮，所損益可知也；周因於殷禮，所損益可知也；其或繼周者，雖百世可知也。」（《論語・為政》）。

因革損益的觀點是反思深厚的文化積累而來的寶貴思想。本欄述古不離今，言今不脫古，就是因為文化的發展有繼承性，也只有繼承性的不中斷，文化的發展才能持續與恒久，而我們才能在寶貴的文化積累中獲得生活的智慧。

謙謙君子，有而不居

當我們說這個人謙遜、謙虛、謙恭、謙和、謙厚，都表示一種為人處事的態度，而重點在「謙」字，這是一個人表現自己的態度，屬於一種德性。當我們說一個人謙謙君子，就是對這個人為人處事的態度予以肯定和欣賞。

夏商周三代以來，「謙」是非常重要的德性，有非常久遠的傳統，而且是古老的政治傳統，是政治人物的最高德性。有一句修身寶箴我們經常會說的，就是「滿招損，謙受益」（《尚書・大禹謨》）。這句名言出自上古時代，原意是針對為政者而發的。由先秦到兩漢古籍，不少提到統治者實行謙德的種種表現。

西漢時代的《韓詩外傳》記載了周公的兒子伯禽要去山東當魯國的開國諸侯，周公給予一番勉勵，重點就是六種政治上的謙德：第一，德行寬裕而能守之以恭敬，自身便能夠榮顯；第二，擁有廣大土地而能守之以儉約，自身便能夠安全；第三，有很高的祿位而以謙卑自守，便能夠得到敬重；第四，兵強人眾而能夠表現退避的態度，便能取得勝利；第五，很有智慧而能夠不強出頭，事情就能做得非常圓滿；第六，擁有豐富的知識而能表現為

淺見無知，這是智慧。在最古老的一部經書《周易》中，有一個謙卦，六爻皆吉，在六十四卦之中是唯一一個全吉之卦。可見謙德對於修身行事的重要。行謙是否故意地把自己壓下來？如果是這樣就是虛偽造作。「謙」的實意就以南宋理學大師朱子所說的「有而不居」最得其實義。

行謙有賴「守下」。「守」意味着不變，如果「守下」只是追求利益的手段，則行謙便很難成就德性。我們憑什麼支持自己不自滿，表現謙虛？試看中午最猛烈的陽光，過午之後是否逐漸減弱？十五的滿月，是否之後月缺加大？再看巍巍高山，是否一直被風雨侵蝕而變矮？至於人，是否自高自大的必遭厭惡，謙卑守下的為人所親？明白於此，力行謙德，則生命便會充實而更形尊貴。

獲得肯定，行孝終點

今天在中華大地上復興傳統文化，提倡孝道是必然的選項。「孝」是中國傳統文化最重要的道德要求。在距今三千年的《詩經‧小雅‧蓼莪》，詩人抒發了孝子不能終養父母的痛極之情。我們現在說「劬勞未報」，是說來不及報答父母的養育之恩，是從詩句「哀哀父母，生我劬勞」演化出來。「劬勞」是勞累的意思，「哀哀」指父母離世而極度傷痛。意思是對父母離世十分哀痛，而父母養育自己十分勞苦，卻無法報答父母養育之恩而傷痛至極。

究竟怎樣做才算是孝，而孝道又是什麼意思？儒家對孝有很清晰的解說，而專門說孝的有曾子記錄孔子言孝的《孝經》。在漢代，《論語》和《孝經》是讀書人的必讀書，可見二書的重要。

《孝經》開篇《開宗明義章第一》有一段話：「身體髮膚，受之父母，不敢毀傷，孝之始也。」這幾句是我們經常聽到的，但理解卻不一定對。「不敢毀傷」是關鍵句，「毀傷」指嚴重的傷害，不是大意弄傷自己或自殘之類，所指的是犯了官非，受到斬手斬腳割耳割鼻等刑罰。因此這一句是指行孝首先是不讓自己犯法受刑，作為良民是行孝的開始。

接着說：「立身行道，揚名於後世，以顯父母，孝之終也。」「立身」是個人努力令自己獲得社會認可，而「行道」則是實踐道德原則，任何事情只要符合道德原則與本意都應實行推行，由此造福社會，得到社會肯定，政府褒揚，甚至載諸史籍，揚名後世，父母祖宗皆與有榮焉。這是行孝的終點。

　　因此，行孝，在《孝經》、在儒家都是着重孝子的德才，並且以能否造福社會來評定是否行孝。孔子下結語：「夫孝，始於事親，中於事君，終於立身。」行孝，以侍奉父母為開始，這是為人子女的基本行為，除此之外，個人成長了便效力朝廷，治理好任內之事。今天當然可擴展至一切職業，努力做好分內事。最終是要立身行道，對國家社會作出貢獻，以彰顯父母的教導有方，這才稱之為行孝。

敬要從心而發，盡力孝敬父母

對父母行孝，一般人的理解是奉養父母，定時給予生活費用，閒時一起到茶樓酒家用膳，父親節母親節送點禮物等。行孝如此是否足夠？孔子回答子游問孝，說：「今之孝者是謂能養，至於犬馬皆能有養；不敬，何以別乎？」（《論語·為政》）

孔子指出奉養父母是應有之義，但若只強調奉養，而欠缺了敬意，那就與養狗養馬沒有分別了。只有加上敬意，才是真正的孝行，才不落入飼養動物的層次。

因此我們會「孝敬」、「孝順」二字連用。「敬」從心而發，表現為對人對事的尊重。對父母有敬心必然有隨順之意，不惡言相向，不惡行相加。那麼如何才算孝？要做到什麼地步才稱為孝？

正如子夏所言：「事父母能竭其力」（《論語·學而》），事父母而竭力，所謂盡心盡力，是就精神、意志、能力而言，盡力而為就是了。對於父母，應該體會到父母愛子女之心無微不至，表現為對子女養育和成長中各方面的擔心與牽掛。

因此子女行孝，不必在節慶的日子如父親節母親節才表現，在日常生活中，處處可以表現孝行，例如，子女晚歸又不告

訴父母，為人父母是會牽掛的。為人子女如果對父母有一份孝敬之心，不想父母牽掛，便會致電父母告知情況，令父母放下擔憂與不安，這個打電話的行為就是孝行。同一個行為，如果只是基於害怕被責備而勉強致電，就不算孝行了。

《孝經・廣至德章》有云：「教以孝，所以敬天下之為人父者也。」這裏說到，教導下一代孝敬父母，其義不止於愛自己的父母，還要明白尊敬長輩的意義，孝敬之心使人明白上下尊卑，推己及人，由此而敬老，便由孝行提升至孝道，而培養出可貴的博愛精神。

「人類命運共同體」源自「和而不同」

　　具體的政治與文化精神是分不開的。一個有長遠文化傳統的民族所表現出來的政治思想、政治行為、政治措施等都會與他們的文化精神相應。如果不相應，就表示這仍在磨合的過程中，待與自己的文化對應了，政治模式便會運作暢順。

　　1954 年周恩來總理提出和平共存五原則，到習近平主席提出「人類命運共同體」，所折射出來的是一個民族的政治精神。「人類命運共同體」的前提是「和而不同」。它反映出來的就是：不同民族不同國家之間，大家的價值取向不同，文化特色不同，但有一個更高的原則，就是各種文化同出一源。中國傳統文化對此有很清楚的認知。《中庸》說：「萬物並育而不相害，道並行而不相悖」，說出異類有同樣存在的權利，彼此要尊重對方，這深深影響了中國自古以來政治思維的開展。

　　這種精神，表現在修德為政方面，如孔子說：「君子和而不同，小人同而不和。」「和」表示大家不是完全同一的，可以有矛盾有對立，但有協調的空間。「同」則是完全相同，非此即彼，非我族類，必然排斥。

　　《論語》等書是我們古代文化精英政治精英的必讀書，所以

這種思想已經融鑄成我們民族的世界觀、政治觀，到了唐代佛家說「月印萬川」，宋代理學家說「理一分殊」，都是相同的價值內涵。萬物的最高根源來自「道」，然後落到具體處出現各種不同的形態，但無妨和平共處。有這樣源遠流長的文化精神為背景為支柱，才能提出「人類命運共同體」。

所以習近平主席在今年（編者案：2021年）博鰲亞洲論壇發表主旨演講時說：「國與國相處，要把平等相待、互尊互信挺在前面。」「中國無論發展到什麼程度，永遠不稱霸、不擴張、不謀求勢力範圍，不搞軍備競賽。中國將積極參與貿易和投資領域多邊合作，推進海南自由貿易港建設，推動建設更高水準開放型經濟新體制。歡迎各方分享中國市場的巨大機遇。」

中國古代沒有用「平等」概念，但有「平等」的意識，看孟子引用顏淵之說：「舜何人也？予何人也？有為者亦若是」就可知。中國人不是從種族，而是用修德及文化去區分彼此，如唐代韓愈說：「諸侯用夷禮則夷之，夷而進於中國則中國之。」文化之間的差異，不構成你死我活的對立，也不會企圖去改變你同化你。所以孔子說：「微管仲，吾其披髮左衽矣」，是說沒有管仲去輔助齊桓公九合諸侯一匡天下，華夏就會被蠻夷征服，不得不用蠻夷的文化行為及價值觀。披髮左衽是蠻夷的行為模式，但沒有說要消滅他們。你護持不了自己的民族國家便會被迫融入其他

文化，孔子是說這個意思。至於因為文化不同便要消滅他們，為什麼？因為你阻礙我的發展，因為你的文化與我的不同，因為你低級。種族滅絕是我認為你不適合生存。這些會是西方人的想法和做法，但絕不會是中華民族的想法和做法。

所以習主席說：「世界要公道，不要霸道。」「『一帶一路』是大家攜手前進的陽光大道，不是某一方的私家小路，追求的是發展，崇尚的是共贏，傳遞的是希望。」

「人類命運共同體」包容西方國家的種種形態，包括仇視中國的國家。這表示中國能完全履行「和而不同」的價值與大道並行、萬物並育的精神。有這種精神，所以中國自古以來就不讓種族滅絕的事情發生。

從歷史中我們看見，漢族和其他民族有戰爭，都是因為草原民族入侵所引起，我們只是去抵抗去保家衛國。漢武帝時代打擊匈奴，沒有把匈奴趕盡殺絕，俘虜帶回中土之後，讓他們繼續生息繁衍，導致晉代五胡亂華的局面，就因為沒有出現種族滅絕的事情。在「和而不同」的政治觀下，在「月印萬川」、「理一分殊」的文化哲學影響下，中華大地五十六個民族最終糅合成堅韌不拔、松柏後凋的「中華民族」。

中國社會有「階層」無「階級」

印度連日來新冠肺炎大爆發，一幕又一幕的生離死別，無處不在的焚燒屍體，令人心痛，使人神傷。富人想方設法逃往外國，印度社會存在着無法解決的貧富懸殊問題，這與他們的社會嚴分階級有關，「婆羅門」、「剎帝利」、「吠舍」、「首陀羅」四大種姓互不流通，還有不入四大的「賤民」。別以為西方社會民主，實則階級分明，大資本家是最上層，然後才是管治階級、行政人員等，最下是普通百姓，當中又有種族問題，西方世界的種族歧視特別嚴重。一個國家，社會上沒有階級，才有真正的平等，才有資格說文明，而沒有階級才有真正的民族團結。

中國社會自古以來就是沒有階級的社會。先秦典籍《春秋穀梁傳》說：「古者有四民：有士民，有商民，有農民，有工民。」《管子》說國家的基本人民是「士農工商四民」。四民社會有階層而無階級。士、農、工、商四個階層的成員並不固定，從他們自身的職業來決定，故可以上下流動。先秦以前，貴族與平民也非階級的分別，而是政治身份不同。孔子的祖上是貴族，沒落了，當身已是平民，故孔子說：「吾少也賤，故能多鄙事。」名門望族在唐代尚存，到宋代就消失了，誠如唐朝劉禹錫詩所

云：「舊時王謝堂前燕，飛入尋常百姓家。」

　　四民流動，主要是政府選拔人才的方法所致。在漢代人才主要通過地方官員的推薦和選拔，魏晉時代行「九品中正」，從對某人的種種評價中去選拔人才。隋唐及以後各朝開科取士，讀書人憑自身學問去爭取官職，形成了中國傳統具有特色的「耕讀人家」。北宋訓蒙作品《神童詩》說得好：「朝為田舍郎，暮登天子堂；將相本無種，男兒當自強」，最能說出中國傳統社會人民的社會地位與政治身份的流動性。

　　這裏看出，中華傳統文化對於人民百姓是一體看待，而以職業分等，因此，由古及今，中國沒有階級。先聖先賢如商湯說：「百姓有過，在予一人」，周武王說：「天視自我民視，天聽自我民聽」，老子說：「聖人無常心，以百姓心為心」，孔子說：「因民之所利而利之」，孟子說：「民為貴，社稷次之，君為輕」，《大學》說：「民之所好好之，民之所惡惡之」等都可以看見我們的政治傳統是怎樣對待人民的。

　　近代因西方列強的侵略壓迫，大量湧入西方思想，我們要適應西方塑造出來的價值觀，要自我改變，找尋出路。經過了上百年試驗推行，不適合的早已淘汰，適合的亦不斷回歸自己精神文化的特質，因為能與我們傳統精神文化相應的才可以發展，否則照樣被淘汰。今天國家不再有「階級鬥爭」，全體國民都要好

好去照顧。

管治國家，誠如漢初陸賈對漢高祖說：「馬上得天下，怎可以馬上治天下？」打天下的時候可以標舉很多目標與價值觀，取得天下之後，便要用另一種管治方式。現在是治天下守天下的時期，就要凸顯自己的文化精神，凸顯傳統的王道精神，對內是實踐均平思想，對外是推動和而不同，團結世界人民。

漢初賈誼對秦亡的定評：「仁義不施而攻守之勢異也」，可為治國理政的殷鑒。對於國民要一體看待，施以仁義之政，表現大道並行萬物並育的一體向上精神。

2020 年 9 月習近平主席在全國抗擊新冠肺炎疫情表彰大會上說：「文化自信是一個國家、一個民族發展中最基本、最深沉、最持久的力量。向上向善的文化是一個國家、一個民族休戚與共、血脈相連的重要紐帶。」

習主席對於推動惠民政策經常說「一個都不能少」，百姓安居樂業畢竟是治國第一義。

中央政府的施政回歸傳統政道與治道，故而百姓歸心。由敵對國家所做的民調顯示，中國老百姓對中國政府的滿意度持續多年超過百分之九十，在全世界絕無僅有，果真是「五星燦爛文明國」！在足食、足兵、民信之（歸心）三個護國條件中，民心的歸附最為重要。

中國共產黨的初心與傳統民本思想

「不忘初心」是過去幾年習近平總書記一直給中國共產黨人的提醒。九千萬共產黨人的初心是什麼呢？從這兩年抗擊疫情成功和扶貧攻堅戰圓滿完成，終於清楚看到這個「初心」，就是「為人民服務」。這與中國傳統的民本思想相同。實則中國的民本思想是一種「保民」思想，是對政治領袖和管治者的要求，正如今天習近平總書記以「初心」要求共產黨人管治團隊。

以百姓安危為國家根本

1949 年 10 月 1 日的開國大典，毛主席在天安門城樓上說了一句驚天地泣鬼神的話，就是「中國人民站起來了」。為什麼這句話驚天地泣鬼神？因為中國整個政治傳統從三代以來，都是以保民為首出，百姓是管治者首先要照顧的對象。這個傳統凝鍊成「中國人民站起來了」，背後由中國共產黨支撐着。數十年來中國整個政治都是以「為人民服務」作宗旨，這並非門面話，而是政權的本質就是如此。

早年許多儒家學者也談民本思想，說西方有民主，中國有

民本，所以中國民主思想古已有之。那時候的學者把民本比附西方民主，努力論證中國不落後，有實行西方民主的條件，那時候的文化自信確實很不足夠。

民本思想在我們整個政治思想史的源頭處，唐、虞、夏三代以來就已經非常強調。堯、舜皆以怎樣好好管治老百姓，為老百姓謀幸福，作為最重要的政績及「禪讓」的標準。舜挑選了禹，因為禹治水有功，對生民有大利。

三代帝位承傳，重點是為百姓謀幸福，因此帝堯之於帝舜，帝舜之於夏禹，皆以「四海困窮，天祿永終」為傳位之訓。夏朝雖開啟「家天下」的政治傳統，帝位世襲，然夏禹垂訓子孫，見《夏書·五子之歌》：「民可近，不可下，民惟邦本，本固邦寧。」這種以老百姓安危為國家存亡的根本，就是中國的政治老傳統。

夏朝末年桀暴虐無道，商朝末年紂王亦然，《周易·革卦·象傳》云：「湯武革命，順乎天而應乎人。」「革命」就如南朝梁代童蒙作品《千字文》所言：「弔民伐罪，周發殷湯」，弔民伐罪就是公開討伐暴君的罪狀，以安慰在水深火熱的人民。商湯因這理由推翻夏桀，到周武王時因這理由推翻商紂。弔民伐罪被視為正義之戰，而不視為犯上作亂。

殷鑒不遠，周公以之訓誡儲君成王，見《尚書·無逸》，列

述殷朝明主的勤政與昏君的耽於逸樂，不再體恤老百姓辛勞而快速倒台為訓。這是非常有代表性的治國教科書，寫在三千年前。所以說「保民」是個老傳統，這是其他文化傳統所無。

唐代韓愈說道統，由堯、舜、禹、湯、文、武、周公到孔子。孔子開出來的政治哲學和文化成果是大利於生民的，如說到治理國家：「不患寡而患不均，不患貧而患不安。」不均這個「均」是均平思想，就是照顧到每一個人的生活。政治道統由這裏開出來，主線在「天視自我民視，天聽自我民聽」及「民之所好好之，民之所惡惡之」。保民而王，是三千年的傳統，我們的政治傳統一直在做這件事。

為人民謀幸福是根本宗旨

春秋末年魯國哀公想向百姓徵收重稅，詢問孔子弟子有若。有若回答：「百姓足，君孰與不足？百姓不足，君孰與足？」戰國末年荀子引用古書「水能載舟亦能覆舟」的著名例子：「君者舟也，庶人者水也；水則載舟，水則覆舟」，然後說：「故君人者欲安，則莫若平政愛民矣」，又說：「王者富民，霸者富士」（見《荀子·王制》）。「保民」的內涵就是愛民與富民。

中國的管治者起心動念都以老百姓為出發點，這種政治傳

統已經深入到每一個中國人的心裏，只要是讀過中國書的。所以到了中國共產黨革命的時候，保民思想就不自覺地出來了，它呼應着馬列主義所講，很容易就為廣大老百姓所接受。只是當時的社會因為反傳統，就以為這是獨特的，其實並不獨特。中國共產黨為人民謀幸福，看看整個中國政治傳統就是這樣。

步入現代，中國共產黨能夠適應時代，用新的制度新的概念把傳統政治精神發揚出來，而三千多年保民的政治傳統，也指導着政權的方向，維護着政權的合法性。

開國領袖毛澤東與嶽麓精神

中國共產黨是有源之水，為什麼這樣說？今天中央政府大力推動復興傳統文化，如果只是因為一個政策的需要去推動，力量就不會持久，很快就會停止或變質。但是復興優秀傳統文化的力度是全國推行而且持續推行，表示政府本身有能量去做。這個能量來自何處？追本溯源，我們要從一個政權的基礎開始，因為這個基礎確定了優秀傳統文化的地位，即使早期並不顯豁，之後的發展卻離不開這個方向。

人才輩出影響至深

中華人民共和國開國領袖毛澤東是關鍵人物。一般人所認識的毛主席是他打天下的時候，抗戰的時候以及與國民黨和蔣介石的交互關係等，這些都是政治關係，尤其重點放在軍事謀略方面，例如農村包圍城市。這些手段是毛主席取得天下的條件，至於得到天下以後這個政權是什麼性質？需要另外再研究。因為軍事上或策略上無論如何高明，只表示成功取得政權，無法代表一個政權的內涵。

論一個政權的內涵，我們要回顧毛主席的出身。一個人的出身會影響他的思想、格局與能力，這一點往往為人所忽略，但卻是最關鍵的。

毛主席年輕時讀書，所受的是傳統教育，由私塾開始，到湖南第一師範學院的五年學習，從童蒙作品《三字經》、《千字文》等，到經史子集的重要著作都有閱讀，有關時政的作品亦大量閱讀，到了 1920 年接觸馬克斯主義，1921 年成為共產黨創黨成員。毛主席 1916 年至 1919 年曾寄宿在長沙嶽麓書院，這是一所有千年歷史的書院，始建於北宋開寶九年（796 年），是宋明理學發展的重要講學地方，有著名的「朱張會講」，即朱熹和山長張栻的公開論辯心性問題。毛主席對宋明理學不會陌生，而經學也是嶽麓書院的傳統，雖非毛主席的研讀重點但也熟悉。這些都成為毛主席年輕時的學問根柢，可以說毛主席在投身革命前已經是積學之士；而投身革命，嶽麓書院歷來所培養的志士仁人及功業，對毛主席是會產生影響的。

「實事求是」思想原點

在嶽麓書院受教育，又對中國深遠影響的人才很多，如明末清初三大師之一的王夫之投身抗清大業，失敗後隱居船山著書

立說，學問之博是朱熹之後一人。清末重臣曾國藩、左宗棠、郭嵩燾，戊戌變法時重要人物唐才常等都是一時俊傑，這裏人才濟濟，嶽麓書院大門前的對聯「惟楚有材，於斯為盛」，實至名歸。

民初湖南公立工業專門學校以嶽麓書院為校址，校訓「實事求是」亦成為嶽麓書院院訓。毛主席將「實事求是」轉成為中國共產黨思想路線，以及中央黨校的校訓，就可知道嶽麓書院對年輕毛主席的影響。2020 年 9 月國家主席習近平到訪嶽麓書院，對書院予以高度評價。

毛主席有的是中國傳統讀書人經世致用的思想，我們優秀傳統文化的精神在毛主席身上轉化為一種力量，由帶領共產黨與國民黨鬥爭取得天下，之後在四敵環伺之下與美國開戰，保衛國家。五十年代末期遇到三年自然災害，六二年與印度開戰，保衛國家。這是一種什麼樣的精神？這就是中國傳統文化的剛健精神。

從毛主席身上看到共產黨是有源之水，而這有源之水是如此的剛健。除了毛主席個人的性情之外，就是他所受過的教育，今天稱為國學教育，毛主席已經開了國家文化發展方向的宏規。過去，在中國一個新生的政權，一個全新的制度，有些地方走偏了，但最重要的是走偏之後走回一條適當的道路。到今天立國已經這麼多年，這一套政治制度已經運作得非常暢順，所以原本已有且應該有的精神就可以表現出來。但我們的政治架構，我

們的政治倫理一定要追溯到這一位立國者的本身，他的氣度，他的方向。正如習主席所說的，穿衣服第一粒鈕扣錯了，之後的鈕都會扣錯。毛主席的國學修養所帶給他的文化眼光，令毛主席引用馬克思列寧主義仍然不失自己文化的根本，否則中國今天就不可能提倡復興中國優秀傳統文化。

國家通用語言文字體現中華民族認同

　　根據憲法、民族區域自治法、國家通用語言文字法等法律，我國中央政府花大力氣推廣普及國家通用語言文字。此外，在 2017 年規定基礎教育階段語文、歷史、道德與法治三個科目全國統編統用。這些舉措對全國人民來說都十分必要，對於個別人將之與少數民族文化傳承保護人為對立起來的疑慮，我認為，應該用歷史說話，讓歷史展現國家通用語言文字和中華文化自然形成的過程以及各民族的偉大祖先接受中華文化的態度，自然便有答案和共識。

一、國家通用語言文字承載中華民族悠遠龐大的知識體系

　　規範漢字是國家通用語言文字的重要部分。方塊字在距今六千年以前就已經產生，到了四千年前的商代，甲骨文和金文已基本定型，而且發展為成熟的文字系統。及至秦代，完成了字型的統一。而漢字是單字單音，由此形成單字單音的語文體系。我國各地方言很多，雖然如此，語文結構仍是單字單音，只是聲母韻母有些差異，這就是全國語文的統一性。所以我們能夠從三千

年前的《詩經》建構上古語言的韻母。這種統一性從周代以來便如此，距今已有三千多年的歷史。

　　如果國家通用語言文字只是眾多語文的一種，我們也許只能從語法語音的規律、藝術性或從人類學的角度來研究它。可是，它實在承載了非常豐富的知識和智慧內涵。以清代乾隆皇帝整理《四庫全書》為例，分經、史、子、集，共四十四類，三千五百零三種，內裏包括十三經、二十四史、鑒略、制度、地理、天文、哲學、宗教、科學、醫學、技術、體育、文學、藝術等共七萬九千三百三十七卷，三萬六千三百零四冊，就是用當時的通用文字寫成的。這讓我們不能不以認識一種人類文明體系的角度來看待它。正如不懂英語，很難進入現代西方龐大的知識體系；不懂德語，很難進入啟蒙運動以後的歐陸哲學與法學的領域。由國家通用語言文字所承載的知識體系和中華文明的產生同樣久遠，不懂國家通用語言文字幾乎就與人類這個龐大悠久的文明體系無緣。這裏並沒有大漢族主義，而是歷史事實。

二、中華文化「理一分殊」，無強迫外族同化傳統

　　中華民族文化傳統崇尚符合人性並不斷涵養人性向善的倫理體系。就如孔孟之道，並非任何意識形態或主義，而只是最平

實的人類善良本性的共同嚮往。父慈子孝、兄友弟恭、夫和婦順、朋友有信、君禮臣忠，用理性來安頓人類的競爭，用禮樂來陶冶性情的文明，如是而已。難道不是大多數人都有這種追求嗎？孔子只是漢人的嗎？不，是中華民族的。

既然是人心所向，就沒有強制性。各地縱然民俗不同、服裝不同、口音不同，然而大家都有一個如斯向上昇華的向度。在這統一的文化精神之中，又保持着各民族自己的表達方式與側重點，在文化精神上是共同性，在表現形式上是多元性，這就是宋儒所說的「理一分殊」。

中國人很早就從哲學上體會到「理一分殊」、「多元一體」的道理。歷史上，少數民族「入中國則中國之」，從來都是「修文德以來之。既來之，則安之」，「既來之，則安之」既是政治融合，也是文化融合。大家自願融入中華文化之中，朝廷並無任何強迫，這也是數千年來各少數民族匯聚成中華民族的特徵。何須強制同化外族，又何須消滅外族？漢唐這樣強大的朝代也不強制同化外族，在境內生活的外族安居樂業，慢慢主動融入文化主體之中。宋代商業貿易大盛，生活在中國的阿拉伯人入鄉隨俗，主動漢化，中國也尊重他們的生活方式。中華文化如海綿般吸收其他文化的優點而不失去自己，正是海納百川，匯為江海。

三、少數民族入主中原為什麼主動融入中華文化

在有史可載的幾千年中，不斷有強大的外族入主，並成立佔領中原的政權。通用語文包含的廣博知識體系、中華文化的「理一分殊」，解釋了為什麼少數民族在武力上和政治上都取得了絕對優勢的情況下，在文化上依然主動積極融入中華文化。韓愈在〈原道〉中說：「孔子之作《春秋》也，諸侯用夷禮則夷之，夷而進於中國則中國之。」文化是後天培養起來的，無論哪個民族，接受中華文化，都可成為中國之人。歷史上，無論是漢族還是少數民族建立的政權，大都認同自己是中華正統。石勒、苻堅等都自稱「中國皇帝」。南北朝時期北魏孝文帝改革，換服易姓，以通用語代替鮮卑語，還追尊孔子為「文聖尼父」。這些都是統治者主動採取的措施，不是被統治者強迫統治者接受一個異質文化。北魏其後分裂為東西魏，西魏權臣宇文泰重用漢人蘇綽、盧辯等依據《周禮》制定新官制。

蒙古族在中原建立元朝，當時以蒙古無可匹敵的力量，在其管治下的國土，大可一律遵行蒙古原來的制度及文化。但看看歷史，元朝雖然把國人分為蒙古人、色目人、漢人、南人四等，在文化教育上卻因循唐宋以來的科舉制度，所考的竟然是中原傳統經典，要讀四書五經，要用通用語書寫。在元朝成立以

前，元太宗窩闊台就聽從契丹族儒生耶律楚材的意見，開科取士。到了元世祖忽必烈，在位期間先後有多位丞相如史天澤、火魯火孫、留夢炎等探討舉行科舉事宜，及至元仁宗時，採納中書省大臣的意見，正式推行科舉。元武宗海山尊孔子為「大成至聖文宣王」，對孔子的尊崇超越了唐、宋兩代，從某種意義上說是孔子頭銜的頂峰，是「大成」，是「聖」，是「王」。這對蒙元統治者而言豈不有被同化的危機？海山則說：「仰惟祖宗應天撫運，肇啟疆宇，華夏一統。」

少數民族統治者主動融入中華民族的文化和制度，恰恰反映了博大的胸襟和長遠的眼光。他們知道中華民族文化體系的理性、知性和包容，融入其中恰恰足以壯大他們自己的民族。比如政治權力的繼承，是打鬥得天下好呢，還是順位繼承好？選拔菁英是看家族門第好呢，還是公開考試好？這都是客觀的真理，關係到少數民族自身的繁衍與發展。現在被一些人憂慮的文化「滅絕」問題在當時並不存在，這正是少數民族先祖們的偉大之處。

四、普及國家通用語言文字是維護國家統一的基礎性工作

滿族取得中原政權後沿用明朝的政制，即採用開國重臣漢族范文程的建議，開科取士。教育方式和讀本對文化傳承具

有決定性的作用。在元或清，統治者要求用中華傳統的、通行的教育方式和讀本，並不介意自身是不是漢人。滿族管治中國二百六十八年，完全認同中華文化。康熙皇帝除了編纂《古今圖書集成》，還整理了一部《康熙字典》，他對中華文化作出了卓著貢獻。

蒙古族和滿族統治者努力學習、融入中華文化體系，除了文化本身的理由還有政治理由，就是為了國家的統一和穩定。過往常有一個說法，認為滿族開科取士為了籠絡漢人，這是一種狹隘的分析。在一個大一統的國度裏，統治者以國家的整體利益為考慮。國家的完整、和諧與團結是最高國家利益，也是最高人民利益。何種語言文字有利於國家的完整、和諧與團結，統治者便用該種語言文字。這是一種公心，為政以公，超越了自己的部族之私，也超越了自己的文化，上升到中國大一統的緯度。

一個統一的多民族國家，須有共同溝通的語言才能保證政治平順。任何民族的公民在自己的族群中、私下場合用何種語言是個人的自由，但與其他民族交流、公共場合和正式公文必須用共同語。國家通用語言文字就是中華民族的共同語，是中華民族的第一語言，是每一個人作為公民身份的「母語」。試觀美國，要在美國生活發展，必須懂英語，要留學美國必須經過託福考試，英語過關才能去，這和多元文化保護是兩個層面的問題，且

並不矛盾。今天，國家宣導各民族公民學習使用國家通用語言文字，各民族更全面廣泛深入交往交流交融，共用國家強大帶來的繁榮和樂。這也正是孔子著《春秋》提倡大一統的真意。

五、學習國家通用語言文字是中華民族每一個成員的責任

國家教育適用於全國五十六個民族。古代教育不普及，只有少數人有條件讀書考科舉，今天普及教育，所有學生都要學國家通用語言文字，這是作為中華民族成員須盡的責任。最理想的圖景是，每一個國民盡他的基本責任學好國家通用語言文字，確保中華民族內部政通人和；各民族也學好本民族的基本歷史文化及語言，以不忘民族本源，傳承自己的文化。前者是國家的責任和個人的義務，後者主要尊重個人的意願和自我的努力。

中國共產黨的民族政策正是根據這樣一種理想圖景制定，很早就把中華文化「理一分殊」、「一體多元」的道理實踐到治理上來。憲法、民族區域自治法、教育法等都既規定了國家推廣全國通用的普通話，也規定了各民族都有使用和發展自己的語言文字的自由，都有保持或者改革自己的風俗習慣的自由。多年來，國家投入巨大財力、物力、人力，致力提升各族人民的生活，在政治上、教育上、工作機會上都給予特別幫扶，未來少數

民族和民族地區的發展將會愈來愈好。

　　根據兒童教育心理學，孩童學習語文的年紀愈早愈容易掌握所學的語文，並且愈早愈能掌握多種語文。瑞士很多孩子，懂周邊多國的語文。教育實踐證明，在幼稚園、小學低年級同時學國家通用語言和民族語言，並不減低學習效果，都有「母語」的學習效果。相反，兒童九歲以後，語言學習能力會逐漸趨於一般，新學的語言都可能變成母語之外的第二語。若論國家通用語言文字，在中華民族之內決不可以被視為第二語，它必須是公民的母語，因此應從幼稚園、小學一年級開始學起，最好能達成「學前學好普通話」，建立起扎實的語言感覺和心理認同，在孩子幼小的心中即牢牢鑄就中華民族共同體意識。

人心回歸，根在中華文化認同

　　香港因其獨特的發展歷程和發展環境，在文化上經歷了中西交流與碰撞，有着與眾不同的烙印和色彩。

　　尋根溯源，香港文化之根基在中華文化。香港人的組成以廣東人為主，香港文化也屬嶺南文化，可以說香港文化與內地文化同根同源。早在舊石器時代，我們的先民已在香港居住。在唐朝，安南都護府置屯門軍鎮，轄管地就已包括今日的香港，而屯門口岸是當時海外來華貿易者的必經之路。明朝時香港販運莞香，經石排灣（即香港仔）東北岸水路轉運至廣州，此販運莞香的港口稱為「香港」。1842 年香港被英國割佔之前，已經有村落聚族而居，而以船為家的「蛋家」，也是香港的常住居民。

　　今天，推動香港人心回歸，阻力在文化，希望亦在文化。

英國帶來的文化，主要是為了殖民管治方便

　　大家都說，香港是中西文化交匯之地。香港文化的變化，始於英國的殖民統治，英國引入了殖民地政治架構，形成一套有別於當時清朝的政治制度。香港文化的發展在這個時候，逐漸與

內地的母體文化產生距離。香港殖民地文化的傳播，不是一種正常的文化傳播情況，因為英國帶來的文化主要是為了管治方便，並非把英國文化全面移植到香港。

由於港英政府以英語為官方語言，因此香港人的主要語言是英語和粵語，至於國家通用語言文字則放在不提倡不應用的位置。這樣香港日趨出現兩大類語言使用者，一類是懂英語的「精英階層」，另一類是不說或不懂英語的平民階層。

「精英階層」對中國沒有好感，他們是被塑造成忠實執行英國意旨的吏員。至於廣大的基層民眾依然生活在原來的文化傳統之中，過原來中國人的文化生活。因此，「精英階層」和基層民眾一直朝着兩個不同的方向發展。「精英階層」忠於英國而逐漸疏離祖國，一般民眾依然受到傳統文化的影響，加上他們主要來自內地，特別是廣東和福建這些與香港接近的省份，因此文化上與內地沒有衝突矛盾，民族感情沒有減損。內地有事情發生，香港方面常有支援，如發生在 1925 年的「省港大罷工」，回歸前後內地發生天災水患，香港人都積極解囊相助，表現了血濃於水的同胞之愛。

香港文化亟待重新回到國家文化的懷抱

1997 年香港回歸之後，香港的文化發展起了變化，出現了去中國化的傾向。在學校教育方面，如中國語文科二十六篇範文取消，中國歷史變成世界歷史的一部分且非必修，導致學生對中國文化的掌握嚴重弱化，對中國歷史的認知逐漸碎片化甚至一無所知。

教育上的去中國化，是導致新一代對中國了無感情、對民族漠不關心的根本原因。回歸以來，從幼稚園、小學到中學的基礎教育中，不少學生被強制灌輸反中內容及美化西方的政治和文化。結果是一些學子對於中國文化和中國政治產生嚴重的抵觸情緒，醜詆國族，以排斥中國為基本訴求。加上西方國家及其在港代理人的「政治攬炒」與媒體顛倒是非的文宣，香港有的年輕一代在這樣持續而全面的洗腦之下，不惜肆意破壞香港，港獨意識抬頭。

在香港回歸初期就讀小學、中學的，現在已多為人父母，他們有的在讀書時代已經接受敵視中華文化的教育，到了他們的下一代，就是時下的青少年及青年，也接受同樣的教育，所以香港文化的內涵和發展在最近二十年中起了急劇變化。過去香港人勤勞拚搏的獅子山下精神（中華民族精神的表現形態），消退轉

變為追求幾個西方政治學概念的「反華急先鋒」。

　　不知不覺中，在香港市民認知裏，中華傳統文化只剩下民間風俗及節慶的消遣，起不了與國家民族文化、時代精神融和共通的作用。但要看到，民間風俗、共鳴仍在，文化價值仍存，只是處於潛流狀態而已。香港文化發展經歷了二十年來的嚴重挫折，與國家文化嚴重對立。香港文化要重新回到國家文化的懷抱，就需要積極且有針對性的措施。一旦措施得以提倡推動，潛流狀態下的文化精神便會重新顯現，使香港文化順利重新融入國家文化。

民族意識、文化精神、道德價值絕不能有「兩制」

　　教育是鑄造國民基本價值觀的最重要因素，香港教育必須啟用國家統編統用教材。為了香港下一代不再與國民大眾走向殊途，塑造民族意識、文化精神、道德價值的統編統用教材必須全國頒行，香港也絕無例外。「一國兩制」只限於社會制度不同，但民族意識、文化精神、道德價值絕不能有「兩制」。

　　「語文」、「歷史」、「道德與法治」三科教材必須全國一致，這樣我們的下一代才能不分地域，懷抱着共同的家國情懷來交流互動，才能生發民族凝聚力，人心回歸才能真正實現。要強化傳

統文化教育，以實學實修重建學生的品德和世界觀。這是立大本，治本兼治標的關鍵，否則病灶不除，香港社會之亂亦必近憂不斷。

香港高級官員在正式的官方場合、重要的官方場合、高層級的會議中，應該用國通語發言。國通語是中國每一地域的官方場合都必須使用的，這是國家的基本文化格局，各地都得服從。一般公務員亦須考核國通語，有了這個官方對說國通語的要求，學校便會重視教習國通語，而港人之重視國通語自然水到渠成，這是香港文化融入國家文化的要項。

由於香港的文化環境在這二十多年來，被敵對的政治勢力破壞，導致黑白顛倒、善惡不分，要改變港人的心態，必須讓青少年多與內地交流。只有他們踏足內地，耳聞目見內地的社會文化經濟發展的真實情況，才能逐漸改變他們思想感情中被植入的錯誤內容。可先從大灣區的交流互動開始，因為大家都說廣東話，所以大灣區城市更易於承擔起溝通交流的主要角色和責任。

香港文化與內地文化同根同源，一脈相承。只有重塑港人的文化認同，香港才能真正融入國家發展的時代洪流，東方明珠才能重新綻放璀璨光彩。

鄧立光博士生平傳略

　　鄧立光博士，廣東三水人，1959 年 6 月出生於北婆羅洲（沙巴）。幼兒時期，隨受聘於沙巴英資公司、擔任軍塞保佛埠總部工程師之父親，生活於保佛。因遇當地內戰，舉家返港。未幾，因父親工作關係，又曾遷往南太平洋島國那魯。保佛與那魯，皆華洋共處之地，身邊稚童玩伴，無分種族膚色，彼此和樂融融，先生兼容並蓄之德，蓋本乎此耶？後返港定居，童年在李鄭屋村接受基礎教育。因家道中落，先生與兄長國光先生半工半讀，日間在工廠打工，晚上於基智夜中學進修。先生一生勤奮、簡樸、堅毅，蓋由此勞其筋骨、空乏其身之成長磨練所得。

　　中學時期，為求改善生活質素，先生本欲專攻經濟科，惟受到在中大中文系修學之兄長國光先生影響，終選擇專攻中文。1981 年，憑其刻苦精神，成功考入香港大學中文系，接受高等教育，先生特在日記中記錄其弘揚中國文化之志，時刻提醒自己，毋忘初心。惟何謂「中國文化」，先生當時仍似懂非懂。

直至在港大文學院的迎新營中，遇上剛於哲學系畢業的某位學長，問其「中國」定義何指，是地理版圖範圍內之中國？抑或有中國人之地方？當時先生未能即時回答，但經此一問，開始認真反思「中國文化」何指，最後想通，其所要弘揚者，乃華夏之禮樂文明、中國傳統文化之精神內涵，並不局限於版圖之內，亦非僅指有中國人居住之地。先生自覺學問基礎未穩，故升上大學二年級時，即選讀其認為最難讀的學科，包括佛學、先秦諸子思想史、中國近三百年學術思想史等，期望可打好根底，他日有機會進入中國社會科學院當研究員，得以從事可專注於中國文化的研究工作。

本科畢業後，先生曾考慮研治杜甫詩，惟讀過牟宗三先生《心體與性體》、《從陸象山到劉蕺山》諸書後，驚覺宋儒心性學說之宏大，心情激動不已，嚮往內聖外王之道。時先生兄長國光先生正於新亞研究所修碩士課，先生得知牟宗三先生亦在該所講學，遂慕名前往旁聽。先生當時聽牟先生主講之首堂課為「老子」，全堂三小時僅講「道可道，非常道」六字，將「道」之形象表現得極為活潑生動，使其無比震撼，立志跟隨。牟先生指出，中國學術精神至劉宗周而絕，先生於是沉潛劉宗周門人陳確，並以「陳確理學思想研究」為題，隨杜維運教授攻讀港大碩士。當時，先生白天在中學任教，擔當高年級班主任，又要應付

港大課業，壓力沉重。惟出於對牟先生之由衷傾慕，先生在原來課擔以外，還修盡新亞所有規定學科，更一度想放棄港大學位而直接轉校到新亞，後經研究所總幹事趙潛先生苦勸，方打消念頭。於是，先生在教學以外再兼讀兩校課程，終日乾乾，夕惕若厲，過程至為辛勤，惟箇中樂趣，無法言喻，生命境界，亦大幅提升。

1988 年，先生順利以〈陳確理學思想研究〉一文取得港大哲學碩士學位。通過研治宋明理學，先生優游於古代聖賢學問，立志以生命實踐君子道德理想，以復興傳統文化為己任。先生又領略到，歷代大儒的學說，實皆源於其對生命本質的體會；此一本質，即為先天本有之良知，由形而上之天道化生。先生遂將治學重心復歸道德之原、群經之首的《周易》。受牟宗三先生《周易的自然哲學與道德函義》一書啟發，先生埋首《周易》象數研究，並以「先秦至兩漢周易象數之研究」為題，隨陳耀南教授攻讀港大博士。至 1992 年畢業，取得哲學博士學位。

先生認為，古來聖賢強調的「道統」，重點在於喚醒良知本心，必須通過道德教育，以心靈傳承之，以生命實踐之。因此，先生一直重視文化教育，以孔孟之志為己志，以菩薩之心為己心，以成德之教律己導人。學位畢業後，先生曾先後任教於香港道教聯合會鄧顯紀念中學（1984-1985）、聖公會梁季彝中學

（1985-1988）、天主教南華中學（1988-1989）等校。攻讀博士期間，又與兄長國光先生同任教於香港樹仁學院（今香港樹仁大學）中文系（1989-1992），講授「先秦諸子」與「中國哲學史」等科。博士畢業後，轉任香港公開進修學院（今香港都會大學）人文及社會科學部講師（1992-1993）。1993年秋，入職香港城市理工學院，隔年學院升格為香港城市大學，先生於其語文學部協助「應用中文」課程發展（1993-2008），後調往專業進修學院（2008-2014），其間曾教授「中國哲學」、「古代專書」等科，選講範圍包括《周易》、《論語》、《老子》、佛學、宋明理學等，受教學生不可勝數。此外，又曾於青松觀香港道教學院（1995-1997、2000-2001、2011）、中國文化促進中心（2008）、志蓮夜學院（2010）、香港新亞研究所（1996-1997、1999-2000、2002-2005、2006、2009-2011）等不同文教機構兼課，春風化雨，桃李滿門。這二十多年來，先生先後任教於香港不同院校，見證部分學校由學院升格為大學，學制由高級文憑易為副學士課程，學生畢業了一代又一代，經歷滄海變化。唯一不變者，乃先生之講學，貫徹道德感化，強調人生體會，力求以心傳心，用生命感動生命。故先生面對每一位學生，不論成績高低，不問際遇順逆，盡皆有教無類，一視同仁，通過身教言教，傳授專業知識，培育品德情意，啟迪文化精神，殷殷關懷，諄諄勸導，時刻

提醒其保守良知本性，以正見正念，行正義正道。故學生對先生教誨與栽培之恩，無不銘感五內，縱畢業多年，仍與先生保持聯繫，返校探訪、寒暄問候者甚眾，先生道德教育之成功，由此可見一斑。

先生之學術專業為中國哲學與傳統文化思想，以《周易》之象數思想為綱，兼及先秦諸子、宋明理學、道學、佛學、現代新儒學等義理。《周易‧繫辭傳》曰：「一陰一陽之謂道，繼之者善也，成之者性也。」先生認為乾坤思想必須並構，故以宋儒「理一分殊」觀統合諸家異說，學宗儒、釋、道三家，主張三者皆以「存心養性，執中貫一」為念，同有導人向善之實，務須並倡，不能偏廢。先生常言，儒、釋、道三家之思想，乃中華文化之核心，民族氣節之根本，猶如鼎之三足，同樣重要，無分長短；若截然三分，則必入一偏，難窺中華文化之全豹，人文發展亦將背離大道，而失去中正和平之德。故今人欲復興傳統文化之精神，必須兼重儒、釋、道三家之義理，以儒學為軀幹，佛道為左右手，如此方能以出世之心行入世之事，參贊天地而可以功成身退，使中國成為實至名歸的禮儀之邦。

為傳承及弘揚文化，先生著有《陳乾初研究》（1992）、《象數易鏡原》（1993）、《老子新詮》（2007）、《周易象數義理發微》（附《五行探原》）（2008）、《中國哲學與文化復興詮論》（2008）

等學術專書；又擔任國務院參事室《中國地域文化通覽》（香港卷）副主編，撰寫其宗教章〈中西宗教之並存〉一節（2013）；發表學術論文七十餘篇，散見於中、港、台、澳不同學刊及學術研討會；報刊專欄文章「《易經》與人生」七十二篇、「《論語》與人生」一百二十八篇與「古道今談」三十二篇；以及時事評論六十餘篇，部分收入《言歸「政」傳》、《特別關注》、《國是港事》三部時論專輯。這些論著，無不體現先生之學養、襟懷與精神，蘊含其救世渡人之發願。讀者若能細意玩味，咀嚼文理，應能體會先生治學之用心，使生命發光發亮，文化生生不息。

先生人生之轉捩點在 2013 年遇馮燊均國學基金會主席馮燊均先生及其夫人鮑俊萍女士。蓋其時先生有感傳統文化難以深入社會，非人才之有無，乃在於政治人物之不重視，教育制度之不有利。故先生之關注轉向政治與教育之頂層設計，對時局與民族命運關切不已，逐漸由一位學術研究人員、一位前線教師，轉而為一弘揚傳統文化的行動者和復興民族的改革者。馮燊均伉儷提倡國學教育十數年，默默捐資內地大中小學接近一億元，一直期待一宏遠之國學教育藍圖。先生 2013 年參加馮氏伉儷在陝西榆林舉辦的研討會，以〈中華文化在當代的困境與開展〉首次提出國學教育「由下而上」及「由上而下」兩條路徑，並呼籲慈善家全力奉獻於此以補政府之不足。馮燊均伉儷讀之極為震撼。經過

兩年的交往與觀察，他們發現先生確然學問篤實、知行合一、抖落名利，遂開始一段在國學教育和民族復興道路上相互增益、彼此成就的奇逢佳遇。

2015 年，香港中文大學在馮燊均國學基金會的慷慨支持下成立國學中心，並禮聘先生擔任中心主任，協助推動國學發展及弘揚傳統文化。先生期望，以社會的資源與校內相關教學及研究部門互相支援，共同構建更完備的中國學術研究體系，以及更全面的中國文化教學內容，為學生講授聖賢學問，把思想和人格的教育，回歸崇尚德性的中華文化精神。先生在國學中心以行政工作為主，教務不多，僅講授「中國文化與文學」及「國學經籍概論」等選修科，其餘與涵養德性相關之多數學科，則仍分由中大不同部門各自負責。相對以往在城大講學的生涯，中大學生能親聞先生講學的機會明顯較少，亦不可不謂一憾。然此亦先生有意識之抉擇，捨學術研究與杏壇設教，為的是造就更多的人，建立更深的影響。

2016 年，馮先生邀請先生加入馮燊均國學基金會之董事會。從此，先生隨馮氏伉儷獻身國學，將心力全落於弘揚中華傳統文化，積極舉辦或協辦國學講座，邀請兩岸四地及海外學者主講不同國學專題。謹將相關講座詳情列示如下，以見其弘揚文化之功：

	日期	講座	講者
1	2015 年 10 月 20 日	武德與中國傳統文化的精神價值	趙式慶先生（中華國術總會主席）
2	2015 年 11 月 5 日	非物質文化遺產講座：廣繡・粵劇戲服（協辦）	謝西小姐
3	2015 年 12 月 11 日	廟宇與中國文化	楊春棠先生（一新美術館館長）
4	2016 年 1 月 22 日	馮燊均國學講座：《孝經》的精神與價值	如證法師（福智鳳山寺住持）
5	2016 年 3 月 31 日	馮燊均國學講座：道教關心世道人生的一面	李耀輝道長（嗇色園黃大仙祠監院）
6	2016 年 6 月 28 日至 8 月 23 日（逢周二晚）	國學班：從《周易》看傳統文化 —— 福禍報應與人生智慧（協辦）	謝向榮博士（香港能仁專上學院）
7	2016 年 7 月 7 日至 8 月 18 日（逢周四晚）	國學班：鑒古知今 ——《春秋左傳》的現代價值（協辦）	李詠健博士（香港中文大學自學中心）
8	2016 年 8 月 4 日至 9 月 8 日（逢周四晚）	國學班：字裏行間 ——《說文解字》與中國古代社會文化（協辦）	陳嫣雪小姐（香港大學中文學院）
9	2016 年 11 月 22 日	馮燊均國學講座：禮儀人生	黃天先生
10	2016 年 12 月 6 日至 2017 年 2 月 7 日（逢周二晚）	國學班：讀《周易》知天命 —— 順流逆境皆有時（協辦）	謝向榮博士（香港能仁專上學院）
11	2017 年 1 月 17 日	馮燊均國學講座：《周易》與中華國學	張其成教授（北京中醫藥大學國學院院長）

12	2017 年 2 月 18 日	非物質文化遺產講座:「上善若水」粵劇戲服・水袖	謝西小姐
13	2017 年 5 月 4 日至 6 月 1 日(逢周四晚)	國學專題班:文化漫談 —— 從《說文解字》認識古代生活	陳嫣雪小姐(香港大學中文學院)
14	2017 年 5 月 8 日至 6 月 26 日(逢周一晚)	國學專題班:《周易》入門 —— 陰陽並建之人生	謝向榮博士(香港能仁專上學院)
15	2017 年 6 月 3 日	民藝築蹟:香港傳統華人社群建築	鄭紅博士(華南理工大學建築歷史博士)
16	2017 年 11 月 25 日	馮燊均文化講座之「細味中國」系列:絲桐合為琴,中有太古聲 —— 中國傳統蠶絲琴絃的歷史與文化意義	黃樹志先生、梁麗雲女士
17	2017 年 12 月 5 日	馮燊均國學講座:走不一樣的生命路	永富法師(佛光山港澳地區總住持)
18	2017 年 12 月 16 日	馮燊均文化講座之「細味中國」系列:從戲曲的「虎度門」看另類空間的體現	謝西小姐
19	2018 年 1 月 26 日、2 月 2 日及 2 月 9 日	國學專題班:孔子的感性與詩意體驗工作坊	嚴力耕先生(鳳凰衛視前新聞主播)
20	2018 年 3 月 22 日	馮燊均國學講座:儒家傳統的身心修煉及其治療意義	彭國翔教授(浙江大學求是特聘教授)
21	2018 年 3 月 23 日	馮燊均文化講座:中國射禮與日本弓道的教育傳承	秦兆雄博士(日本神戶市外國語大學中國學科教授)

22	2018 年 3 月 26 日	馮燊均文化講座：從明清小說淺談道教科儀	葉長清先生（香港華人廟宇委員會文化及宣傳小組主席）
23	2018 年 5 月 8 日	中國香文化研究中心主任孫亮先生主編《中國香文獻集成》贈書儀式暨專題講座：香聖黃庭堅的嗅覺世界	孫亮先生（中國香文化研究中心主任）
24	2018 年 8 月 17 日至 9 月 21 日（逢周五晚）	國學班：《史記》導讀 —— 究天人之際，通古今之變，成一定之言（協辦）	謝向榮博士（香港能仁專上學院）
25	2018 年 9 月 14 日	馮燊均文化講座：中西神話之比較	張學明教授（香港中文大學新亞書院資深書院導師）
26	2018 年 11 月 19 日	馮燊均文化講座：中國古典文學內涵說	楊錦富教授（台灣屏東大學、美和科技大學教授）
27	2018 年 11 月 24 日	馮燊均國學講座：《論語》在日本皇室與民間的經世致用	海村惟一教授（日本福岡國際大學名譽教授）
28	2019 年 5 月 9 日	馮燊均文化講座：吟誦藝術，知易行易	招祥麒教授（陳樹渠紀念中學校長、香港能仁專上學院客座教授）
29	2019 年 8 月 13 日至 8 月 27 日（逢周二、四晚）	國學專題班：中華文化的感悟	陳家偉校長（優才〔楊殷有娣〕書院小學部）
30	2020 年 11 月 4 日至 12 月 9 日（逢周三晚）	國學班：以無心應無窮，讀《莊子》看人生（協辦）	謝向榮博士（香港能仁專上學院）

從上可知，先生所推廣之講座，範圍甚廣，內容既涵蓋《周易》、《左傳》、《說文》、《論語》、《莊子》等傳統經典之思想闡發，也包括儒家、道家、佛家、文學、神話、禮儀、孝道、戲曲、戲服、武術、弓道、吟誦、廟宇、建築、琴學等傳統文化，從學術研究到生活應用俱備，務求從社會不同層面中體現傳統文化的精神。所邀請之講學嘉賓，既有大專學者，亦有民間專家；既有前輩時賢的指導，亦有後學新進的分享，鼓勵各界交流文化，繼往開來，其良苦用心，令人感動。

為了促進各界作深層交流，先生努力聯繫學界專家，舉辦不同學術論壇，提供國學闡論之平台，冀能為文化復興提供學術理論基礎，謹將相關活動詳情列示如下，以便省覽：

	日期	活動	主講嘉賓
1	2015 年 9 月 2 日	「儒通世界・慧聚泉城」2015 濟南友城文化對話	鄧立光先生宣讀〈中華文化在當代世界的價值〉一文
2	2015 年 11 月 30 日	「孟子學說的現實意義」論壇（與全球孟子學院聯合發展總會、香港孟子學院及文化通行國際有限公司合辦）	孟小紅、鄧立光、謝緯武、高家裕、孟濤、孟淑勤、趙龍、梁濤、彭林、鮑鵬山、劉強、姚中秋、唐元平、楊汝清、馮文舉、方宇、張國文等

3	2016 年 4 月 23 日至 24 日	兩岸四地儒學研討會（與國際儒學聯合會合辦）	張踐、方俊吉、黃敏浩、鄧國光等三十多位學者
4	2016 年 7 月 11 日至 12 日	第九屆馮桑均國學研討會（與馮桑均國學基金會合辦）	劉智鵬、湯汝清、徐玲、趙立、謝向榮、李子建、賴貴三、劉楚華、潘麟等
5	2017 年 4 月 21 日	「從《周易》看中華文化之價值體系」座談會	朱冠華、周錫䪖、張其成、彭泓基、黃成益、溫海明、廖名春、鄧立光、鄭吉雄、黎子鵬、謝向榮等
6	2017 年 5 月 19 日至 20 日	第七屆讀經教育國際論壇（協辦）	單周堯、彭林、王財貴、溫金海、施仲謀、楊裕貿、李焯然、孟柱億、高瑋謙、李學銘、鄧佩玲、張秋玲、鄧昭祺、張連航、Mattia Salvini、張俊杰、林暉、李雄溪、王培光、謝向榮、施枝芳、林暉、莊偉祥、黎世寬、潘樹仁等
7	2018 年 12 月 5 日	2018 年兩岸四地華語詩歌高峰論壇（協辦）	謝冕、商震、李元勝、藍野、朱壽桐、古月等六十多位學者
8	2019 年 8 月 15 日至 16 日	跨宗教修行理論與實踐方法國際學術研討會（合辦）	梁德華、李耀輝、葉長清等道長
9	2019 年 11 月 9 日	「陽明學的日常之用」論壇	鄧立光、海村惟一、中江彰、朱麗霞等

多年來，先生的奮鬥及超乎學者文人的高遠理想，不僅得到馮桑均伉儷的倚重，也獲得各方的賞識。先生在離世前的學

術及社會職務，包括國際儒學聯合會理事暨會員聯絡委員會委員、國際易學聯合會副會長、北京大學大雅堂客座研究員、北京師範大學人文學院客座教授、湖南大學嶽麓書院客座教授、香港大學佛學研究中心顧問、香港新亞研究所教授兼博士生導師、嗇色圍黃大仙祠文化發展委員會顧問、佛光山國際佛光會理事、香港東方文化研究中心董事、香港中華文化學院董事、東方國際易學研究院學術委員、國際易學會香港區代表、中國周易學會會員、中國羑里周易研究院顧問、香港婦聯名譽顧問等職務，於兩岸四地頗負盛名。然而，先生為人低調，縱然榮譽等身，從未顯赫居功，總是謙和待人，默默為弘揚國學文化而努力耕耘。

先生於香港特區政府所擔任的公職，包括 2007 年負責特區政府在港舉行之「山東—香港祭孔大典」；2010 年任國務院參事室主編《中國地域文化通覽》（香港卷）之副主編；以及擔任特區政府中央政策組特邀顧問、香港政府民政事務局華人廟宇委員會委員暨發展及文化小組主席、民政事務局公共事務論壇成員、香港學術評審局（後稱香港學術及職業資歷評審局）中國哲學學科專家、全國港澳研究會會員等，奔走於學術與政治之間，投身於社會大眾及基層師資培訓之中。近年更擔任國家教育部基礎教育課程教材發展中心「中華優秀傳統文化承傳專案」領導小組成員，參與國學融入基礎教育課程（幼兒班、小學、

中學）之頂層設計；2018 年度國家社科基金教育學重大（重點）專案「教材建設中創新性發展中華優秀傳統文化研究」之總課題組專家，忠誠為國家、為社會貢獻己力，為實現民族復興、重振文化自信之偉大事業，不辭勞苦，鞠躬盡瘁。

先生有一最大特點，乃篤信「眾生平等」。先生吃飯吃的是最普通的茶餐廳，從不追求搭乘頭等艙、商務艙，一客沙爹牛肉通粉早餐，一杯下午的絲襪奶茶，就能和學生們開心談上三兩小時。為了使國學思想能更深入民間，先生又肩負起《輕談國學歌風雅》系列國學節目之製作總監一職，邀請內地著名歌手陳佳小姐擔任節目主持人，冀效法古人俗講、說唱之故智，以輕鬆手法，深入淺出地推廣國學及傳統文化。在先生的努力下，基金會及馮燊均伉儷在 2015 至 2019 年間共製作出以下二十七集優秀節目，供各地電視台選播，並於網上免費流傳：

1	詩歌：深情與至誠	2	家庭：人倫與孝道	3	師道長存
4	溫柔敦厚之詩教	5	樂而不淫哀而不傷之中和德性	6	中國古代之禮樂文明
7	中國傳統文化之東傳日本	8	宋朝之文治與學風	9	中華文化之南下西洋
10	海納百川之中華文化：佛教編	11	從佛教俗講到說唱文學	12	自強不息與厚德載物之中華文化

13	小說之夢境與人生啟示	14	中國近代之通商與民族自強	15	中華文化嶺南風
16	中華文化之南下西洋：儒家思想與新加坡	17	中華文化之南下西洋：宗教共存與種族共融的新加坡	18	中國傳統雅樂與流行曲
19	儒家樂教及其時代意義	20	濟南名士 柔而能剛之李清照	21	鄒魯禮義地 母教出聖賢
22	教育特輯：中國教育百年風雨路之一	23	教育特輯：中國教育百年風雨路之二	24	為天地立心之書院講學：千年學府嶽麓書院
25	為生民立命之宋明理學：朱熹與陸九淵	26	為往聖繼絕學之王守仁心學	27	為萬世開太平之中華文化基礎教育

多年以來，製作隊伍走遍中國大江南北取景，過程相當艱辛，惟無論天氣嚴寒酷暑，過程攀山涉水，先生都堅持隨行，為普及國學文化而不遺餘力。先生曾說：「我們學者有機會研究古籍，中小學生在學校也有接觸傳統文化的機會，可是一般人呢？尤其離開社會出了學校的一般百姓，難道就不需要教化嗎？」先生從來不視國學為象牙塔裏少數人的專利，他不捨世間，要風行草偃，此《易》漸卦《象辭》：「君子以居賢德善俗。」

先生另一項在國學教育事業上的重大成就是 2018 年為馮燊均先生創設「大成國學基金」作出擘畫，並親自擔任基金的代表監督其執行。在這之前三年，先生積極參與馮先生資助的互

元教師心靈成長研究院主辦的師資培訓班，訪問了不同省市的中小學，並且為該院在全國各地舉辦的中小學校長、幼稚園園長國學師資培訓班定期授課。培訓班每兩個月一次，先生跑遍大江南北，還帶着校長、老師和縣市教育主管遠赴日本觀摩傳統文化教學。先生深切體會這些校長、園長對傳統文化教育的敬意和熱情，以及他們面對的教育政策與資源不足，決定接觸國家教育部和北大、清華、北師大三個高校，尋求突破。在先生看來，國學之衰亡在於民國初年教育之全盤西化，故須切入制度化之學校教育，「由下而上」讓國學全面進入基礎教育之課程、教材、校園，以及「由上而下」急起培養能傳承國學的高級知識分子。恰好國家教育部有中華優秀傳統文化「三進」的構想，於是先生為國學教育做出上下相通之全盤規劃，在 2018 年中由馮燊均先生捐款人民幣一億五千萬元予中國教育發展基金會，創設「大成國學基金」，專用於國家教育部開展與中華優秀傳統文化進入基礎教育的研究，並且捐款北大、清華、北師大、湖南大學，設立獎教金、獎學金鼓勵開設中國經典、歷史、哲學課程和進行相關研究。2019 年底還資助清華大學成立中國經學研究院，推動經學成為獨立學系。

先生及馮燊均先生此舉，在國家教育部及大學之人文學院堪稱創舉，中國教育發展基金會特為「大成國學基金」的設立在

北京人民大會堂舉辦捐贈儀式，先生上台發言說明國學教育上下兩個路徑的重大意義，新華社的報道當天點擊超過二十萬人次，正規國學教育的落實在神州大地唱響。先生是籌劃者，也是推動者，他和馮燊均先生受國家教育部基礎教育課程教材發展中心邀請，擔任「中華優秀傳統文化傳承項目」領導小組成員，在疫情發生前定期到北京與課程中心的學者專家開會討論項目發展。其時專家皆以傳統文化浩如烟海，選取何者放進基礎教育之課程教材欠缺理論支持。先生 2017 年在《人民教育》發表重要論文〈「五學並舉」傳承中華優秀傳統文化〉，指出經典、歷史人物、禮儀、武術、書法乃士君子必備學養，應以此作為國學教育的核心課程，這正是 2021 年教育部頒布〈關於成立教育部中國書法、武術、戲曲教育指導委員會等三個教育指導委員會的通知〉的雛型。先生又以《四庫》經、史、子、集目錄為經，以當前小學及中學十二年級各學科為緯，建議教育部朝滲入各學科的方向研究，這就是 2021 年教育部印發《中華優秀傳統文化進中小學課程教材指南》的部分理論基礎。《指南》建議，採取 3+2+N 的方式，按照我國傳統目錄歸類，把「五學並舉」融入當前語文、歷史、道德與法治、體育、藝術五個學科，而把傳統天文、地理、科學、農田、水利、軍事、醫學知識滲入其他文理各科之中。此真一改中國近百年教育之歧出而恢復張之洞癸卯

學制精神！國家固然有此方向，先生把多年思考與實踐奉獻於民族，引領教育回歸中國文化本位，其功大矣！尤以獲悉中國武術納入體育課，先生最為激動。先生少年習武，常以當代年輕人身心羸弱為誡，認為武德與武藝得讓我國少年健其身、強其魄、壯其志，並說：「這是未來中國真正強大、屹立世界強國之林的心法所在。」

先生一生行誼，為典型之君子儒而不類於現代工具型學者。先生之學問只用於造福國家民族及人類，先生之知識必伴以具體之行動。故先生自己在香港中文大學即先選定「五學並舉」的禮儀一項，開始從事禮儀教育的師資培訓和學校實踐。先生 2019 年與清華大學中國經學研究院彭林教授和他的學生們合作，攜手推動「粵港澳大灣區中華禮儀教育」。2021 年初，開辦第一期「大灣區禮儀教育師資培訓課程」。同年，改編彭林教授《禮樂文明教育》初級篇和中級篇並編寫輔助學習教材。又與幸福文化教育控股有限公司合作，共同編撰中華傳統文化禮樂幼兒繪本《禮樂好孩子》共六冊，另附《教師手冊》二冊，由中文大學國學中心免費贈送予全港幼稚園。先生支持國家粵港澳大灣區的構想，在中聯辦教科部和香港教育工作者聯會的支持下，奔走香港教育局、澳門教青局和廣東省九個城市的教育主管，成立「粵港澳大灣區禮儀教育聯席會議」，居中協調，身肩重任。

2021 年 8 月，先生轉職香港教育大學國學中心主任，開啟事業新章。先生初抵教大，即訂立明確的發展目標，計劃將於未來五年推行「大成國學講堂系列」、「國學興趣班及課程」、「中華文化品德生命教育研究」、「粵港澳大灣區國學核心課程師資養成計劃」等不同文教項目，一切以「五學並舉」為框架，集中力量於國學師資的養成。書法教學及武術教學興趣班，一經推出即超額報名，可見香港教育大學的學生亦有感文化自信正伴隨中華民族復興而勃然升起，亟需認識書法、武術、禮儀、經典、蒙書之教學方法。而「粵港澳大灣區國學核心課程師資養成計劃」也獲得香港教育局和澳門教青局的積極採納，正與先生洽談納入教育局行事曆及認可修讀成果等事宜。詎料，當一切光明開展之時，惡疾竟來相侵。先生深信文化使命尚在，天必不喪斯文，直至離世前兩星期還在病榻上辛勤工作，忍住巨痛，安排彭林教授和徐勇教授為粵港澳中小學校長、教師、準教師及教育管理人員做「推廣國學及國學教育實踐的問題」系列講座。2022 年 7 月 7 日晚彌留之際，先生在家人手心重重寫下「國學」二字，再無氣力。翌日午時，先生於香港仁安醫院帶着無限遺憾和期許辭世，享年六十四歲。

先生畢生為弘揚中華文化而奮鬥，事事不遺餘力，艱辛勞累。即使得知病情惡化，仍堅持參與大小事務，直至生命最後

一刻，尚念念不忘推展國學之事，為法忘軀。今文星隕落，社會痛失模範，同道門生故友不勝唏噓，惟先生復興傳統文化、振奮民族精神之心願，其情其志，嘉言美事，咸誦於心，必可薪火傳承，萬古長存。又先生為道教大德，對《道德經》有獨到見解，常以全真弟子身份自勉。我等親炙先生，總覺他「和其光，同其塵」，氣質清新，超凡脫俗，仙氣飄飄。先生又以儒、釋、道三家為傳統文化的一體，故先生於佛學也多有深入體會，皈依法鼓山聖嚴上人修習禪宗妙法，最尊崇佛陀「無緣大慈，同體大悲」。先生聞佛曲動輒流淚，他曾說：「此發自內心深處，不知乃愧於自己追趕不上，還是由衷欽佩？」

然先生終究為儒家之徒，關心政治隆污及民生疾苦，一生以杜甫詩「致君堯舜上，再使風俗淳」為志，用之則行，捨之則藏，惕勵奮進，無有已時。生前愛以北宋大儒張橫渠先生「四句教」為訓，勉勵學子宜以人飢己飢、人溺己溺之志，「為天地立心，為生民立命，為往聖繼絕學，為萬世開太平」。案《左傳‧襄公二十四年》曰：「太上有立德，其次有立功，其次有立言。雖久不廢，此之謂三不朽。」孔穎達疏云：「立德謂創制垂法，博施濟眾」；「立功謂拯厄除難，功濟於時」；「立言謂言得其要，理足可傳」。綜觀先生一生，於國家公職，鞠躬盡瘁；於文化大業，弘道養正；於德育啟蒙，言傳身教；於學術研究，金聲玉

振。是先生不止承繼道統，為天地生民「立心」、「立命」，更為國家民族「立德」、「立功」、「立言」，樹立君子典範。鄧師立光先生，立身行道，謙尊而光，無悔今生，真不朽也！

弟子　謝向榮泣輓

2022 年 7 月 26 日成稿、2023 年 11 月 26 日修訂

附錄二
鄧立光博士論著目錄

一、專書

日期	著作名稱	出版社	篇幅
1992.07	《陳乾初研究》 （ISBN 957-668-044-1）	台北：文津出版社	224 頁
1993.11	《象數易鏡原》 （ISBN 7-80523-593-7/B.68）	成都：巴蜀書社	242 頁
2005.02	《言歸「政」傳》〔時論專輯〕 （ISBN 988-98268-1-X）	香港：成報出版社	收錄五文
2005.02	《特別關注》〔時論專輯〕 （ISBN 988-98268-3-6）	香港：成報出版社	收錄三文
2005.03	《國是港事》〔時論專輯〕 （ISBN 988-98268-5-2）	香港：成報出版社	收錄二文
2007.06	《老子新詮：無為之治 及其形上理則》 （ISBN 978-7-5325-4656-5）	上海：上海古籍出版社	255 頁
2008.08	《周易象數義理發微》 （附《五行探原》） （ISBN 978-7-5326-2481-2/ B.128）	上海：上海辭書出版社	243 頁

| 2008.12 | 《中國哲學與文化復興詮論》
（ISBN 978-7-5325-5111-8） | 上海：上海古籍出版社 | 232 頁 |
| 2013.09 | 中央文史研究館《中國地域
文化通覽・香港卷》副主編
（ISBN 978-7-101-09044-4） | 北京：中華書局 | 587 頁 |

二、學術論文

篇數	日期	出版資料
1	1994.10	**從帛書《易傳》看孔子之易教及其象數** 《周易研究》1994 年第 3 期，20-29 頁。又收入《百年易學菁華集成・出土易學文獻》第 3 冊，上海：上海科學技術文獻出版社，2010 年 4 月，1072-1083 頁。
2	1994.12	**從帛書《易傳》重構孔子之天道觀** 台北《鵝湖學誌》第 13 期，43-62 頁。
3	1995.01	**從帛書《易傳》證知並重構孔子之哲學思想** 第一屆國際易學思維與當代文明研討會，美芝靈國際易學研究院主辦，1995 年 1 月 5 日至 7 日。
4	1995.06	**五行哲學新說** 台北《鵝湖學誌》第 14 期，125-139 頁。
5	1995.11	**王船山之易學 ——《易》數析論** 高雄《第四屆清代學術研討會論文集》，57-78 頁。
6	1995.12	**馮友蘭學行述評** 台北《鵝湖月刊》第 246 期，42-48 頁。
7	1995.12	**五行之源起流變及其哲學意義** 《中國文化》第 12 期 1995 季秋號，81-93 頁。

8	1996.08	**孔老原論** 原出處待考。收入《中國哲學與文化復興詮論》,上海:上海古籍出版社,13-41 頁。
9	1996.12	**牟宗三先生的易學與當代儒學的關係** 原出處待考。收入《中國哲學與文化復興詮論》,上海:上海古籍出版社,106-116 頁。
10	1997.04	**易數(天地之數)之存有論意義** 台北《鵝湖月刊》第 262 期,35-37 頁。
11	1997	**陸象山學說述要** 《酒泉教育學院學報》第 1 期,1-6 頁。
12	1997.08	**從帛書《易傳》證知孔子說《易》引用古熟語** 《周易研究》1997 年第 3 期,1-5 頁。
13	1997.09	**老聃職官新考** 台北《鵝湖月刊》第 267 期,37-42 頁。
14	1998.04	**牟宗三先生重建中國哲學的道路** 台北《鵝湖月刊》第 274 期,27-36 頁。又收入《中國哲學與文化復興詮論》,上海:上海古籍出版社,90-105 頁。
15	1998.06	**河圖洛書的宇宙論意義** 《國際易學研究》第 4 輯,北京:華夏出版社,275-283 頁。
16	1998.10	**象數易學義理新詮 —— 牟宗三先生的易學** 《大易集述》,成都:巴蜀書社,149-152 頁。
17	1998.12	**中國傳統哲學的返本開新** 原出處待考。收入《中國哲學與文化復興詮論》〈代序二〉,上海:上海古籍出版社,1-15 頁。
18	1999.06	**孔子形上思想新探** 《新亞學報》第 19 卷,33-44 頁。
19	2000.03	**中國哲學的傳統特色及其發展創新** 《中華文化與二十一世紀》,北京:中國社會科學出版社,627-641 頁。

20	2000.03	**孔子的德性生命與形上思想** 原出處待考。收入《中國哲學與文化復興詮論》，上海：上海古籍出版社，13-41 頁。
21	2000.06	**老子的慈心** 《香港道訊》第 4 期，1 頁。
22	2000.06	**文化復興與中華民族應走的方向** 《紀念孔子誕辰 2550 周年國際學術討論會論文集》，北京：國際文化出版公司，955-964 頁。
23	2000.08	**從帛書《易傳》析述孔子晚年的學術思想** 《周易研究》2000 年第 3 期，11-20 頁。又收入《百年易學菁華集成·出土易學文獻》第 3 冊，上海：上海科學技術文獻出版社，2010 年 4 月，1169-1178 頁。
24	2000.08	**朱熹學說在今日社會的應用** 國際徽學研討會，安徽大學徽學研究中心主辦，2000 年 8 月 15 日至 16 日。
25	2000.09	**說謙德** 《毅圃》第 23 期，香港：弘毅文化教育學會，18-20 頁。
26	2001.09	**從《黃帝陰符經》說道教哲學** 《道家與道教 —— 第二屆國際學術研討會論文集》，廣州：廣東人民出版社，214-222 頁。又收入《中國哲學與文化復興詮論》，上海：上海古籍出版社，156-162 頁。
27	2001.10	**如何復興文化傳統** 《新亞研究所通訊》第 14 期，5-9 頁。
28	2001.11	**朱熹理學思想之「心」義辨微** 《朱子學與 21 世紀國際學術研討會論文集》，西安：三秦出版社，267-274 頁。又收入《中國哲學與文化復興詮論》，上海：上海古籍出版社，68-76 頁。
29	2001.11	**《老子》所反映的天道觀與政治理想** 《新亞學報》第 21 卷，201-215 頁。又收入《中國哲學與文化復興詮論》，上海：上海古籍出版社，119-145 頁。

30	2001.11	**中國文化的回顧與反省、復興與發展** 原出處待考。收入《中國哲學與文化復興詮論》，上海：上海古籍出版社，208-216 頁。
31	2001.11	**儒學研究與文化復興** 《中華儒學》第 1 輯，長春：時代文藝出版社，1-5 頁。
32	2002.04	**現代儒學研究的方向** 《傳統儒學、現代儒學與中國現代化》，香港：新亞研究所、香港聯教中心，93-99 頁。
33	2002.08	**從帛書《易傳》考察「文言」的實義** 《周易研究》2002 年第 4 期，40-44 頁。又收入《百年易學菁華集成・出土易學文獻》第 3 冊，上海：上海科學技術文獻出版社，2010 年 4 月，1219-1224 頁。
34	2002.10	**孔子的德性生命** 《孔學論文集暨孔子聖誕 2553 周年曲阜祭孔紀念特刊》，馬來西亞：馬來西亞孔學研究會，334-339 頁。
35	2002.10	**以儒釋道三家作為復興傳統文化的重點** 原出處待考。收入《中國哲學與文化復興詮論》，上海：上海古籍出版社，217-228 頁。
36	2002.12	**從帛書《易傳》與《乾文言》說儒家的道德觀** 《大易集義》，上海：上海古籍出版社，489-498 頁。
37	2003.08	**道教在現代中國文化的作用** 《道教教義與現代社會》，上海：上海古籍出版社，146-150 頁。
38	2003.10	**修真與體道 —— 陳希夷「無極圖」與周濂溪「太極圖」闡微** 《新亞學報》第 22 卷，517-535 頁。又收入《中國哲學與文化復興詮論》，上海：上海古籍出版社，163-182 頁。
39	2003.12	**《道德經》第一章道境闡微** 《弘道》總第 17 期，26-29 頁。
40	2004.09	**孔子的謙讓思想** 衢州國際孔子節暨國際儒學論壇，2004 年 9 月 28 日。又收入《中國哲學與文化復興詮論》，上海：上海古籍出版社，3-12 頁。

41	2004.12	**從鄧小平先生看胡錦濤主席的歷史使命** 《中國改革發展理論文集》，北京：中國文藝出版社，883-885 頁。又收入《中國新思維新學術獲獎成果精粹》，北京：中國文聯出版社，2005 年 5 月，145-147 頁。
42	2004.12	**《象傳》的思維特徵及道德意識** 《大易集奧》（上），上海：上海古籍出版社，197-214 頁。又收入《百年易學菁華集成‧〈周易〉經傳》第 5 冊，上海：上海科學技術文獻出版社，2010 年 4 月，1864-1875 頁。
43	2005.03	**文化自覺與民族政治制度的建立 ——「中國式社會主義民主」芻議** 《文化自覺與社會發展：二十一世紀中華文化世界論壇論文集》，香港：商務印書館（香港）有限公司，842-852 頁。
44	2005.05	**從《老子》看道家道教的修真** 原出處待考。收入《中國哲學與文化復興詮論》，上海：上海古籍出版社，146-155 頁。
45	2005.06	**宋明理學的時代意義** 《儒學與當代文明》（論文集），北京：九州出版社，933-938 頁。
46	2005.06	**品德培養是教育的基本考慮** 《京港學術交流》第 66 號，37 頁。
47	2005.11	**通《經》致用 —— 以王夫之的易學為例** 《清代經學與文化》，北京：北京大學出版社，1-8 頁。
48	2005.11	**老子天道觀闡微** 《老子研究》第 3 集，長樂老子研究會編，香港：天馬出版有限公司，134-144 頁。
49	2006.02	**從《孝經》說中國傳統文化的精神** 《中國文化研究》2006 年春之卷，北京：北京語言大學出版社，14-19 頁。又收入《中國哲學與文化復興詮論》，上海：上海古籍出版社，196-207 頁。
50	2006.05	**從《象傳》、《象傳》探討中國哲學的特色** 香港華夏書院 2006 年 5 月 12 日講座筆記

51	2006.06	**復興中國傳統文化的理論模型 ——「文化三層論」** 《孔子研究》2006 年第 3 期，北京：中國孔子基金會，26-31 頁。又收入《中國哲學與文化復興詮論》，上海：上海古籍出版社，185-195 頁。
52	2007.05	**《象傳》研究 ——卦爻理則析述** 《大易集釋》，上海：上海古籍出版社，79-87 頁。
53	2007.08	**析論《象傳》之哲學特色** 《國際易學研究》第 9 輯，北京：華夏出版社，84-95 頁。
54	2008.04	**從《道德經》看道家道教的修真** 《天台山暨浙江區域道教國際學術研討會論文集》，杭州：浙江古籍出版社，655-659 頁。
55	2009.06	**以「和而不同」思想為人類文化定位** 《首屆儒釋道文明對話（澳門）對話紀要暨論文集》，澳門：中華文化交流協會，271-281 頁。
56	2009.06	**戴震理學思想析評** 《明清學術研究》，北京：中國社會科學出版社，86-95 頁。又收入《中國哲學與文化復興詮論》，上海：上海古籍出版社，77-89 頁。
57	2009.07	**傳統文化之精神價值與公民意識** 《公民意識研究》，鄭州：鄭州大學出版社，388-393 頁。
58	2009.07	**通識科應慎選教材，打下為學做人的基礎** 《公民意識研究》，鄭州：鄭州大學出版社，423-426 頁。
59	2009.11	**象數與易占** 第三屆中國經學國際學術研討會，廈門總商會、清華大學歷史系經學研究中心、福建師範大學文學院易學研究所等合辦，2009 年 11 月 7 日至 8 日。
60	2010.04	**從《論語》考察孔子所言「安」與「不安」的意義** 《儒學的當代使命 ——紀念孔子誕辰 2560 周年國際學術研討會論文集》第 3 冊，北京：九州出版社，927-930 頁。

61	2010.10	**從宗密之《華嚴原人論》探討儒釋道之權實關係** 儒道國際學術研討會：隋唐，台灣師範大學國文系主辦，2010 年 10 月 30 日至 31 日。
62	2011.10	**儒家人性論探微** 《漢學與東亞文化國際學術研討會論文集》，香港：香港珠海學院中國文學系，353-356 頁。
63	2011.10	**爻辭與爻位卦時之關係新探** 早期易學的形成與嬗變國際學術研討會，山東大學易學與中國古代哲學研究中心主辦，2011 年 10 月 13 日至 15 日。
64	2012.11	**朱伯崑《易》學思想研究** 新中國六十年的經學研究（1950-2010）第四次學術研討會，中央研究院中國文哲研究所主辦，2012 年 11 月 22 日至 23 日。
65	2013.03	**說香港社會須復興中國傳統文化** 《曾子故里論孝道：曾子思想研討會暨文化論壇文集》，北京：中國文史出版社，154-160 頁。
66	2013.07	**以《論語》對治現代人的價值迷失** 《第五屆世界儒學大會學術論文集》，北京：文化藝術出版社，386-393 頁。
67	2013.07	**中華文化在當代的困境與開展** 第六屆中華義理經典教育工程研討會，馮燊均國學基金會、榆林市文化廣播新聞出版局主辦，2013 年 7 月 19 日至 21 日。
68	2013.09	**中西宗教之並存** 《中國地域文化通覽・香港卷》，北京：中華書局，2013 年 9 月，330-333 頁。又收入《香港文化導論》，香港：中華書局，2014 年 7 月，113-117 頁。
69	2015.05	**香港本地經學教育的思考** 「香港經學研究的回顧與前瞻」國際學術研討會，香港浸會大學中文系、新亞研究所合辦，2015 年 5 月 6 日至 7 日。

70	2015.05	**以《周易》家庭倫理觀重塑當代家庭的價值觀** 「儒學齊家之道與當代家庭建設」國際論壇，北京國際儒學聯合會、「中華優秀傳統文化教育研究」家庭教育課題組合辦，2015 年 5 月 17 日。
71	2015.09	**中華文化在當代世界的價值** 《「儒通世界‧慧聚泉城」2015 濟南友城文化對話》，濟南：濟南市人民政府外事辦公室、新聞辦公室，4-5 頁。
72	2015.11	**經學與善書──經學之根本精神及其通俗之教化形態** 《經學：知識與價值》，北京：中國人民大學出版社，297-305 頁。
73	2017.07	**「五學並舉」：傳承中華優秀傳統文化** 《人民教育》2017 年第 13-14 期合訂本，30-33 頁。
74	2018.04	**陸王心學的修德意義** 《傳統實學與現代新實學文化（五）》，北京：中國言實出版社，128-138 頁。
75	2018.07	**牟宗三先生的文化意識** 《紀念牟宗三先生逝世二十周年國際學術研討會論文集》，台北：萬卷樓，29-38 頁。又收入《新亞論叢》第 20 期，2019 年 12 月，483-487 頁。
76	2018.09	**文化自信與國學的復興開新** 第三屆生命與國學高峰論壇，東方生命研究院主辦，2018 年 9 月 15 日至 16 日。
77	2023.09	**孔子讀《易》的態度與方法**（與謝向榮聯名發表） 《國際儒學》2023 年第 3 期，58-67、178 頁。
78	待刊	**以「道」「器」二層及「理一分殊」，說中華文化內涵與中華民族形成** 遺稿，正待刊發

三、其他散文

篇數	日期	出版資料
1	1995.08	**牟師新學宗前聖 尼山古道至今傳** 台北《鵝湖月刊》第 242 期，54-55 頁。
2	1999.02	**祝蔡仁厚七十大壽賀文** 《蔡仁厚教授七十壽慶集》，台北：學生書局，306-307 頁。
3	1999.08.03	**法輪靈體的潛控作用** 《信報・中港評論》
4	1999.08.14	**法輪功的修煉入邪，信徒要自救** 《信報・中港評論》
5	1999.09.04	**論北京為中國大一統締造必要的條件** 《信報・中港評論》
6	1999.09.09	**北京應文化統同，武力除奸** 《信報・中港評論》
7	2000.05.13	**新聞自由與民族大義** 《信報・中港評論》
8	2001.01.31	**文化發展委員會任重而道遠** 《大公報》
9	2002.10	**檢討現代西方民主政治** 《紫荊雜誌》2002 年 10 月號，34-35 頁。
10	2002.12.21	**讓岳飛、文天祥從民族英雄中除名，為禍深遠** 《信報・中港評論》
11	2003.02	**普選未必就是成熟的法治** 《紫荊雜誌》2003 年 2 月號，25-26 頁。
12	2003.03	**港人應增強國家觀念** 《紫荊雜誌》2003 年 3 月號，33 頁。

13	2003.04	**從殖民地教育看香港文化的本質** 《紫荊雜誌》2003 年 4 月號，54-55 頁。
14	2003.08	**宗教對社會的應然作用** 《紫荊雜誌》2003 年 8 月號，47-48 頁。
15	2003.10	**我明天要去 CU** 《紫荊雜誌》2003 年 10 月號，67 頁。
16	2003.11	**香港劣質政客缺乏起碼良知** 《紫荊雜誌》2003 年 11 月號，45 頁。
17	2004.05.17	**高官須約束眷屬言行** 《星島日報·時事正言》
18	2004.06.21	**從《鄧小平》看胡總為政** 《星島日報·時事正言》
19	2004.06.22	**特區政府應該重視知識決策** 《成報·成報開咪》。收入《言歸「政」傳》，香港：成報出版社，1-3 頁。
20	2004.06.29	**亂法之害甚於亂政** 《成報·成報開咪》。收入《言歸「政」傳》，香港：成報出版社，19-22 頁。
21	2004.07.09	**貫徹道德精神是高官問責的真義** 《成報·成報開咪》。收入《言歸「政」傳》，香港：成報出版社，55-59 頁。
22	2004.07.23	**從楊永強下台看香港應該怎樣建立共識** 《成報·成報開咪》。收入《言歸「政」傳》，香港：成報出版社，83-87 頁。
23	2004.08.02	**開設社會賢達功能議席** 《星島日報·時事正言》
24	2004.08.06	**復興儒釋道三教以提升國民道德水平** 《成報·成報開咪》。收入《國是港事》，香港：成報出版社，101-105 頁。
25	2004.08.20	**投票最應該考慮候選人對社會的影響** 《成報·成報開咪》

26	2004.09.17	選舉政治與國家統一：讀鄧小平三則不為人留意的講話 《成報‧成報開咪》。收入《特別關注》，香港：成報出版社，55-59 頁。
27	2004.10.04	從衢州祭孔看國家的文化發展 《星島日報‧時事正言》。收入《中國哲學與文化復興詮論》，上海：上海古籍出版社，229-232 頁。
28	2004.10.18	儒學復興勢頭強 文化中國現新姿 《成報‧成報開咪》
29	2004.10.29	香港衰敗源自意識形態與權力慾 《成報‧成報開咪》
30	2004.11.16	普選把貪婪自利的人推上權力高峰，為禍深遠 《成報‧成報開咪》。收入《言歸「政」傳》，香港：成報出版社，211-215 頁。
31	2004.11.26	特區政府應以「修、齊、治、平」次第訂青年政策 《成報‧成報開咪》。收入《國是港事》，香港：成報出版社，243-248 頁。
32	2004.12.13	課程內容定通識教育成敗 《星島日報‧時事正言》
33	2004.12.14	文化政策的兩種抗擊因素 《成報‧成報開咪》。收入《特別關注》，香港：成報出版社，155-157 頁。
34	2004.12.30	領匯事件反映當代政治的「法」與「德」 《成報‧成報開咪》。收入《特別關注》，香港：成報出版社，199-202 頁。
35	2005.01.07	通識科應慎選教材，打下為學做人的基礎‧上 《成報‧成報開咪》
36	2005.01.10	通識科應慎選教材，打下為學做人的基礎‧下 《成報‧成報開咪》
37	2005.01.24	對香港文化發展的進一步考察 《成報‧成報開咪》

38	2005.02.21	**不良風氣影響年輕人價值觀** 《成報・成報開咪》
39	2005.03.16	**董特首七年風雨路** 《星島日報・時事正言》
40	2005.03.31	**為什麼濫用司法程序傷害司法尊嚴？** 《成報・成報開咪》
41	2005.04.14	**她們對中國人何其冷酷** 《成報・成報開咪》
42	2005.04.20	**批評反日活動的謬誤** 《星島日報・時事正言》
43	2005.05.04	**連戰要留住中華民族的「根」** 《星島日報・時事正言》
44	2005.05.16	**教育敗壞，曾蔭權須介入** 《成報・成報開咪》
45	2005.06.15	**不讀古典，難扭學生品德歪風** 《星島日報・時事正言》
46	2005.07.06	**濫用司法程序最傷害司法尊嚴** 《成報・成報開咪》
47	2005.07.25	**西方政治文化模式不能照搬** 《星島日報・時事正言》
48	2005.08.31	**馬英九欠缺自省能力** 《星島日報・時事正言》
49	2005.09.17	**中央領導人的外交氣質** 《星島日報・時事正言》
50	2005.09.21	**美災民自相殘害的文化透視** 《星島日報・時事正言》
51	2007.03	**一部駭人的驚慄著作** 畢名（劉志恒）：《1414》，香港：香港知出版有限公司。〔台版作《別殺我媽媽》，台北：明日工作室，2013 年 1 月。〕

52	2008.01	**《仁者心懷 悲愴獨白：梁漱溟的文化思想研究》書前撥語** 姚賽清《仁者心懷 悲愴獨白：梁漱溟的文化思想研究》，香港：香港教師會，11 頁。
53	2012.02.01	**香港應做文明之都** 《香港商報‧社評》
54	2012.02	**解凍有賴民心暖 知禮還須教化功** 出處待考
55	2012.06	**法住：復興中華傳統文化的勁草** 《法住三十周年紀念特刊》，香港：法住出版社，97-98 頁。
56	2012.07.13	**亞洲精神、東方價值** OneTV‧亞太第一論壇（網上文章）
57	2013.11	**《千億寵愛在一心》序言** 姚賽清《千億寵愛在一心》，香港：進升投資有限公司，12 頁。
58	2020.09.21	**國家通用語言文字體現中華民族認同** 《人民政協報》。收入《民族社會學研究通訊》第 324 期，49-51 頁。
59	2021.04.23	**「人類命運共同體」源自「和而不同」** 《大公報‧返本開新》
60	2021.04.30	**中國社會有「階層」無「階級」** 《大公報‧返本開新》
61	2021.05.08	**中國共產黨的初心與傳統民本思想** 《大公報‧返本開新》
62	2021.05.15	**開國領袖毛澤東與嶽麓精神** 《大公報‧返本開新》
63	2021.07.13	**人心回歸，根在中華文化認同** 《光明日報‧港澳台版》

四、專欄

（一）「《易經》與人生」

2010 年 6 月至 2011 年 11 月間刊登於《香港商報・心靈花園》

篇數	日期	標題
1	2010.06.06	從易經到易學
2	2010.06.13	《周易》的卦象
3	2010.06.20	《周易》的數
4	2010.06.27	易數與占筮
5	2010.07.04	讀《易》與斷卦的門徑：爻例
6	2010.07.11	讀《易》與斷卦的門徑：卦例
7	2010.07.18	剛健的乾卦
8	2010.07.25	柔順安靜而厚德載物的坤卦
9	2010.08.01	屯卦之「時」：萬事開首難
10	2010.08.10	啟導兒童教育的蒙卦
11	2010.08.15	需卦之剛健不犯險及有待而不失禮
12	2010.08.22	教人消弭爭執的訟卦
13	2010.08.29	畜聚力量以行正道的師卦
14	2010.09.05	師卦他說
15	2010.09.12	比卦：建立親和人際關係的理則
16	2010.09.19	行謙而得各方支持的小畜卦
17	2010.09.26	安守本分的履卦
18	2010.10.03	事事亨通而危機隱伏的泰卦

65	2011.09.25	兌卦：使人心悅誠服才獲得由衷支持
66	2011.10.02	渙卦由原及流，變中有不變之義
67	2011.10.09	節卦以克己復禮、節用愛民為要義
68	2011.10.23	中孚卦強調以誠敬處事
69	2011.10.30	小過卦取過正以矯枉為義
70	2011.11.06	既濟之義：沒有變化便沒有長治久安
71	2011.11.13	未濟卦：自強不息才有成功的希望
72	2011.11.20	孔子讀《易》

（二）「《論語》與人生」

2011 年 11 月至 2012 年 3 月間刊登於《香港商報・心靈花園》

2012 年 3 月至 2014 年 6 月間刊登於《香港商報・周日生活》

篇數	日期	標題
1	2011.11.27	「《論語》與人生」序言
2	2011.12.04	「學而時習之」使人愉悅的原因
3	2011.12.11	遠方來朋與君子之德
4	2011.12.18	行孝須用敬
5	2011.12.25	孝悌之人何以不好犯上作亂
6	2012.01.08	進德修業不離學
7	2012.01.29	刑政與德治禮教的互補
8	2012.02.05	孔子說「攻乎異端，斯害也已」

9	2012.02.13	孔子說「學而不思則罔，思而不學則殆」
10	2012.02.19	孔子說「君子不器」
11	2012.02.26	慎言慎行是從政的基本要求
12	2012.03.10	孔子對善惡的三層觀察法
13	2013.03.18	禮的本質和精神
14	2012.03.25	君子無所爭，其爭也君子
15	2012.04.01	其身正，不令而行；其身不正，雖令不從
16	2012.04.08	舉直錯諸枉則人民賓服
17	2012.04.15	善政持續而後有良風美俗
18	2012.04.22	爾愛其羊，我愛其禮
19	2012.04.29	三年喪期，報本反始
20	2012.05.06	「達」與「聞」，二者情近而理悖
21	2012.05.13	「繪事後素」透出之儒家治學態度
22	2012.05.20	治學心法：吾道一以貫之
23	2012.05.27	孔子看富貴貧賤
24	2012.06.03	「為仁由己」與「不知其仁」
25	2012.06.10	仁者安仁，知者利仁
26	2012.06.17	唯仁者能好人，能惡人
27	2012.06.24	士志於道，不恥惡衣惡食
28	2012.07.01	小人之行：巧言令色足恭，匿怨而友其人
29	2012.07.08	修德之最高表現在懂得「行權」
30	2012.07.15	修德講學與遷善改過
31	2012.07.22	博文約禮，成德之方

32	2012.07.29	以「禮」為準，德行不偏
33	2012.08.05	人而不仁的特質
34	2012.08.19	孔子應對庸劣官員的辦法
35	2012.08.26	志道據德依仁與游藝
36	2012.09.02	默而識之，學而不厭，誨人不倦
37	2012.09.16	做官與否的態度在「行己有恥」
38	2012.09.23	理性的學習態度：多聞多見，擇善而從
39	2012.09.30	暴虎馮河與臨事而懼
40	2012.10.07	管治之要：知及仁守，莊重有禮
41	2012.10.14	仁者必有勇，有德者必有言
42	2012.10.21	崇德修慝辨惑
43	2012.10.28	看待民意的德性原則
44	2012.11.04	有恒為成德之基
45	2012.11.11	內省乃成德之必要工夫
46	2012.11.18	聖人如何面對命運
47	2012.11.25	以處事態度判別君子與小人
48	2012.12.02	如何面對讒言與誹謗
49	2012.12.09	博學而無所成名
50	2012.12.16	君子行事：合義、循禮、行謙、守信
51	2012.12.23	儒家的啟發式教學
52	2012.12.30	儒家的交友之道
53	2013.01.06	三類品性詐偽之人，無法施教
54	2013.01.13	君子在人己關係方面的三種表現

55	2013.01.20	從政者的等級劃分
56	2013.01.27	孔子的教學態度與教學重點
57	2013.02.03	貧不諂而安樂，富不驕而好禮
58	2013.02.17	孔子自道一生
59	2013.02.24	「成人」乃孔門之理想道德人格
60	2013.03.03	道德自制：非禮勿視聽言動
61	2013.03.10	聽嚴正之言能改，聽悅巧之言能思
62	2013.03.17	孔子善教與顏淵善學
63	2013.03.24	孔子對人性的體會
64	2013.03.31	以德性分上智與下愚
65	2013.04.07	夫子之言性與天道
66	2013.04.14	不怨天不尤人的聖人品德
67	2013.04.21	為政謙讓，所行無怨
68	2013.04.28	無可無不可與知其不可而為之
69	2013.05.05	儒者與隱士
70	2013.05.12	不仕無義與行道救世
71	2013.05.19	向經典學習才有文化涵養
72	2013.05.26	君子有所厭惡（一）
73	2013.06.02	君子有所厭惡（二）
74	2013.06.09	對待政治領導人的心態言行
75	2013.06.16	以直報怨，以德報德
76	2013.06.23	父子相隱而直在其中的意義
77	2013.06.30	直道而行得其所譽

78	2013.07.07	為政與行仁
79	2013.07.14	從奪、亂、覆看政治隆污
80	2013.07.21	唯女子與小人為難養
81	2013.07.28	色屬內荏與鄉愿
82	2013.08.04	君子居夷，何陋之有
83	2013.08.11	君子知天命與俟氣命
84	2013.08.18	君子之犯錯與改正
85	2013.08.25	孔子評價管仲
86	2013.09.01	因循損益之道
87	2013.09.08	己所不欲勿施於人為恕
88	2013.09.15	為政以忠，孝慈則忠
89	2013.09.22	治世以正名為先
90	2013.09.29	修德而失禮則蔽生
91	2013.10.06	謙讓之道：不自誇不居功
92	2013.10.13	內省不疚，何憂何懼
93	2013.10.20	小人小知，君子大受
94	2013.10.27	為政以德，無為而治
95	2013.11.03	孔子顏淵的師弟情誼
96	2013.11.10	君子之思
97	2013.11.17	儒家之道統思想
98	2013.11.24	行善容易，中庸為難
99	2013.12.01	知命知禮知言而為君子
100	2013.12.08	「政」之要義

101	2013.12.15	正名乃善政之基
102	2013.12.22	孔子晚年所體會之天道
103	2013.12.29	入太廟每事問,禮也
104	2014.01.05	孔子之言性與天道
105	2014.01.12	自古皆有死,民無信不立
106	2014.01.19	孔子之好古敏求
107	2014.01.26	成事不說,既往不咎
108	2014.02.09	均與安兼修文德則國治
109	2014.02.16	歲寒然後知松柏之後凋
110	2014.02.23	氣性雖有偏至,不與行惡同科
111	2014.03.02	諂媚無勇與行道
112	2014.03.09	禮之本與僭越
113	2014.03.16	儒家的用人之道
114	2014.03.23	大臣、具臣、僭越、正名
115	2014.03.30	先行其言而後從之
116	2014.04.06	博學於文,約之以禮
117	2014.04.13	人能弘道,非道弘人
118	2014.04.20	君子謀道不謀食,憂道不憂貧
119	2014.04.27	居敬行簡以臨民
120	2014.05.04	聖人之德性與才能
121	2014.05.11	孔子問政五德:溫良恭儉讓
122	2014.05.18	為政以德與無為之治
123	2014.05.25	君子之德風,小人之德草

124	2014.06.01	不恒其德，或承之羞
125	2014.06.08	務民之義，敬鬼神而遠之
126	2014.06.15	文質彬彬，然後君子
127	2014.06.22	文化發展，因革損益
128	2014.06.29	言語與德性的關係

（三）「古道今談」

2020 年 9 月至 2022 年 6 月間刊登於《文匯報・品德學堂》

篇數	日期	標題
1	2020.09.14	繼承文化發展，積累生活智慧
2	2020.09.28	謙謙君子，有而不居
3	2020.10.12	獲得肯定，行孝終點
4	2020.11.02	敬要從心而發，盡力孝敬父母
5	2020.11.16	禮之本質，道德情感
6	2020.11.30	以禮為準，修德不偏
7	2020.12.14	羞恥心判辨人禽之別
8	2021.01.18	根據道德，審視民意
9	2021.02.01	量才而用，用人之道
10	2021.02.22	嚴格道德要求，政治才能成功
11	2021.03.08	道德行為，影響社會

12	2021.03.22	以直報怨，以德報德
13	2012.04.12	官員尸居其位，孔子反問應對
14	2021.04.26	道德教化百姓，確立良風美俗
15	2021.05.10	居敬行簡以臨民
16	2021.05.24	歲寒然後知松柏之後凋
17	2021.06.07	為政以德，無為之治
18	2021.06.28	天之棄才，難以施教
19	2021.07.12	文化發展，因革損益
20	2021.09.13	君王任賢善聽，凝聚天下民心
21	2021.09.27	非親非故來祭祀，取悅於人有所求
22	2021.10.11	資質氣性有差異，造成品德分高下
23	2021.10.25	孔子治學心法，吾道一以貫之
24	2021.11.08	人能弘道，非道弘人
25	2021.11.22	博學於文，約之以禮
26	2021.12.06	多聞多見，擇善而從
27	2021.12.20	讀書明理能活用，觸類旁通最重要
28	2022.01.10	遷善改過負責任，不違仁德免歧途
29	2022.04.25	行善問心之所安，有恒為成德之基
30	2022.05.23	先有實踐再說話，言行一致屬原則
31	2022.06.06	氣性雖有偏至，不與行惡同科
32	2022.06.20	行善容易，中庸為難

編者後記：鄧師治學，以《周易》為綱，兼及先秦諸子、宋明理學、道學、佛學、現代新儒學等，於文化、教育、政治事務亦深有體會，涉獵既廣，著述亦豐，境界高遠。又鄧師之學術論文，大多僅宣讀於學術會議，從未正式出版，今已散佚難尋。筆者雖盡力補苴，惟見識淺陋，粗心遺漏者，恐怕不少，未能呈現恩師學術全璧，深以為憾。敬祈諸家海涵，並不吝訂正。

受業　謝向榮謹記

2005 年初編

2022 年 7 月續編，2023 年 11 月補編

《輕談國學歌風雅》簡介

　　《輕談國學歌風雅》國學系列視頻，由馮燊均國學基金會及馮燊均（1932-2019）鮑俊萍伉儷贊助出品，鄧立光博士擔任製作總監，內地著名歌手陳佳小姐擔任節目主持人。節目分正體字和簡化字兩個版本，每集 15 至 20 分鐘，內容以國學典籍為基礎，涵蓋文史哲三個學術範疇及儒釋道三個價值領域，以凸顯文化精神為鵠的。

　　馮主席伉儷對推動傳統國學及培養國學人才不遺餘力，明白要改善社會風氣，不止於在正規教育上用力，還須照顧廣大民眾，因而利用多媒體推廣國學知識與傳統文化，以啟迪人心，導民於善，培養社會正氣。為了有效把國學與傳統文化知識推入社會，特採用輕鬆活潑、雅俗共賞的音樂視頻形式，讓大眾知悉傳統文化的精神價值，並逐漸內化為自己的人生觀和價值觀，進而提升社會整體的道德水準。

　　片集倣效古人「俗講」的說唱結構，讓觀眾在輕鬆愉快的氛

圍中吸取做人處事的道理，寓學習於娛樂。「俗講」是佛教傳播教理的通俗形式，內容深入淺出，有說有唱，而民間說書人亦以說唱方式講故事開導民眾，是活潑而有效的教化形式。主持人陳佳小姐優雅端莊，形象親切，歌聲酷似鄧麗君，有「鄧麗君歌曲最佳傳承人」的美譽，符合教學與娛樂合一的要求，是一位能說能唱具親和力的老師。

2015 至 2019 年間，攝製組共製作出二十七集優秀節目，並由馮燊均國學基金會授權予各地電視台選播，致力普及推廣國學及傳統文化。各界人士如有意轉播節目，或有合作意向，歡迎與馮燊均國學基金會聯繫：

會址：香港九龍深水埗大埔道 108 號二樓

電話：(852) 2786 2501

傳真：(852) 2786 0344

郵箱：bskfung@outlook.com

網址：www.fskcaf.org.hk

微博 　　微信公眾號 　　抖音

(以上內容擷取自馮燊均國學基金會版權所有之「輕談國學歌風雅」網站 www.qingtangguoxue.com，感謝授權引用)

後記

　　韓愈謂：「師者，所以傳道、授業、解惑也！」我人生中遇到過很多好老師，唯獨鄧師是不一樣的好！與鄧師結緣於城大應用中文副文學士課程。那時學業失意，只好報讀副學士，希望借此跳板升上大學。但塞翁失馬，焉知非福？鄧師雖然只教過我一科，但他用心關懷所有學生，知道我有心求學，在我讀完一年課程就為我寫推薦信，讓我嘗試報讀大學，結果成功了！像我一樣被鄧師提攜過、鼓勵過的學生，實在不勝枚舉。今生有幸遇上這麼用心關愛學生的良師，感激之情，終生銘記！

　　在我心中，鄧師就是中國傳統文化，就是《周易》，就是《論語》。在結緣的第一天，他就一直言傳身教《周易》的智慧、《論語》的實踐，以及中國傳統文化的真善美。非常遺憾，這樣有抱負、有遠大理想的老師竟英年早逝。作為學生，仍在努力追趕老師的步伐，雖未成氣候，永不敢怠慢！在含淚送別鄧師後，得知向榮師兄有意結集老師的專欄文章，深感意義重大，盼

望能將鄧師對《易》學與《論語》之獨到見解傳揚後世，故冒昧向師兄自薦幫忙，冀為鄧師遺作結集盡一分綿力。

所謂「心有所感，必有所應」，我和向榮師兄一心只想把事情盡快做好，努力找尋未齊全的專欄文章。或許是好事多磨，在報社網頁下載舊文期間，偶有意外發生。後來幸得偉中師兄及其他貴人相助，皇天不負有心人，鄧師於各報社的專欄文章，終順利收集齊全。

在整理文稿的過程中，覺得自己又找回了作為鄧師學生的美好回憶。今生雖已沒機會再聽鄧師講學，但能用眼睛再一次領受老師的教導，亦於願足矣！鄧師在我心中，已不只是一位敬愛的恩師，更代表了一份傳承中國傳統文化的執着精神！就是這份擇善固執的精神，成就了這一次的專欄結集。敬謝鄧師教誨，也謝謝感念、支持鄧師，收藏此書的每一位善眾。此刻心情，除了感恩，還是感恩！

定　金

癸卯年敬識於鄧師生忌

「為仁由己，功成身退。今生之行，念茲在茲，
欲天下歸仁，能則不枉此生。」

——鄧立光

責任編輯　　張軒誦

書籍設計　　陳朗思

書　　名　　聖言與人生：鄧立光博士文化專欄集

著　　者　　鄧立光

編　　者　　謝向榮　曾定金

出　　版　　三聯書店（香港）有限公司

　　　　　　香港北角英皇道四九九號北角工業大廈二十樓

香港發行　　香港聯合書刊物流有限公司

　　　　　　香港新界荃灣德士古道二二〇至二四八號十六樓

印　　刷　　美雅印刷製本有限公司

　　　　　　香港九龍觀塘榮業街六號四樓 A 室

版　　次　　二〇二三年十二月香港第一版第一次印刷

規　　格　　特十六開（150 mm × 210 mm）五二八面

國際書號　　ISBN 978-962-04-5349-6